DER TREUE FUNKTIONÄR
Otto Buchwitz

STEPHAN KLECHA

DER TREUE FUNKTIONÄR
Otto Buchwitz

Vom traditionellen Sozialdemokraten zum überzeugten Unterstützer der SED

Gefördert von der Friedrich-Ebert-Stiftung.

Bibliografische Information der Deutschen Nationalbibliothek
Die Deutsche Nationalbibliothek verzeichnet
diese Publikation in der Deutschen Nationalbibliografie;
detaillierte bibliografische Daten sind im Internet
über *http://dnb.dnb.de* abrufbar.

ISBN 978-3-8012-4292-3

Umschlag: Jens Vogelsang, Aachen
Umschlagbild: Porträt Otto Buchwitz fotografiert von Roger und Renate Rössing,
Funktionärkonferenz der deutschen Konsumgenossenschaften, 1951,
© Deutsche Fotothek
Satz: Rohtext, Bonn
Druck und Verarbeitung: Bookpress, Olsztyn

Printed in Poland 2023

Besuchen Sie uns im Internet: *www.dietz-verlag.de*

Inhalt

Von der SPD zur SED 7

Arbeiterkind aus Breslau 21

Milieu als Stütze und ein Konflikt ums Geld 26

Neustart in der SPD 33

Abgeordneter in Berlin, aber keine Karriere 42

Bedrohung durch den Nationalsozialismus 58

Dänisches Exil 66

In den Fängen der Gestapo – die neue Einheit der Arbeiterklasse 80

Auf dem Weg zum Parteivorsitz in Sachsen 87

Eine sich konsolidierende SPD geht unter 99

Der Apostel der Einheit erreicht sein Ziel 118

In der SED angelangt – Erfolg und Misserfolg der Organisation 133

Eine neuerliche Spaltung liegt in der Luft 142

Buchwitz taucht ab 154

Die Partei neuen Typs und Buchwitz wieder mittendrin 161

Die Stalinisierung der SED und von Buchwitz 176

Last Man Standing: Buchwitz und der 17. Juni 1953 182

Die neue Rolle: Veteran der deutschen Arbeiterbewegung 191

Fazit 206

Anhang 215

Archivalien 217

Protokolle der Parteitage der SPD 220
Protokolle des Reichstags 220
Quellen- und Literaturverzeichnis 221
Personenverzeichnis 246
Danksagung **262**
Über den Autor **264**

Von der SPD zur SED

Die Auseinandersetzung der SPD mit der heutigen Partei DIE LINKE hat sich immer wieder an historischen Streitfragen verhärtet. Zwei Dreh- und Angelpunkte sind die Vereinigung der SPD in der Sowjetischen Besatzungszone (SBZ) mit der KPD und die Bildung der späteren DDR-Staatspartei SED. Während sich die Geschichtsschreibung hinsichtlich des Zwangscharakters zwar mittlerweile im Wesentlichen einig ist, gibt es darüber hinaus nicht wenige Stimmen, die den Prozess der Vereinigung für weitaus komplexer halten, als dass er allein auf den Begriff der Zwangsvereinigung reduziert werden könnte (z. B. Malycha/Winters 2009: 26ff.; Grebing 2007: 137).

Unstreitig setzte die Sowjetische Militäradministration (SMAD) auf Einschüchterung und Terror. Tausende Sozialdemokraten, die den Prozess der Vereinigung ablehnten, mussten drakonische Strafen fürchten. Mit der Konsolidierung der SED und der Gründung der DDR löste sich zudem das vereinbarte Miteinander von Sozialdemokratie und Kommunismus mehr und mehr auf. Die SED wandelte sich zu einer kommunistischen Partei, tilgte das originär sozialdemokratische Erbe, erklärte diesem gar den Kampf. Die Fusion war im Rückblick zweifelsfrei nicht als Zusammenschluss auf Augenhöhe angelegt.

Trotzdem kann man nicht leugnen, dass weit mehr als nur Zwang den Untergang der Sozialdemokratie in der SBZ bewirkt hatte. In ganz Deutschland, also auch in den Westzonen, gab es Aufrufe, Gründungsinitiativen und Versuche, eine gemeinsame Partei zu errichten (Kaden 1980: 156). Gerade in den einstigen mitteldeutschen Hochburgen der SPD befürwortete man 1945 vielerorts eine einheitliche Arbeiterpartei, anfangs taten sich in den Initiativen besonders emsig gerade die Sozialdemokraten hervor (Walter 2002: 112).

Innerparteiliche Debatten in der SPD zeigen bis zur vollzogenen Vereinigung mit der KPD ein Ringen um den richtigen Kurs. Die Dokumente offenbaren, dass dabei dem von Otto Grotewohl geführten Zentralausschuss die Zügel in der Debatte entglitten. Während auf der einen Seite die sowjetische Besatzungsmacht drängte und sich manch prominenter Parteiführer für die Vereinigung aussprach, stellte sich die Partei in den westlichen Besatzungszonen in Gestalt des Büros Schumacher in Hannover dem entgegen und bekam dafür auch in der SBZ Zuspruch. Die sowjetische Besatzungsmacht und die Kader der KPD setzten daraufhin widerstrebende Funktionäre ab, verhinderten kritische Artikel in den wenigen sozialdemokratisch kontrollierten Zeitungen, verboten gar deren Erscheinen und verschoben die Mehrheitsverhältnisse in den Gewerkschaften zugunsten der Kommunisten (Kaden 1980: 277; Leonhard 2006: 31; Staritz 1994: 125). In der Folge brach der verbliebene Widerstand zusammen. Manch vormaliger Befürworter eines Zusammengehens lehnte den Zusammenschluss unter den gegebenen Umständen am Ende ab.

Die in Berlin angesetzte Urabstimmung über den Zusammenschluss offenbarte die Spannweite der Debatte. Zwar lehnte die dortige SPD in den Westsektoren einen sofortigen Zusammenschluss deutlich ab, sprach sich jedoch für eine Zusammenarbeit mit der KPD aus (Malycha/Winters 2009: 35). Dieser Umstand und die angeblich niedrige Abstimmungsbeteiligung waren später wesentliche Argumente der kommunistisch geprägten Interpretation, den Zwangscharakter der Vereinigung zu relativieren (Stuby 1975: 242; Historische Kommission der PDS 2002: 42).

Das Berliner Ergebnis lässt sich sicherlich nicht ungebrochen auf die fünf ostdeutschen Länder übertragen. Die Anwesenheit der westlichen Alliierten in der Stadt ermöglichte einen Austausch der Argumente, der schon im sowjetischen Sektor Berlin nicht mehr so leicht möglich war und in der SBZ in besonderer Weise erschwert war. Die im Vergleich zu den Kommunisten diskursiver und damit demokratischer agierenden Sozialdemokraten waren dem unter den Verhältnissen des sowjetischen Drucks unterlegen.

Auch eine Urabstimmung wurde in der SPD gar nicht erst zugelassen. Fraglich ist, wie dann die Entscheidung über den Zusammenschluss mit der KPD ausgefallen wäre. Eine Ablehnung wäre keinesfalls sicher gewesen: Für die Zeit nach der Gründung der SED weisen kleinräumige Milieustudien (z. B. Walter 1993) nämlich auf die Stabilität des sozialdemokratischen Lagers in den Hochburgen aus der Vorkriegszeit auch unter den Bedingungen der frühen SED hin. Dies legt wiederum nahe, dass die Vereinigung trotz aller Repressionen in den Ortsvereinen und Unterbezirken der SPD durchaus eine gewisse Akzeptanz gefunden hat.

Die Bereitschaft, beim parteipolitischen Neuanfang das alte Schisma zwischen Sozialdemokratie und Kommunismus dem Grunde nach zu überwinden, war auch unter den gestandenen Sozialdemokraten weithin anzutreffen. Mindestens 14 der 1933 für die SPD in den Reichstag gewählten 120 Abgeordneten gingen anfangs den Weg in die SED. Wenn man einbezieht, dass mehr als 30 der einstigen SPD-Reichstagsmitglieder den Nationalsozialismus nicht überlebt hatten und eine ebenso große Zahl sich noch im Exil befand beziehungsweise dort verblieb, war die Zahl derer, die SED-Mitglieder wurden, keineswegs gänzlich unbeachtlich.

Biographische Notizen offenbaren dann eine relevante Bereitschaft in der SPD, einer Zusammenführung beider Parteien der Arbeiterbewegung wenigstens eine Chance zu geben. Otto Grotewohl, der den Berliner Zentralausschuss der SPD leitete, ist hierzu zu zählen und Friedrich Ebert junior, der Sohn des einstigen Reichspräsidenten, die danach beide bis zu ihrem Tode in prominenten Staatsfunktionen der DDR wirkten. Aus dem Kreis der jüngeren Mitglieder sind sicherlich Edith Baumann und Max Rausch zu erwähnen. Baumann, die zweite Frau Erich Honeckers, war Mitglied der Reichsleitung der Jungsozialisten und wechselte nach deren Auflösung 1931 dann von der SPD zur SAPD, deren Parteivorstand sie 1933 angehörte. Rausch war Parteisekretär der Breslauer SPD und wechselte dann ebenfalls 1931 zur SAPD. Wie viele aus den linkssozialdemokratischen Abspaltungen der Weimarer Zeit gingen beide den Weg zurück zur SPD. Doch ihr weiterer Lebensweg führte sie sodann eben in die SED, wohingegen andere ehemalige SAPD-Mitglieder wie Willy Brandt, Anna Siemsen oder Hans Ziegler bewusst die SPD als politische Heimat im Nachkriegsdeutschland auswählten.

Mit den früheren Reichstagsabgeordneten Georg Engelbert Graf, Erich Lübbe und Werner Lufft sind neben Grotewohl einige ehemalige USPD-Mitglieder in die SED gegangen. Hier mag die Hoffnung auf eine Wiederherstellung der alten Parteieinheit mit einer Linkswendung der Partei verbunden gewesen sein. Allerdings kehrten die drei erstgenannten Personen der SED schon nach kurzer Zeit wieder den Rücken, gingen in den Westen und traten dort wieder der SPD bei. Selbiges galt für Ernst Niekisch, der jedoch gerade nicht vom linken Flügel der Partei stammte, sondern Exponent des nationalistischen Hofgeismarer Kreises bei den Jungsozialisten der 1920er Jahre war. Für Niekisch war der Volksaufstand 1953 der Moment, um mit der SED zu brechen.

Wieder andere Sozialdemokraten standen der Vereinigung mit der KPD von vornherein deutlich ablehnender gegenüber. Hermann Brill, 1945

Ministerpräsident von Thüringen, misstraute den Kommunisten, obwohl oder vielleicht auch weil er sie als Mitgefangene in Buchenwald erlebt hatte, und plädierte für ein Zusammengehen mit bürgerlichen Kräften. Er wechselte schon Ende 1945 nach Hessen, wo er zunächst die Staatskanzlei leitete, ein Bundestagsmandat gewann und eine Honorarprofessur innehatte. Arno Hennig, 1945 Oberbürgermeister der sozialdemokratischen Musterkommune Freital, machte aus seiner Ablehnung der KPD keinen Hehl, wurde nach vollzogener Vereinigung seiner Funktion enthoben und ging ebenfalls in den Westen, wo er erst Bundestagsabgeordneter und später hessischer Kultusminister wurde.

Wirft man einen ersten Blick auf die Personen, die sich zur Vereinigung verhalten hatten, so mag man Opportunisten, Überzeugte und Gegner der Vereinigung finden, allerdings wird diese Einteilung dem Gros der Parteimitglieder vermutlich nicht gerecht. Es gab zahlreiche junge Mitglieder ohne große emotionale oder inhaltliche Bindung an die Vorkriegs-SPD. Selbst wenn man diese ausblendet, entscheidet sich ein beachtlicher Teil der Sozialdemokratischen Partei im Ergebnis für die Vereinigung und verbleibt in der SED – trotz erfahrener Unterdrückung durch den sowjetisch-kommunistischen Machtapparat, wachsender Ausgrenzungserfahrungen in der SED und eines einschneidenden Ereignisses mit dem Volksaufstand 1953. Diese Personen sind besonders interessant, um an ihnen exemplarisch darzulegen, wie stark der Wille zur Vereinigung wirklich war und wie ausgeprägt die Leidensbereitschaft gewesen sein muss, nachdem sich Enttäuschungen in der politischen Praxis der SED einstellten oder Mängel im politischen System der DDR offensichtlich wurden. Es handelte sich um Funktionäre, die im Ersten Weltkrieg bewusst nicht in die USPD gingen, die als solche in der Weimarer Zeit gegenüber der KPD starke Antipathien an den Tag legten und die tief in der SPD, ihren Traditionen und Wertvorstellungen verwurzelt waren. Einige von ihnen spielten im Vereinigungsprozess 1945/46 eine prominente Rolle, galten gar als Aushängeschilder der SED für die Integration der Sozialdemokratie in die neue Partei. Als solche waren sie auch Vorbilder für jene, die zweifelten, aber eben nicht den entschiedenen Schritt der Ablehnung gingen. Eine dieser Personen war Otto Buchwitz.

Buchwitz war ein typischer Vertreter des biederen, aber fleißigen Parteifunktionärs, wie er sich in der Spätphase des Kaiserreichs ausgebildet hatte und der prägend für die SPD der Weimarer Republik wurde. Buchwitz gelangte 1945 in die Funktion des sächsischen Landesvorsitzenden der SPD. Im Kreis der Landesvorsitzenden in der SBZ wurde er zu einem der energischsten Befürworter eines Zusammengehens mit der KPD. Nach dem Vollzug der Vereinigung erlebte Buchwitz dann aber hautnah die Ausgrenzung der Sozialdemokraten. Er wurde in Sachsen Zeuge der mysteriösen Umstände des Todes von Sachsens Ministerpräsidenten Rudolf Friedrichs. Immer wieder wandten sich Personen aus der vormaligen SPD an ihn. Immer wieder gab er dabei zu verstehen, dass er deren Kritik teilte, brachte sie gar in die Gremien der SED ein und dachte zwischenzeitlich deutlich vernehmlich über einen Austritt aus der SED nach. Wenn von Buchwitz dieser Bruch vollzogen worden wäre, so hätte das unter Umständen weitreichende Folgen für die Akzeptanz des Zusammenschlusses gehabt, am Ende gar für den Machtanspruch der SED. Doch Buchwitz blieb der SED bis zu seinem Tode 1964 treu. Aus zentralen politischen Funktionen wurde er ab 1950 eher herausgehalten beziehungsweise er war gesundheitlich viel zu angeschlagen, um diese zu bekleiden. Als Alterspräsident der Volkskammer und als Ehrenpräsident des Deutschen Roten Kreuzes in der DDR hatte er bescheidene repräsentative Ämter inne. Zuvor war er aber kurzzeitig Mitglied in der Zentralen Parteikontrollkommission, hatte deren Vorsitz anfangs gar inne. Das Instrument solcher Parteikontrollkommissionen hatte sich im Stalinismus in den Mitgliedsparteien der Kommunistischen Internationalen herausgebildet. Sie existierten auf allen Parteiebenen und überprüften regelmäßig die Parteimitglieder auf ideologische Zuverlässigkeit. Bestanden Zweifel daran, wurden die Mitglieder kurzerhand ausgeschlossen. Bei allen Unterschieden im Detail handelte es sich um Gremien, die judikative Aufgaben einer Schiedskommission mit exekutiven Aufgaben eines Vorstands verbanden und so die innerparteiliche Gewaltenteilung durchbrachen. Angelegt als scheinbar unabhängiges Organ, waren sie personell mit den Vorstandsfunktionen der Partei eng verflochten und somit formal judikativ, aber eigentlich exekutiv tätig. Buchwitz befand sich somit durchaus in einer Schlüsselposition innerhalb des parteiinternen SED-Machtgeflechts, hatte also weitreichenden Einblick in die Funktionsweise der Partei und war zugleich altersbedingt frei von eigenen persönlichen Ambitionen. Anders formuliert, Buchwitz hätte den Weg nicht weitergehen müssen, den er 1945/46 aus begründbaren Motiven heraus eingeschlagen hatte. Das macht die Person Otto Buchwitz für das Verständnis der vollzogenen Vereinigung besonders interessant.

Waren andere Sozialdemokraten oft randständige Figuren im weiteren Prozess oder eben besonders exponiert und dabei nicht frei von eigenen Interessen – wie wohl Otto Grotewohl –, so besaß Buchwitz auf den ersten Blick hin die notwendige Freiheit und auch das tiefergehende Verständnis, um die politischen Aktionen der SED aus traditioneller sozialdemokratischer Perspektive als Fehlentwicklungen zu erkennen und zu erfassen. Kritische Worte über den Entwicklungsgang der SED sind in der Tat von ihm überliefert und fanden Eingang in die biographischen Kurzdarstellungen (z. B. Matzerath 2001: 164). Daher gibt es in Zusammenhang mit Buchwitz zwei Aspekte, die von Interesse sind: Welchen Werdegang hatte Buchwitz zurückgelegt, der ein Eintreten für die Vereinigung begünstigte? Warum blieb Buchwitz schließlich der SED treu? Beide Aspekte werfen einen Blick auf die Kontroverse um den Charakter der Zwangsvereinigung. Über die Beantwortung beider Fragen ergeben sich zunächst einmal die individuellen Motive eines durchaus prominenten Akteurs im Prozess der Vereinigung. Allerdings erscheint es nicht allzu gewagt, daraus zu verallgemeinern, was Sozialdemokraten alter Prägung bewogen hat, den Weg in die SED langfristig zu gehen. Gleichzeitig erfordert Buchwitz' Vorgehen auch einen Blick auf den Zwangsapparat, dem sich die Sozialdemokraten ausgesetzt sahen, sowohl vor als auch nach der Vereinigung.

Dabei gilt der Forschungsstand zur SED und zu den im Zusammenhang mit Buchwitz relevanten Wegmarken der Parteientwicklung (insbesondere Zwangsvereinigung, Stalinisierung, 17. Juni) als mittlerweile gut gesichert. Bis 1990 gab es in der Bewertung der Vorgänge noch erkennbare Unterschiede zwischen Ost und West, wobei in der offiziellen DDR-Geschichtsschreibung manche Details und Fakten schon mal unter den Tisch fielen, während es der westdeutschen Forschung teilweise an den erforderlichen Archivzugängen ermangelte (zur Übersicht der Debatten, siehe Staritz 1994: 109ff.). Zwei Enquêtekommissionen des Bundestags, der Forschungsverbund SED-Staat und die Arbeiten zahlreicher Wissenschaftler zur DDR-Geschichte, beispielsweise beim Dresdner Hannah-Arendt-Institut oder am Institut für Zeitgeschichte in München, haben nach der umfänglichen Öffnung der Archive nach 1990 vieles zutage befördert und dadurch das Geschichtsbild geprägt. Speziell das Jahrzehnt nach der Maueröffnung löste bei den Wissenschaften, die sich mit Fragen zur DDR-Geschichte befassten, eine regelrechte Goldgräberstimmung aus. Der Forschungsstand zu den für die vorliegende Thematik relevanten

Aspekten stützt sich daher in erheblichem Maße auf Erkenntnisse, die in jener Zeit erschlossen wurden.

Trotz der intensiven Forschung bestehen in Hinblick auf die Bewertung der SED-Bildung aber weiterhin einige Deutungsunterschiede, die etwas mit politischen Standpunkten zu tun haben. Historikergruppen im Umfeld von SPD und der SED-Nachfolgerin PDS setzten nach 1990 den Streit zwischen West- und Ostperspektive der Forschung in Bezug auf die Beschreibung der Umstände des Zusammenschlusses von SPD und KPD 1946 zunächst fast ungebremst fort. Eine Annäherung der zuvor stark differenten Positionen erfolgte nur in kleinen Schritten und lastet nach wie vor auf dem Verhältnis zwischen SPD und der SED-Nach-Nachfolgerin DIE LINKE. Mittlerweile wird von beiden Seiten das repressive Element im Zusammengehen nicht mehr nur als bloße Begleiterscheinung verstanden; die damalige Spitze der PDS sah sich jedenfalls 2001 veranlasst, eine Art Entschuldigung für die Umstände der Vereinigung zu verfassen (Zimmer/Pau 2001), in der freilich weder eine ausdrückliche Entschuldigung noch die Formel von der Zwangsvereinigung gewählt wurden. Der langjährige Fraktionsvorsitzende von PDS/Die LINKE Gregor Gysi erkannte 2016 recht selbstverständlich den Zwangscharakter des Vereinigungsprozesses an (Gysi 2016) und die parteioffizielle Haltung der LINKEN hält den Zwangscharakter des damaligen Zusammenschlusses heute ausdrücklich für eine Hypothek in Bezug auf ihr Verhältnis zur SPD (Höhn 2016). Die LINKE kommt in Koalitionsverträgen mit der SPD deswegen nicht umhin, dafür Schuld und Verantwortung einzugestehen (z. B. DIE LINKE Thüringen/SPD Thüringen/Bündnis'90/Die GRÜNEN Thüringen 2019: 11).

Anerkannt wird im Gegenzug auf sozialdemokratischer Seite nunmehr, dass es selbst ohne den vorhandenen Zwang eben viele Sozialdemokraten gab, die »sich aufgrund der historischen Erfahrungen für den Zusammenschluss zur SED« bewusst entschieden hatten (Carl/Gorholt/Hering 2022: 15).

Allerdings enden die Gemeinsamkeiten stets dann, wenn es um die Beurteilung der Intensität des Zwanges geht. So gelangte die Historische Kommission der Linken noch 2018 zur arg verzerrenden Darstellung, dass der Vorgang des Zusammenschlusses »bis heute – vor allem aus politischen Motiven – umstritten ist« (Historische Kommission der Partei DIE LINKE 2018), und blendete den Zwangscharakter fast vollständig aus beziehungsweise relativierte sie den Zwang erheblich. Solche wiederkehrenden

Relativierungen in den Veröffentlichungen der LINKEN zum Thema, die durch deren Verweise auf historische Fehler der SPD im gleichen Atemzug angedeutet oder ausgeführt werden, lösen auf sozialdemokratischer Seite immer noch regelmäßig und reflexhaft Empörung aus. Man wirft den LINKEN sodann vor, nur sehr limitiert das gesamte Ausmaß des Zwanges zur Kenntnis zu nehmen beziehungsweise der Sozialdemokratie gleichsam eine Mitschuld für deren Untergang im Osten zu geben (Thierse 2016; o. V. 2008).

Unterhalb der parteioffiziellen Positionen beider Parteien hat es in den vergangenen Jahren ebenfalls einiges an Bewegung gegeben. In den 1990er Jahren war es etwa auf Seiten derer, die der damaligen PDS nahestanden, noch verbreitet, Lokalstudien zu fertigen oder Einzelaussagen von damals noch lebenden Zeitzeugen zu dokumentieren, die ein weitgehendes Einverständnis der sozialdemokratischen Seite mit dem Vereinigungsprozess belegen sollten (so etwa Podewin 1993). Oftmals ist dies von den PDS-Landesverbänden oder der Rosa-Luxemburg-Stiftung in Form grauer Literatur publiziert worden. Nunmehr gehen Wissenschaftler im Umfeld der LINKEN wesentlich unvoreingenommener an das Thema heran und geben in Regionalstudien sehr differenzierte Hinweise zum Verhältnis von Zwang und Vereinigungswillen bei den handelnden Funktionsträgern der SPD (z. B. Kachel 2011). Insoweit sind die Bruchlinien zwischen den beiden Positionen in der wissenschaftlichen Debatte nicht mehr allein als politischer Konflikt zwischen SPD und LINKE zu verstehen. An die Stelle einer Dichotomie – Zwangsvereinigung ja oder nein – tritt dadurch eine weitaus vielschichtigere Sicht auf die Ereignisse jener Zeit. Das wiederum macht überhaupt erst eine wissenschaftliche Debatte möglich, die bislang noch gar nicht richtig begonnen worden ist.

Eine intensive Auseinandersetzung mit einer der sozialdemokratischen Schlüsselfiguren im Vereinigungsprozess ist bisher ausgeblieben. Sie verspricht daher die Diskussion nochmals zu bereichern. Das Forschungsinteresse hat sich bislang nämlich stark auf die Institutionen konzentriert. Biographische Herangehensweisen sind hingegen immer noch selten, was übrigens ein spezifisches Defizit der DDR-Forschung ist. Selbst die führenden Personen im SED-Staat wie Ulbricht, Pieck, Grotewohl oder Honecker wurden nach 1990 eher spärlich ausgeleuchtet (zu Ulbricht siehe Frank 2001; zu Grotewohl siehe Hoffmann 2009), was von Martin Sabrow als höchst bedauerliche Unterschätzung der Erkenntnismöglichkeiten eingestuft wurde (Sabrow 2013: 62). Die Sozialdemokraten, die vor der Gründung der SED in ihrer alten Partei wieder gearbeitet haben, sind fast kollektiv dem Vergessen anheimgefallen. Jene, die sich widersetzt haben oder in den Westen gegangen sind, sind dort selten in hochrangige politische Funktionen gelangt, wiewohl etliche von ihnen vor 1933 als hoffnungsvolle Talente in der SPD wahrgenommen wurden. Jene, die trotz Bedenken und Zweifeln oder auch aus tiefster Überzeugung in der SED verblieben sind, haben weder die Forschung in der DDR noch die Forschung in der Zeit danach sonderlich interessiert. Der im Bundesarchiv liegende Nachlass von Erich Mückenberger etwa, das letzte aus der SPD stammende Mitglied des SED-Politbüros, ist immer noch unerschlossen. Die Forschungsdesiderate dazu (Bouvier/Schulz 1991; Bouvier 1996) fokussieren vor allem auf das Ende der SPD in der SBZ und weniger auf das Überdauern des sozialdemokratischen Erbes in der SED.

Die Person Otto Buchwitz steht biographisch genau dafür. Sie scheint auf den ersten Blick sogar ganz gut erforscht zu sein. Die Menge des publizierten Materials ist, gemessen an seiner letztlich randständigen Rolle in der DDR, jedenfalls beachtlich. Sein Name taucht in den einschlägigen Kompendien über die führenden Funktionsträger in der DDR oft in Form einer Auflistung seiner biographischen Eckdaten auf (z. B. Meusel 1992), häufig mit dem Hinweis versehen, dass er die Vereinigung zur SED bejaht habe, vereinzelt noch ergänzt, dass er danach aber ein kritischer Geist geblieben sei. Seine zweiteilige Autobiographie (Buchwitz 1950a; Buchwitz 1956a) ist ein wichtiges Zeitdokument. Sie dürfte jedoch kaum in Gänze seiner Feder entsprungen sein. Im ersten Band fällt auf, wie Buchwitz bei allen Wegmarken, bei denen die Sozialdemokratie mit der Position der USPD oder der KPD nach 1914 in Konflikt stand, im Nachhinein eine kritische Haltung zur Linie der SPD zum Ausdruck brachte. Hierbei handelt es sich aber um die unter den Bedingungen des bereits erfolgten Zusammenschlusses mit der KPD 1948/49 rückwirkend entstandene Sicht der Dinge. Insoweit muss man die nachträgliche, durch die Umstände geprägte Beurteilung vom tatsächlichen Ablauf trennen. Dies einbeziehend bietet der erste Teil etliches an Material, das gut verwertbar ist. Zahlreiche Fakten und Darstellungen von Abläufen halten nämlich einem Abgleich mit anderen Überlieferungen stand. Im zweiten Teil hingegen ist bereits der Schreibstil ein grundlegend anderer. Im ersten Teil schrieb Buchwitz noch vergleichsweise nüchtern. Er fokussierte die Überlegungen auf

Erinnerungen und Anekdoten, gab zu erkennen, manche Gedächtnislücken zu haben, und überhöhte das historisch Erlebte nicht übermäßig mit gängigen historischen Deutungsmustern kommunistischer Provenienz. Insbesondere strukturierte er die Überlegungen nicht als zwangsläufige Abfolge der Geschichte. Das ist im zweiten Teil grundlegend anders. Hier hatten die ihm an die Seite gestellten Ghostwriter aus dem ZK der SED das von Buchwitz selbst beigesteuerte Material mit Stalinzitaten oder historischen Dokumenten so zurechtmontiert, dass daraus eine jener in der DDR üblichen, phasenweise pathetisch klingenden Propagandaschriften wurde, die streckenweise schwer zu lesen sind und deren – wenn überhaupt gegebener – Informationswert sich nur dann richtig erschließt, wenn man sie vom ideologischen Überbau entschlackt. Skurril erscheinen im zweiten Teil die Passagen, in denen Buchwitz über sich in der dritten Person spricht oder detailliert historische Ereignisse beschreibt, bei denen er nicht zugegen gewesen sein kann. Beide Stilmerkmale fehlten im ersten Band. Die erheblichen stilistischen Eigenheiten hielten selbst den DDR-Verlag einige Jahre später übrigens dann davon ab, das Werk neu aufzulegen (Rehschuh 1973).

Ähnlich schwierig verhält es sich mit den beiden in der DDR erschienenen Biographien (Seydewitz 1961; Zimmermann 1984) sowie einem Kinderbuch (Herold 1974[1]), die sich im Wesentlichen auf seine Autobiographien stützen. Die Arbeit von Fritz Zimmermann bezieht dabei weiteres Quellenmaterial ein. An Seydewitz' Arbeit wiederum sind die Materialien ausgesprochen verdienstvoll, die sie im Erarbeitungsprozess generiert hat und heute in archivarischen Überlieferungen existieren, etwa weiteres autobiographisches Material, das sie in Form eines – wie man heute sagen würde – narrativen Interviews erstellen konnte (Buchwitz 1959a; Buchwitz 1959c; Buchwitz 1959d). Insgesamt überwiegt in diesen DDR-Schriften eine durchaus zu erwartende tendenziell hagiographische Präsentation von Buchwitz. Ungeachtet dessen liefern die in der DDR entstandenen Sekundärquellen zahlreiche Hinweise zu zeitlichen Abläufen oder richten den Blick auf vorhandene Quellen, die bei nochmaliger Betrachtung dann eine differenziertere Einordnung ermöglichen. Für die Rezeption

1 Das Buch von Herold ist 1974 bereits in der 7. Auflage erschienen und besonders interessant, weil es ein Kinderbuch in der Reihe der kleinen Trompeterbücher erschienen ist. Diese erfuhren eine große Verbreitung in der DDR.

von Buchwitz in der DDR ist überdies auffällig, dass sein Wirken durchaus breit erfasst wurde. Vom ersten Teil seiner Autobiographie wurden schon zu seinen Lebzeiten 55.000 Bücher vertrieben (Schälicke 1957)[2], die Biographie von Seydewitz wurde immerhin in einer Auflage von 10.000 Exemplaren gedruckt und in den nach Buchwitz benannten Einrichtungen emsig verteilt. Nach seinem Tod hielt unter anderem das Neue Deutschland wiederkehrend die Erinnerung an Buchwitz wach (Voigtländer 1974; Zimmermann 1979a; Zimmermann 1981; Zimmermann 1989). Die DEFA drehte 1961 einen Film – »Otto Buchwitz – ein Arbeiterleben«. Der Dresdner Kunstprofessor Heinz Lohmar bannte »Otto Buchwitz spricht zur Jugend« im selben Jahr in Öl. Aus Anlass seines 100. Geburtstags ließ das Rote Kreuz 1979 noch einen 20-minütigen Dokumentarfilm anfertigen.

Es wurden rund 250 Kombinate, Wohnsiedlungen, Kinderheime oder Straßen nach ihm benannt (Rudolph 1998: 177), viele davon schon zu seinen Lebzeiten (Goldschmidt 1954), auch eine Briefmarke brachte die DDR-Post im Jahr 1979 zu seinem 100. Geburtstag heraus, dennoch blieb die Erinnerung an Buchwitz in der DDR nach seinem Tod relativ bescheiden, sie war im Wesentlichen regional an seinen späten sächsischen Wirkungskreis gebunden, und selbst dort betrieb man das, zum Missfallen seiner Tochter, letztlich nur verhalten (Reichardt 1996: 44). Das spricht dafür, dass Otto Buchwitz im Vergleich mit Rosa Luxemburg oder Karl Liebknecht kein elementarer Eckpfeiler der Erinnerungskultur der SED war, wohl aber wurde seine Relevanz für die Legitimation des Vereinigungsprozesses noch Jahre später gesehen.

In Westdeutschland war Buchwitz bis 1990 hingegen kaum zur Kenntnis genommen worden. In dem verdienstvollen Sammelband über fast vergessene Sozialdemokraten der Weimarer Republik, den Peter Lösche, Michael Scholing und Franz Walter 1988 herausgaben (Lösche/Scholing/Walter 1988), fand Buchwitz' Wirken keinen Niederschlag. Zu unbedeutend war er letztlich für die damalige Sozialdemokratie, trotz Reichstagsmandat und Parteisekretärsposten. Seine Rolle in der sächsischen SPD

2 Der zweite Band hingegen schien sich nicht ganz so häufig verkauft zu haben, siehe Schriftwechsel zwischen Otto Buchwitz bzw. Elsa Buchwitz und dem Dietz-Verlag in HStA Dresden, SED-BPA Dresden, Teilnachlass Otto Buchwitz, V.2.01.026.

nach 1945 wurde andernorts hingegen durchaus gesehen, wenngleich derartige Untersuchungen sehr rar waren (Bouvier 1976).[3]

Nach der Deutschen Einheit änderte sich das etwas. In einigen Gesamtdarstellungen zur Parteigeschichte der SPD (Potthoff/Miller 2002; Faulenbach 2012) tauchte sein Name zwar weiterhin nicht auf. Doch in den Ausarbeitungen, welche die Vereinigung von SPD und KPD in der sowjetischen Zone stärker in den Blick nahmen, erkannte man seine Rolle mehr oder minder stark (Moraw 1990; Malycha 1997; Bouvier 1996; Malycha/Winters 2009; Hurwitz 1997; Richter/Schmeitzner 1999; Dohnt 1996; Schmeitzner/Dohnt 2002). Grebing (2007) urteilte vor diesem Hintergrund in ihrer Gesamtdarstellung der SPD-Geschichte sogar, dass man sein Wirken im Parteibildungsprozess zur SED keinesfalls unterschätzen dürfe (ähnlich zuvor schon Walter 2002: 117; Rudolph 1998 sowie Moraw 1990). Eine gewisse Legitimation von unten sei durch ihn gegeben und habe in seinem Handeln Ausdruck gefunden. Eine biographische Annäherung in jüngerer Zeit hat schließlich noch Solveig Simowitsch (2007) vorgenommen. Ihre Darstellung ist nicht allein auf Buchwitz reduziert, vielmehr verglich sie ihn mit drei anderen sozialdemokratischen Führungspersönlichkeiten, die den Weg in die SED nicht nur mitgegangen sind, sondern diesen ähnlich wie Buchwitz nach Kräften gefördert hatten.

Abgesehen von letztgenannter Arbeit fiel der Blick auf seine Vita stets vergleichsweise oberflächlich aus, meist beschränkte er sich auf Übernahmen aus seinen Autobiographien oder dem Werk von Zimmermann. Über eine erweiterte Fußnote hinaus gelangten dadurch die wenigsten Darstellungen. Wenn sein Beitrag beurteilt werden sollte, überwog doch die Haltung, ihn als korrumpiert darzustellen (Schulz 2000: 110) oder ihn des Verrats beziehungsweise der Konversion zu bezichtigen (Simowitsch 2007). Das bei Simowitsch getroffene Urteil erscheint dabei als das am besten abgewogene, zumal sie eben nach persönlichen Motiven besonders intensiv suchte, die Prägungen von Buchwitz in den Blick nahm und sogar seinen Gesundheitszustand reflektierte. Ihr war es vor allem möglich, den bis dato eher disparaten Forschungsstand aus Ost und West zusammenzuführen. Allerdings blieben auch bei ihr einige Punkte

3 Zahlreiches Material, das auf Buchwitz verweist, hat Bouvier in den 1970er Jahren in einem Forschungsprojekt zusammengestellt, das dann erst nach 1990 vollumfänglich publiziert werden konnte (Bouvier/Schulz 1991; Bouvier 1996).

ungeklärt. Aufgrund der gewählten vergleichenden Perspektive in Hinblick auf den Zusammenschlussprozess reduzieren sich einige Lebensdaten und -aspekte auf das elementar Wichtige. Einiges ließ sich ohnehin nicht immer vollständig hinterfragen, so dass bei hinreichender Schlüssigkeit dann eben die in der DDR erschienenen Schriften als einzige Quellen herhalten mussten. Manche Archivquelle ist dabei dann eben nicht neu bewertet worden.

Es gibt dadurch in Bezug auf Buchwitz eine auffallende Diskrepanz zwischen dem Was und Wie einerseits und dem Warum andererseits. Zwar gilt es als gesicherte Erkenntnis, dass Buchwitz nach 1945 zum vehementen Verfechter einer Parteieinheit von SPD und KPD wurde, jedoch nur Mutmaßungen über die Motivation, die auslösenden Momente seiner Wendung vom traditionsbewussten Sozialdemokraten zum einheitssozialistischen Fackelträger. Dabei reichen die Deutungsmuster von der Einordnung als Parteilinken in der Weimarer Zeit (Niemann 2003), über eine Wendung in der Widerstandszeit (Zimmermann 1984) bis hin zur gewissermaßen politischen Korruption nach 1945 (Dohnt 1996; Schulz 2000; Simowitsch 2007). Noch vager fällt die Betrachtung aus, was Buchwitz nach der Parteieinheit in der Organisation hielt.

Diese Erkenntnislücken sorgen für eine erinnerungspolitische Leerstelle, die insbesondere in der SPD zu sehen ist. Wie dargelegt, ignoriert ihn die der Sozialdemokratie zuneigende Forschung immer noch weitgehend. Das hielt wiederum in jüngster Zeit die Sozialdemokraten in der Lausitz nicht davon ab, ihn als bedeutenden Sozialdemokraten der Weimarer Zeit zu würdigen. Sie lobten seine mutige Nein-Stimme als Reichstagsabgeordneter gegen das Ermächtigungsgesetz und riefen in Erinnerung, wie er kritisch in den SED-Gremien aufgetreten sei (Hermann 2011; Schlenker/Kempf 2017).

Wenn man sich also der Person Buchwitz nähern will, muss man auf der einen Seite die vorhandene Überlieferung nochmals einem Faktencheck unterziehen. Das bedeutet, die autobiographischen Quellen wie die vorhandenen biographischen Darlegungen mit anderem Material zu kontrastieren und die Stichhaltigkeit der eigenen Erinnerung von Buchwitz oder der Darstellung seiner Biographen zu prüfen. Auf der anderen Seite gilt es, nicht oder kaum erschlossene Quellen nutzbar zu machen.

Teilnachlässe zu Buchwitz sind im Bundesarchiv und im sächsischen Hauptstaatsarchiv verzeichnet, wobei im Bundesarchiv sein an die SED-

Archivare einst überlassener Nachlass lagert, während sich in Dresden eine stärker private Angelegenheiten betreffende Sammlung befindet, die nach dem Tod seiner Witwe dann an die örtliche Bezirksleitung der SED übergegangen ist. Diese beiden Bestände umfassen im Wesentlichen die Zeit nach 1945. Das gilt auch für die in beiden Archiven lagernden Bestände der SED-Gremien und des sächsischen SPD-Landesverbands. Überlieferungen des einstigen SPD-Bezirks Görlitz aus der Zeit vor 1933 existieren in geringem Umfang im Bundesarchiv. Darüber hinaus bietet sowohl der Bestand von Otto Buchwitz im Bundesarchiv und im Dresdner Hauptstaatsarchiv als auch die von den zuständigen Stellen im ZK der SED beziehungsweise der Dresdner Bezirksleitung gesammelten Unterlagen einen begrenzten Rückblick auf die Zeit vor 1945. Zum einen wurden dort umfangreich Zeitungsausschnitte zusammengetragen, die Buchwitz offensichtlich auch bei seinen eigenen autobiographischen Schriften nutzte. Zum anderen gingen Hinweise auf die dänische Exilzeit in den aus Moskau überlassenen Unterlagen der Exil-KPD ein. Hinzu kommt, dass Buchwitz sich im Prinzip in den letzten 15 Jahren seines Lebens immer wieder zu historischen Ereignissen aus seinem Leben äußerte, was einige redundante Überlieferungen zur Folge hatte.

Im Archiv der sozialen Demokratie der Friedrich-Ebert-Stiftung sind Presseausschnittsammlungen des historischen Archivs des SPD-Parteivorstands abgelegt. Für die Exilzeit von Buchwitz ist dort auch seine Korrespondenz mit dem Prager Exilvorstand der SPD zu finden. Hilfreich sind auch die verstreuten Unterlagen in einzelnen Deposita. Allein die Personaliasammlung des Historischen Archivs des Parteivorstands zu Buchwitz offenbarte weitere Spuren zum Lebenslauf, die bisher gar nicht ausgewertet wurden.

Arbeiterkind aus Breslau

Otto Buchwitz wurde 1879 in eine Breslauer Familie hineingeboren, die sich ausweislich seiner eigenen Biographie (Buchwitz 1950a: 15f.) der Sozialdemokratie in ihrer Sattelzeit als Partei zuwandte. Gewisse Zweifel an der Darstellung, die seine Biographen Zimmermann (1984: 10) und Simowitsch (2007: 44) ziemlich unkritisch übernahmen, sind in Bezug auf die sozialdemokratische Orientierung schon allein deswegen angebracht, weil Vater Paul Buchwitz als Schlosser in den Breslauer Eisenbahnwerkstätten arbeitete, sogar in leitender Position als Werkmeister (Buchwitz 1959a). Die Eisenbahnen gelangten in jenen Jahren in staatliche Obhut, und gerade die preußische Staatsbahn vertrat bis zum Ausbruch des Ersten Weltkriegs eine dezidiert ablehnende Haltung gegenüber SPD und Gewerkschaften. Erst mit Beginn der Burgfriedenspolitik während des Ersten Weltkriegs mussten Aktivisten der Arbeiterbewegung keine Entlassung aus dem Eisenbahndienst mehr fürchten, wenn ihre Mitgliedschaft in SPD oder Gewerkschaft bekannt wurde. Gerade aus Schlesien sind zudem massive Wahlbeeinflussungen der Eisenbahner zulasten der Sozialdemokraten überliefert (Matull 1973: 37), als Buchwitz senior sich im Dienst der Eisenbahn verdingte.

In seiner Aufschwungzeit bot das Eisenbahnwesen für qualifizierte wie angelernte Kräfte vergleichsweise gut bezahlte Beschäftigungsmöglichkeiten. Die Arbeitsverhältnisse waren somit leidlich gut, die Beschäftigten waren privilegiert, jedenfalls relativ zu anderen Beschäftigten in den Industrien betrachtet. Ein Engagement für die Sache der Sozialdemokratie gefährdete vor dem Hintergrund der geschilderten Repressionen diese Stellung, weil die Entlassung aus der privilegierten Anstellung wahrscheinlich wurde. Entsprechend gering war im gesamten Kaiserreich der gewerkschaftliche Organisationsgrad im Eisenbahnwesen (Bieber 1981: 30; Ritter/Tenfelde 1975: 107). So schön die Anekdote vom kleinen Otto klang, der Schmiere stand, als der Vater Paul klammheimlich sozialdemokratische Plakate klebte (Zimmermann 1984: 10; Buchwitz 1950a: 16), so unrealistisch ist sie wohl.

Eine gewerkschaftliche, gar sozialdemokratische Orientierung dürfte auch bei der weiteren Familie Buchwitz eher schwach ausgeprägt gewesen sein: Ein Onkel wurde von Buchwitz selbst als gut situierter Beamter[4] der Bahn beschrieben (1950: 22), ein anderer arbeitete bei einer Bank (Buchwitz 1959a). Politische Bindungen gab es sonst eher ins liberale demokratisch-republikanische Lager, eine erkennbar vermögende Tante stand jedenfalls dem Breslauer Frauenverein vor (Buchwitz 1950a: 25). Dieser war freireligiös orientiert (Paletschek 1998: 20). Buchwitz blieb er vorrangig als karitative Einrichtung in Erinnerung.

Auch die Tatsache, dass Buchwitz erst am Ende seiner Lehrzeit Gewerkschaftsmitglied wurde, und zwar gegen den ausdrücklichen Wunsch seiner Mutter (Buchwitz 1950a: 32; Zimmermann 1984: 12), deutet darauf hin, dass Buchwitz eben entgegen seiner eigenen Legende keiner ursozialdemokratischen Familie entstammte. Die finanziell günstigen Verhältnisse der Geschwister seines Vaters schärfen unterdessen den Blick für die Dynamiken der wirtschaftlichen Entwicklung in jenen Jahren. Die Industrialisierung sorgte eben nicht nur für die Pauperisierung breiter Handwerkerschichten, sondern schuf gleichsam Gelegenheiten für Beschäftigte verschiedenster Qualifikationen. Sie veränderte in jedem Fall das Sozialgefüge massiv. In der Familie Buchwitz war das offensichtlich, während die einen in eine kleinbürgerliche Sicherheit wechseln konnten, proletarisierten sich andere Teile der Familie.

Aber die fehlenden familiären Bindungen änderten nichts daran, dass es lokal bedingt Bezüge zum wachsenden Milieu der Sozialdemokratie gegeben hatte. Breslau war eine bedeutende Stadt für die Entstehung der Arbeiterbewegung, weniger wegen des ADAV-Gründers Ferdinand Lassalle, der in der Stadt an der Oder einst das Licht der Welt erblickte und dort 1864 begraben wurde. Vielmehr war in Breslau schon in den Tagen der Revolution 1848 die Arbeiterschaft sichtbar geworden und bereits durchsetzungsfähiger als in vielen anderen Regionen. In Breslau nämlich gelang es damals den Beschäftigten im Druckereigewerbe, einen umfassenden und vor allem für andere Gegenden Vorbild gebenden Tarifvertrag zu erwirken (Kittner 2005: 199). Schlesiens Industrie bewegte sich ansonsten in einem Zwischenstadium. Auf der einen Seite waren die Manufakturen im Leinen- und Webergewerbe Beispiele für eine frühe Form der Mechanisierung von

4 Beamter wird er kaum im heutigen Sinne gewesen sein, da eine Verbeamtung von Bahnbeschäftigten in Preußen erst nach 1920 erfolgte (Bieber 1981: 177). Daher wird Buchwitz eher eine kaufmännische Stellung damit gemeint haben. In diesem Sinne wurde das Wort »Beamter« vielfach synonym zu »Angestellter« verwendet.

Arbeitsprozessen. Auf der anderen Seite konnten sich genau diese Bereiche eben nicht gegen die Konkurrenz behaupten, welche die noch weitergehenden Produktivitätsfortschritte durch die Industrialisierung radikaler und entschiedener einsetzten und damit Wettbewerbsvorteile auf den sich globalisierenden Märkten erzielten. Dadurch konnten die aus dem Handwerkswesen in die Manufakturen gewechselten Arbeitskräfte keine stabilen sozialen Beziehungen aufbauen und sahen sich rasch in ihrem Status bedroht. Schon ab dem ausgehenden 18. Jahrhundert wurde Schlesien infolgedessen wiederholt von Unruhen erschüttert (Matull 1973: 9ff.).

Das schuf für die sich entwickelnde Organisationswelt der Sozialdemokratie eine paradoxe Situation. Die sozialen Verhältnisse hatten hier mit den von Marx und Engels skizzierten Nöten weitaus mehr gemein als in anderen Teilen Deutschlands, aber der Übergang vom Handwerk zur Industrie erfolgte eben nicht ungebrochen, sondern nahm einen Zwischenschritt über das Regime der Manufakturen, die zunächst Wettbewerbsvorteile besaßen, ihrerseits aber gegenüber den Großfabriken britischer Prägung absehbar wirtschaftlich nicht überleben konnten. Dadurch waren handwerkliche Traditionen schon unterbrochen, ohne dass sich bereits zugleich industrielle Strukturen vollumfänglich entwickelt hätten. Die sich bildende Sozialdemokratie schöpfte andernorts unmittelbar aus den handwerklichen Traditionen und übertrug deren Vorstellungen von Solidarität, die im Zunftwesen wurzelten, auf die sozialpolitische Praxis der rasch wachsenden industriellen Welt. Das war in Schlesien so nicht möglich. Die schlesische Arbeiterschaft mochte zahlreicher sein als in anderen Gegenden, doch sie war im Verlauf des 19. Jahrhunderts dafür umso traditionsärmer.

Hinzu kam noch die konfessionelle Dimension. Während das westliche Niederschlesien protestantisch war, war Oberschlesien tief katholisch und überdies polnisch geprägt. In Mittelschlesien, wo die Provinzhauptstadt Breslau lag, waren die Verhältnisse komplizierter. Ein Übergewicht des Protestantismus konnte nicht verdrängen, dass es starke katholische Kirchengemeinden gab. Katholiken und Protestanten bildeten in Breslau keine geschlossenen Siedlungsgebiete, sondern lebten nebeneinander, eine besondere Konstellation, die dem Wachstum der latent antiklerikal, vor allem antikatholisch eingestellten Sozialdemokratie Grenzen setzte. Hinzu kam noch der Umstand, dass in Breslau eine große jüdische Gemeinde beheimatet war, immerhin die drittgrößte im Deutschen Reich

(Grebing o. J.: 3). Buchwitz selbst war übrigens protestantisch getauft, trat später aus der Kirche aus und verstand sich zum Lebensende als überzeugter Atheist.

Ein Jahr vor Buchwitz' Geburt trat das Sozialistengesetz in Kraft. Die sozialdemokratische Partei wurde verboten beziehungsweise sie agierte in der Halblegalität: Statt originärer Parteiarbeit entstanden vorgeblich unpolitische Tarnvereine, die schließlich das Milieu festigten und ihm zugleich einen allumfassenden organisatorischen Halt gaben. Die Partei wuchs darüber in den Wahlen, zu denen die sozialdemokratischen Kandidaten aufgrund einer Sonderregelung im Reichswahlgesetz weiterhin antreten durften. In Breslau war die Sozialdemokratie ausgesprochen erfolgreich. Schon 1878 sicherte sich im Breslauer Osten Klaas Peter Reinders das Mandat im Reichstag. 1881 gewannen Wilhelm Hasenclever und Julius Kräcker dann erstmals beide Breslauer Wahlkreise für die Sozialdemokratie. Mit Ausnahme der Wahl 1907 sollte Breslau danach nur noch sozialdemokratische Abgeordnete in den Reichstag des Kaiserreichs entsenden.

Allerdings war die in Wahlen zutage tretende Stärke der SPD in Breslau keineswegs gleichbedeutend mit organisatorischer Kraft. Die Zahl der eingeschriebenen Parteimitglieder wie auch die der Gewerkschaftsmitglieder blieben deutlich hinter den Wahlergebnissen zurück und konnten nicht mit vergleichbaren Großstädten im Reich mithalten. Eine verhältnismäßig dünne Personaldecke wird daher konstatiert (Oliwa o. J.).

Die Zurückhaltung bei der Organisation in Vereinen und Verbänden betraf gleichermaßen die katholischen und die liberalen Konkurrenzorganisationen, die in Breslau eigentlich ebenfalls günstige Voraussetzungen vorfanden. Doch die Verhältnisse in Breslau waren speziell. Die Sozialdemokratie, die sich mit dem Auslaufen des Sozialistengesetzes 1890 wieder als Organisation konstituieren konnte, bestand dort letztlich aus einem »Gemisch aus alten, langsam absterbenden Gewerben und neuen Facharbeiterberufen« (Grebing o. J.: 3).

Die familiären Umstände im Hause Buchwitz wurden ab dem Ende der 1880er Jahre prekär, nachdem der Vater an Tuberkulose erkrankt war und schließlich 1888 verstarb. Die Mutter sah sich gezwungen, vorhandene Vermögenswerte zu veräußern und Verwandte um Geld zu bitten. Als Näherin verdiente sie mithilfe ihres Sohnes Otto fortan in Heimarbeit den Familienunterhalt, was in erster Linie den Unterhalt für sich und Otto bedeutete. Buchwitz' ältere Schwester war da schon ausgezogen, der ältere

Bruder stand im Erwerbsleben, lag aber in den Wintermonaten der Mutter zu ihrem Leidwesen noch auf der Tasche (Zimmermann 1984: 11; Buchwitz 1950a: 17f., 22; Buchwitz 1959a).

Buchwitz erlernte ab 1893 in der Metallindustrie den Beruf des Metalldrückers und trat am Ende der Ausbildung 1896 der Gewerkschaft bei. Der Eintritt in die Gewerkschaft hatte weitreichende Folgen für seinen weiteren Lebensweg. Buchwitz tauchte ein in das sich entfaltende Milieu der Arbeiterbewegung, das in jenen Jahren mit Broschüren, Versammlungen, Zeitungen, Büchern und persönlichen Gesprächen einen Resonanzraum anbot, in dem Buchwitz seine eigene Lage reflektieren konnte (Buchwitz 1959a).

Dazu gehörten auch Streikauseinandersetzungen, die Mitte der 1890er bereits recht intensiv geführt wurden. Die Gewerkschaften waren jedoch noch im Aufbau ihrer zentralen Streik- und Unterstützungskassen (Schneider 2000: 80). In der Folge versuchten die Gewerkschaften, die noch wenig belastbare Streikkasse zu entlasten, indem sie den jungen Beschäftigten empfahlen, sich andernorts Arbeit zu suchen, um so wenigstens die älteren, verheirateten Beschäftigten mit Familien hinreichend mit Streikgeld zu alimentieren (Buchwitz 1950a: 37; Zimmermann 1984: 14). Im Gegenzug gewährte die Gewerkschaft den jüngeren Mitgliedern eine kleine Reiseunterstützung (Buchwitz 1950a: 39). Buchwitz ging deswegen ein wenig unfreiwillig, aber doch neugierig auf die Wanderschaft, die ihn vorwiegend nach Sachsen, aber auch nach Hamburg und in andere Städte des Deutschen Reiches führte.

Milieu als Stütze und ein Konflikt ums Geld

In Hamburg schloss sich Buchwitz 1898 dann der SPD an (Zimmermann 1984: 14). Buchwitz war hinsichtlich seines Alters und seines Parteibeitritts zu jung, um noch als Angehöriger der »Generation Ebert« (Braun 2005) zu zählen, wozu jene gehörten, die sich noch in der Zeit des Sozialistengesetzes der Sozialdemokratie anschlossen. Allerdings war er zugleich zu alt, um schon zur »Generation Schumacher« (Woyke 2005) zu zählen, die durch einen Beitritt in der Spätphase des Kaiserreiches in die etablierte sozialdemokratische Organisation gelangten. Dass Buchwitz dieser Zwischengeneration angehörte, lässt schnell übersehen, wie stark und bedeutend diese Kohorte eigentlich war. Buchwitz schloss sich in einer Zeit der SPD an, als diese massiv expandierte. In den 1890er Jahren verzehnfachte sich die Zahl der Mitglieder (Mittag 2005: 121), um hernach binnen weiterer zehn Jahre nochmals den Mitgliederbestand zu vervierfachen. Mit einer Million Mitgliedern war die SPD schließlich die stärkste Arbeiterpartei in Europa. Als solche festigte sie ihre Strukturen, verließ den Charakter einer bloßen Gesinnungsvereinigung und legte den Mitgliedern Pflichten wie die regelmäßige Beitragszahlung auf (Plener 2009: 56f.), was wiederum die Voraussetzung war, um die Organisation zu professionalisieren. Das eröffnete Berufschancen für die Mitglieder, um als Mitarbeiter im Parteiapparat oder als Redakteur in der wachsenden Zahl der parteieigenen Zeitungen zu wirken. Für die in der Partei organisierten Facharbeiter, gerade aus eben jener Zwischengeneration, boten sich somit konkrete soziale Aufstiegsmöglichkeiten, die für sie nur in und mit der Organisation möglich waren.

Die Arbeiterbewegung besaß in dieser Expansionsphase schon ein relativ flächendeckendes Netz an Institutionen und Organisationen, das unter den Bedingungen des Wachstums noch dichter wurde. Vor allem die Tarnorganisationen der Partei aus der Verbotszeit vor 1890 überdauerten als »geschlossene und damit *ab*geschlossene Solidargemeinschaft« (Mittag 2005: 112, Hervorhebung im Original). Doch deren Leistungsfähigkeit war mitunter noch recht fragil. Für eine umfassende Streikunterstützung reichte es eben nicht, wohl aber für eine Wanderunterstützung. Die widerspenstigen Arbeiter mussten zugleich vielfach Maßregelungen der Arbeitgeber erdulden, dennoch gelangen Tarifabschlüsse in immer mehr Branchen und Betrieben. Ab Mitte der 1890er Jahre obsiegten die Gewerkschaften in der Mehrzahl der Arbeitskämpfe, sie entwickelten darüber eine immer ausgefeiltere Streiktaktik (Schneider 2000: 108) und gingen so Niederlagen aus dem Weg. Die SPD sah sich unterdessen weiterhin Behinderungen im Wahlkampf und polizeilicher Willkür ausgesetzt, gleichzeitig wirkte man über die Krankenkassen längst an der Gestaltung der Sozialverhältnisse im Staate mit. Diese Widersprüchlichkeit schloss ein, dass es selbst in den Hochburgen der Arbeiterbewegung wie Sachsen große Unterschiede hinsichtlich der Stärke und der Handlungsfähigkeit der Organisationen der Arbeiterbewegung gab, was Buchwitz selbst am Beispiel der Textilindustrie auf dem Lande registrierte (Buchwitz 1950a: 49).

Für den lebensfrohen jungen Arbeiter Otto Buchwitz ergaben sich zunächst keine festen Jobs. Die Ursachen dafür lassen sich im Nachhinein nicht abschließend klären. Buchwitz erwähnte schwarze Listen, die ihn als sozialdemokratischen Gewerkschafter regelrecht brandmarkten (Buchwitz 1950a: 56). Dies waren in der Tat probate Mittel der Arbeitgeber, um Mitglieder der Arbeiterorganisationen aus den Betrieben fernzuhalten, was je nach Branche und Region unterschiedlich intensiv eingesetzt wurde (Kittner 2005: 326). Freilich reicht das Quellenmaterial nicht aus, dieses aus Buchwitz' Autobiographie übernommene Argument vollständig zu verifizieren. Allerdings war die unstete Berufsbiographie wohl nicht allein auf seine politische Orientierung zurückzuführen. In Dresden ohrfeigte er etwa seinen Chef, weswegen er erstmals mit der Justiz in Konflikt geriet und drei Wochen in Haft musste (Buchwitz 1959a).

Die Unsicherheiten, die mit den kurzzeitigen Anstellungen verbunden waren, bekümmerten Buchwitz eine Zeit lang nicht sonderlich, wenn man seinen autobiographischen Ausführungen folgt (Buchwitz 1950a: 48ff.). Die am Ende stehende Entlohnung reichte für Unterkunft und ein gepflegtes Feierabendbier, das er eigener Schilderung nach gerne genoss.

Buchwitz lernte in dieser Zeit bereits ein recht eng geknüpftes Netz von sozialdemokratischen Hilfs- und Unterstützungsorganisationen kennen. Dieses war vor allem in Sachsen stark ausgeprägt (Walter 2013). Die Parteiorganisation und die damit verbundenen Vereine, Organisationen und Verbände durchdrangen immer stärker die verschiedenen

Lebensbereiche. Buchwitz führte den SPD-Ortsverein in Hainewalde, engagierte sich dort auch im sozialdemokratischen Konsumwesen (Zimmermann 1984: 20; Buchwitz 1959a) und im sozialdemokratischen Männergesangsverein. In Radebeul fungierte er zwischenzeitlich als Ortsgruppenkassierer der SPD (Simowitsch 2007: 46).

Dem jungen Facharbeiter Buchwitz musste das als starke Stütze im eigenen Werdegang vorgekommen sein. Die Expansion des Milieus wirkte anziehend, weil immer mehr und immer bessere Strukturen entstanden. Abseits des Staatswesens sicherte das sozialdemokratische Milieu Biographien ab, half in großer Not und eröffnete neue Perspektiven, bis hin zu besoldeten Stellungen als Gewerkschafts- oder Parteisekretär, die Buchwitz schließlich noch übernehmen sollte.

Buchwitz hatte nach seiner Ausbildung für fast zehn Jahre keine gesicherte Stellung. Die Militärzeit war in dieser Zeitspanne die größte Konstante, bei der er jedoch verpflichtet war, Distanz zur Sozialdemokratie zu halten (Simowitsch 2007: 47). Danach schlug er sich wieder mit Gelegenheitsjobs durch, verkaufte sozialdemokratische Memorabilien, vertrieb sozialdemokratische Zeitschriften, schrieb für diese auch vereinzelt Artikel, handelte mit Gewürzen und Korken oder verrichtete Hilfstätigkeiten in der Papierindustrie (Buchwitz 1950a: 56; Simowitsch 2007: 47). Die Heirat und Gründung einer Familie veränderten die Rahmenbedingungen. 1902 kam die erste Tochter zur Welt, im Zwei-Jahres-Takt folgten vier weitere Kinder.[5] Es liegt nahe, dass Buchwitz im Lichte dessen ein regelmäßiges Einkommen brauchte. Buchwitz verdingte sich nunmehr als Weber, lernte sozusagen um, doch auch diese Tätigkeiten endeten immer wieder mit dem Rausschmiss, angeblich wegen seiner politischen Einstellungen oder infolge von Maßregelungen nach Streikaktivitäten (Buchwitz 1950a: 55; Buchwitz 1959a).

1907 stellte ihn der Textilarbeiterverband dann als Gewerkschaftssekretär ein und wies ihm als Zuständigkeitsbereich den Chemnitzer Raum zu (Buchwitz 1950a: 67), wo es eine bedeutende Textilindustrie gab. Buchwitz war insoweit ein typischer Vertreter des Gewerkschaftsfunktionärs im Kaiserreich; diese wechselten nach ehrenamtlicher Mitarbeit im Alter

---

5 Auskünfte zu den Geburtsdaten lieferte freundlicherweise das Kreisarchiv des Landratsamtes des Erzgebirgskreises.

zwischen 30 und 40 Jahren (Buchwitz war mit 28 sogar ein wenig jünger) in die Hauptamtlichkeit (Mittag 2005: 126).

Kurz bevor Buchwitz in den Dienst der Textilgewerkschaft eintrat, fand eine erbitterte Tarifauseinandersetzung in Crimmitschau statt. Die Stadt in Westsachsen war stark von der Textilindustrie geprägt. Mit der Forderung nach Arbeitszeitverkürzung und mehr Lohn begann ein Streik in fünf der 83 Betriebe der Stadt, die Arbeitgeber reagierten hart und sperrten daraufhin alle 8.000 Beschäftigten der Branche in der Stadt aus. Der Streik endete zwar mit einer Niederlage der Gewerkschaften nach 22 Wochen erbitterter Auseinandersetzung (Kittner 2005: 335ff.; Donath/Szegfü 2019: 526f.). Für die Textilgewerkschaft war dieser Streik dennoch eine wichtige Wegmarke. Er läutete die Zentralisierung der sozialen Beziehungen ein, und er bescherte der Textilgewerkschaft einen signifikanten Mitgliederzuwachs. Dieser vergrößerte die Handlungsmöglichkeiten der Organisation, so dass diese auch mehr hauptamtliche Sekretäre einstellen konnte, wodurch sich für Buchwitz die Gelegenheit ergab, für diese Organisation zu arbeiten.

Auch wenn die Tarifbindung in der Textilbranche bis zum Ende des Kaiserreichs ausgesprochen schwach blieb, lediglich 1,8 Prozent der Beschäftigten dieser Branche arbeiteten 1913 überhaupt in einem tarifgebundenen Unternehmen (Kittner 2005: 376), machte selbst die Niederlage die Arbeiterbewegung in jenen Jahren eher stärker. Die Sozialdemokratie und ihr Umfeld verhießen der Arbeiterschaft dadurch jene Freiheiten, die der Staat nicht gewährleisten wollte. Mit ihrem starken Wachstum gewann der insbesondere von Bebel in bunten Farben ausgemalte paradiesische Zustand, der im Sozialismus erreicht werden sollte, Konturen; er war keine fernliegende Utopie, sondern erschien erreichbar. Allerdings gelangte das vorherige sprunghafte Wachstum der sozialdemokratischen Bewegung an erste Grenzen. Bei der Reichstagswahl 1907 erfuhr die SPD erstmals einen Rückschlag, sie verlor etliche Mandate. Die Mitgliederzahl wuchs nicht mehr so immens wie in den beiden Dekaden davor. Innerparteilich setzten Debatten um die künftige Strategie der Partei ein. Für Buchwitz war es somit ein günstiges Zeitfenster, als er Gewerkschaftssekretär wurde. Noch expandierte der hauptamtliche Apparat.

In den Darstellungen zu Buchwitz aus der DDR wurde für die Zeit bis zum Ersten Weltkrieg stark auf den Einfluss Bebels abgestellt. Buchwitz war Parteitagsdelegierter zum Parteitag 1912, wo er August Bebel angeblich persönlich gesprochen hatte (Zimmermann 1984: 28).[6] Ungeachtet der Richtigkeit und egal, wie flüchtig diese Begegnung wirklich war, sie erlangte an anderer Stelle noch mal Relevanz für Buchwitz' Leben.

Buchwitz wurde mit seiner Familie vorerst im Erzgebirge sesshaft. Die Zeit im Textilarbeiterverband war für Buchwitz' Verhältnisse relativ stabil, was aber 1913 endete, als er nach Radebeul umzog, seine Familie blieb unterdessen in Jahnsdorf wohnen.[7] Buchwitz wurde zum Anfang des Folgejahres vom Chemnitzer Landgericht zu einer Haftstrafe verurteilt. Die gängige Lesart seiner Biographen war, dass er wegen seiner politischen Arbeit bestraft worden und daraufhin zu seinem eigenen Schutz von der Textilarbeitergewerkschaft versetzt worden sei (Simowitsch 2007: 48; Zimmermann 1984: 29).

Buchwitz selbst schwieg sich ebenso wie Seydewitz (1961) über die Haftstrafe und auch über die damit verbundenen Umstände aus.[8] Das wirkt reichlich merkwürdig. Natürlich muss man Buchwitz zugutehalten, sich nicht mehr an jedes Detail erinnern zu können. Aber eine Verurteilung aus politischen Gründen käme ja fast einem Ritterschlag gleich, Bebel trug solche Strafen fast wie Orden. Dass der biographisch zentrale Wechsel, der ihn letztlich von der sächsischen Textilgewerkschaft weg und am Ende des Ersten Weltkriegs der niederschlesischen Sozialdemokratie zuführte, nicht von ihm selbst begründet wird, wirkt wie eine Leerstelle.

Diese Leerstelle lässt sich damit erklären, dass die von seinen Biographen sorgsam tradierte Erzählung einer historischen Überprüfung nicht standhält. Buchwitz hatte sich nämlich wegen Veruntreuung von Gewerkschaftsgeldern vor Gericht zu verantworten. Quittungen über angeblich ausgezahlte Streikgelder hatte er gefälscht und die Beträge in die eigene Tasche umgeleitet (o. V. 1914; o. V. 1949a). Am Ende stand dann eine Verurteilung zu vier Monaten Haft wegen Urkundenfälschung.[9] Weder Zim-

6 1962 erinnerte Buchwitz sich noch an eine Begegnung mit Bebel im Reichstagswahlkampf 1903 (Buchwitz 1962).

7 Auskunft des Kreisarchivs des Landratsamtes Erzgebirgskreis.

8 Konflikte mit der Polizei wegen seiner politischen Arbeit und zeitweilige Inhaftierungen infolge von Streiks erwähnte er hingegen (Buchwitz 1950a: 68).

9 Die Prozessakten sind nach Auskunft des sächsischen Hauptstaatsarchivs wie auch nach Auskunft des Landgerichts Chemnitz nicht mehr existent. In der Anklageschrift gegen Buchwitz vor dem Volksgerichtshof werden die Haftstrafe und der Haftgrund referiert (BArch, Bestand Oberreichsanwalt beim Volksgerichtshof, R 3017/30377).

mermann noch Seydewitz wollten somit offenkundig dieses Detail erwähnen beziehungsweise hatten sie offensichtlich keine Informationen dazu. Buchwitz selbst schwieg hierzu aus verständlichen Gründen und Simowitsch schloss sich der Überlieferung einfach an.

Dass Buchwitz als Folge dieser Affäre aus dem Dienst des Textilarbeiterverbandes ausgeschieden sein dürfte, ist als Hinweis in einem 1924 erschienenen Handbuch über das sozialdemokratische Pressewesen zu finden, das kurz die biographischen Notizen der mit dem Zeitungswesen verantwortlichen Personen auflistet und seine Zeit beim Textilarbeiterverband bis Ende 1913 terminiert, es enthielt somit keine Versetzung (Vorstand des Vereins Arbeiterpresse 1924: 339). Über die Affäre war nach 1945 Gras gewachsen, Buchwitz hatte 1920 zudem die unterschlagene Summe zurückbezahlt. Ein Versuch der SPD im Jahr 1949, dies in einem Rundfunkbeitrag nochmals in Erinnerung zu rufen (o. V. 1949a), verhallte.

Das Urteil hätte eigentlich Folgen für seine Soldatenkarriere im Ersten Weltkrieg haben müssen. Die Aberkennung der Ehrenrechte, eine Begleiterscheinung seiner Verurteilung, schloss in der damaligen Fassung des Strafgesetzbuches den Eintritt in die Armee eigentlich aus (§ 34 StGB). Buchwitz wurde dennoch unmittelbar zu Kriegsbeginn im August 1914 eingezogen, und zwar in jenes 48. sächsische Feldartillerie-Regiment, in dem er schon zur Jahrhundertwende seinen Wehrdienst verrichtet hatte. Sein Biograph Zimmermann führte dazu aus, dass Buchwitz »zwar seine bürgerlichen Ehrenrechte noch nicht wieder [hatte], aber für die Front war er allemal tauglich« (Zimmermann 1984: 30). Die genauen Umstände seiner Einberufung in die Armee im Rahmen der Mobilmachung lassen sich heute nicht mehr klären, vor dem Hintergrund seiner fünf Kinder gab es zudem weitere Gründe, die einer schnellen Einberufung entgegenstanden. Die betreffenden Personalunterlagen der sächsischen Armee haben jedoch den Zweiten Weltkrieg nicht überstanden.[10]

Das in den Kriegsjahren selbst Erlebte spielte, wie schon die vorherigen Wehrdienstjahre, in Buchwitz' Erinnerungen eine eher nebensächliche Rolle.[11] Seine politische Gesinnung war bekannt und führte zu einer für ihn nachteiligen Behandlung. Kritische Briefe, die er seinen Parteifreunden

10 Auskunft des Sächsischen Staatsarchivs, Hauptstaatsarchiv Dresden.

11 Abgesehen davon, dass bei Seydewitz (1961) und Zimmermann (1984) in unterschiedlichen Stärken die übliche kommunistische Deutung des Ersten Weltkriegs zu finden ist. Buchwitz überhöht diese Zeit hingegen nicht.

schrieb, taten wohl ein Übriges, dass Buchwitz nie befördert wurde. Freilich, ob diese Zurücksetzung eher politisch bedingt war, wie Buchwitz mutmaßte (Buchwitz 1950a: 75) oder ob sie Folge der Aberkennung der Ehrenrechte als Folge der strafrechtlichen Verurteilung war, lässt sich in Ermangelung der entsprechenden Akten nicht mehr abschließend klären.

Der Erste Weltkrieg entfremdete Buchwitz jedoch eindeutig nicht von der SPD. Die nachträglichen Distanzierungen von den Entscheidungen der Partei, die Buchwitz später entwickelte und in seinen Autobiographien darlegte, konnte »bei aller eifrigen Kritik am vermeintlich ›verräterischen‹ Kurs der Parteiführung doch nicht kaschieren«, dass Buchwitz »bis zum Ende des Krieges unverrückt auf dem Boden der MSPD« gestanden hat (Depkat 2007: 281).

Neustart in der SPD

Nach dem Ende des Ersten Weltkriegs wurde Buchwitz in Dresden demobilisiert. Hier führten ihn die Verhältnisse in den örtlichen Arbeiter- und Soldatenrat, von wo aus er nach Görlitz wechselte, wo er zum stellvertretenden Landrat avancierte. Ein Mandat im Gemeinderat des Görlitzer Vororts Moys und schließlich eine Mitgliedschaft im schlesischen Provinziallandtag gesellten sich rasch dazu. Buchwitz übernahm in Görlitz Mitte 1919 schließlich das Amt des hauptamtlichen Parteisekretärs im SPD-Bezirk Görlitz. Als Abgeordneter im preußischen Landtag und schließlich im Reichstag wurde er endgültig Teil jener *Arbeiteraristokratie* (zur Ambivalenz der Begrifflichkeit Lösche 2005), die für die Organisation des sozialdemokratischen Milieus von immenser Bedeutung war.

Im Görlitz befand sich Buchwitz im Geleitzug von Paul Taubadel. Taubadel war unwesentlich älter als Buchwitz, hatte jedoch eine stringentere Karriere in der Sozialdemokratie hingelegt als er. Der gelernte Maurer hatte sich als tüchtiger Organisator in der Gewerkschaft bewährt, war Autodidakt und wurde vom späteren Reichskanzler Hermann Müller gefördert, von dem er schließlich die Funktion des Redakteurs der Görlitzer Volkszeitung übernahm. Taubadel stand wie sein Mentor Müller fest auf der Seite des reformistischen Flügels der Partei, lehnte etwa den Einsatz von Massenstreiks vehement ab und stützte den mehrheitssozialdemokratischen Kurs während des Krieges (Czok 1963: 50; Czok o. J.: 8) wie auch in den Tagen der Novemberrevolution 1918 (Wenzel 1969: XIIIff.).

Taubadel machte sich in den folgenden Jahren besonders um das sozialdemokratische Verlagswesen in Görlitz verdient. Die Zeitung erhielt in seiner Zeit eine eigene Druckerei und wurde zentrales Kopfblatt zahlreicher niederschlesischer Blätter (Vorstand des Vereins Arbeiterpresse 1927: 104; o. V. 2012). Zugleich mehrte er den Grundbesitz der Görlitzer SPD über eine komplexe gesellschaftsrechtliche Konstruktion. Eine solche war für die damalige SPD durchaus typisch (Lehmann/Wettig 2005: 10f.). In zentraler Lage von Görlitz hatte die SPD schon 1905 ein Gebäude erworben (Koksch/Ohlig o. J.: 61), das unter Taubadels Ägide Zug um Zug erweitert wurde, um zusätzliche Büros und Tagungsmöglichkeiten einzurichten. Angesehene zeitgenössische Architekten planten ein Gebäudeensemble, das nicht nur die SPD, sondern auch die Gewerkschaften, den Arbeitersamariterbund, eine Arbeitergaststätte und das Druck- und Verlagswesen beherbergte. Für die Parteisekretäre hielt man Dienstwohnungen vor, auch Buchwitz bezog angeblich eine solche (Hoffsten 2017: 405f.).[12] Derartige Volkshäuser wurden im Deutschen Reich zahlreich errichtet und waren der Stolz der sozialdemokratischen Bewegung (Lehmann/Wettig 2005).

Der von Taubadel betriebene Expansionskurs des Zeitungswesens in Görlitz war jedoch mit ökonomischen Risiken verbunden. Die Refinanzierung war ein labiles Unterfangen, ab Mitte der 1920er Jahre geriet die Zeitung in finanzielle Schieflage, konnte aber bis zu ihrem Verbot 1933 weiterhin erscheinen (o. V. 2014).

Bereits 1908 errang Taubadel trotz des die Arbeiterschaft diskriminierenden Wahlrechts ein Mandat im Görlitzer Stadtrat (Kocksch/Ohlig o. J.: 74). 1912 gelang es ihm als erstem Sozialdemokraten, den Wahlkreis Görlitz/Lauban zu gewinnen und in den Reichstag einzuziehen, dem er danach bis 1932 angehörte. Zwischenzeitlich amtierte er als Unterstaatssekretär für das Postwesen in der Reichsregierung. Taubadel führte 1918 den Arbeiter- und Soldatenrat von Görlitz (Czok o. J.) und saß dem SPD-Bezirk vor, in dessen Dienst Buchwitz als Parteisekretär schließlich eintrat. Buchwitz sollte in den folgenden Jahren auch wiederholt für die von Taubadel verantworteten Publikationen schreiben. Es überrascht, dass Taubadel mit keiner Silbe in Buchwitz' Autobiographie Erwähnung fand, obwohl sich die Wege von Buchwitz und Taubadel 1918/19 so maßgeblich für fast 15 Jahre verbanden. Verschwurbelt schrieb Buchwitz, dass »meine Parteifreunde mit der Aufforderung an mich heran [traten], den Bezirk Niederschlesien als Bezirkssekretär der SPD zu übernehmen« (Buchwitz 1950a: 84). Abgesehen davon, dass ein Bezirk Niederschlesien gar nicht existierte, die Provinz war in die SPD-Bezirke Görlitz und Breslau geteilt, war es sicherlich keine amorphe Masse, die Buchwitz aufgefordert hatte. Vielmehr war es das Werk von Taubadel, wie Buchwitz auch im Gespräch mit Seydewitz einräumte (Buchwitz 1959a). Ohne Taubadels Zutun wurden in Görlitz zu jener Zeit keine Entscheidungen getroffen. Taubadel

12 Allerdings vermerken ihn zwei Adressbücher der Stadt Görlitz dort nicht als Bewohner. In den Jahren 1925/26 sowie 1927/28 wird er noch nicht einmal als Einwohner der Stadt geführt (https://martin-opitz-bibliothek.de/de/elektronischer-lesesaal?action=book&bookId=0010175-1925-1926; https://martin-opitz-bibliothek.de/de/elektronischer-lesesaal?action=book&bookId=0010175-1927-1928)

führte auch bis 1932 die Liegnitzer Liste für die Reichstagswahl an und blieb bis zum Verbot der SPD 1933 deren Bezirksvorsitzender (o. V. 1933a). Er wurde bei anderer Gelegenheit von Buchwitz immerhin als »sauberer, anständiger Mensch« bezeichnet (Buchwitz 1959b), so dass man davon ausgehen muss, dass das Verhältnis beider wohl recht ungetrübt war. Habituell unterschieden sich Taubadel und Buchwitz allerdings, letztlich ergänzten sie sich aber. Taubadel gefiel sich darin, zum Bürgertum der Stadt Görlitz anschlussfähig zu sein. Sein Weg zum Redakteur und Reichstagsabgeordneten verstand er als sozialen Aufstieg. Buchwitz hingegen hielt zum Bürgertum eher Distanz. Betrachtet man den familiären Hintergrund, war Buchwitz letztlich auch sozialer Absteiger. Er fühlte sich zudem in kleineren Kommunen wohler, empfand eine latente Abneigung gegen die klein- wie großbürgerlichen Attitüden, die in den wohlhabenden urbanen Quartieren gepflegt wurden. Entsprechend entfalteten beide als Redner vor Ort unterschiedliche Wirkung. Buchwitz war dann derber, direkter, wohl auch polemischer als Taubadel. Taubadel war hingegen auch kein Intellektueller, formulierte jedoch abwägender.

Die Entscheidung von Buchwitz, für die Sozialdemokratie zu arbeiten, muss auch als Entscheidung gegen andere sozialistische Strömungen verstanden werden, die etwa bei Buchwitz' Vorkriegsarbeitgeber, dem Textilarbeiterverband, eine recht starke Stellung erlangt hatten (Donath/Szegfü 2019: 528). Buchwitz hingegen festigte seine Organisationsbindung an die SPD in genau dieser Phase. Dieser Umstand erscheint für die Beurteilung seiner späteren Rolle bei der Vereinigung zur SED interessant. Buchwitz engagierte sich erst von dem Zeitpunkt an vorwiegend in der SPD, als das Schisma zwischen Mehrheits- und unabhängiger Sozialdemokratie bereits vollzogen war und sich in seinem ehemaligen Arbeitsumfeld besonders verfestigte.

Buchwitz arbeitete damit in einer Organisation, die sich durch die Abspaltungen von den Richtungskonflikten der Vorkriegs- wie der Kriegszeit zunächst entledigt hatte. Die Bruchlinie über Strategie und Taktik bei der Erreichung der Ziele wie auch das Verhältnis zum Staat blieben zwar Quell tiefgehender Debatten innerhalb der SPD, doch weitaus eher erwuchsen daraus die Abgrenzungslinien zur USPD und schließlich zur KPD.

In der Phase, als die unterschiedlichen Schattierungen der parteipolitischen Verortung des Sozialismus in Deutschland Wahlmöglichkeiten eröffneten, blieb Buchwitz der alten SPD treu, ja verstärkte sogar sein

Engagement. Die SPD gewährte ihm im Gegenzug eine gesicherte soziale Stellung. Er stieg wieder in jene Arbeiteraristokratie ein, aus der er 1913 herausgefallen war und die von kommunistischer Seite in den folgenden Jahren zum Kampfbegriff gegen eine Bürokratisierung der Arbeiterbewegung wurde (Beier 1976: 37).

Es führte bei Buchwitz somit eine recht gerade Linie aus der politischen Praxis der Vorkriegszeit in die politische Gegenwart der Weimarer Republik. Es erscheint im Lichte des Werdegangs daher hochfraglich, ob Buchwitz, wie er in seinen DDR-Erinnerungen darlegte (Buchwitz 1950a: 77) und wie es auch durchaus von Historikern gesehen wird (Brandt 1976: 168), wirklich die bebelsche Einheit der Partei und die besondere Enge des Milieus der Kaiserreichzeit als Referenz für sein politisches Handeln ansah und nur deswegen den Gang in die USPD oder die KPD gescheut hatte. Buchwitz war – wie im Folgenden zu zeigen sein wird – letztlich weit eher ein Sozialdemokrat der frühen Weimarer Republik und weniger Repräsentant der vergangenen SPD des Kaiserreiches.

Die Faszination an der sozialdemokratischen Politik lag bei diesen Funktionsträgern nicht in der fernen Transzendenz einer besseren Welt, sondern im stetigen Eintreten für Verbesserungen im Alltag. Als fleißige autodidaktische Arbeiter, die nach Optionen und Lösungen suchten, die sich nicht im theoretischen Überbau verloren, agierten sie für und mit der Bewegung.

Privat veränderte sich seine Lebensrealität ebenfalls. Seine erste Frau war mit den fünf gemeinsamen Kindern im Erzgebirge verblieben, als Buchwitz vom Textilarbeiterverband herausgeworfen wurde. Die Ehe wurde Anfang 1921 geschieden und Buchwitz heiratete daraufhin ein zweites Mal. Seine zweite Frau Elsa stammte aus dem Erzgebirge, sie war dort in der Sozialdemokratie und der Textilgewerkschaft engagiert. Mit ihr hatte er noch eine weitere Tochter. Die familiären Umstände von Buchwitz erfuhren nur eine geringe Würdigung in seinen Erinnerungen wie auch in den biographischen Abhandlungen. Zimmermann kleidete dieses Defizit noch in die Wendung, dass Buchwitz vor lauter Arbeit kaum Zeit fürs Privatleben blieb (1984: 49). Einige Quellen deuten aber an, dass Buchwitz zu seiner Familie aus erster Ehe nach der Trennung keinen intensiven Kontakt mehr hatte.

Das Kinderbuch, das seine Erinnerungen in der DDR popularisierte, erschien vor dem Hintergrund, dass sein Urenkel ihn als prominenten

Repräsentanten darüber wiederentdeckt hatte. Dieser sprach dann in der Schule von seinem berühmten Urgroßvater, so dass es erst darüber zum Kontakt beider kam. Dieses deutete darauf hin, dass die Bande zwischen ihm und den Kindern aus erster Ehe ausgesprochen dünn war. Allerdings zog sein Sohn 1922 kurzzeitig zu Buchwitz nach Moys, kehrte aber schon nach sieben Monaten wieder zur Mutter zurück.[13] Die Kinder verblieben ansonsten bei seiner ersten Frau Martha.

Dass Buchwitz' Verhältnis zu seinen ältesten fünf Kindern schwierig war (im Gegensatz zur recht innigen Beziehung mit seiner jüngsten Tochter), dürfte auch in der SPD bekannt gewesen sein, denn der Parteivorstand veröffentlichte 1949 eine Schmähung über den abtrünnigen Buchwitz, die das aufgriff. Diese Schrift war mit dem Hinweis verbunden, er habe im Erzgebirge einen »sehr liederlichen Lebenswandel [geführt], trank unaufhörlich und vernachlässigte seine Familie« (o. V. 1949a). Es empfiehlt sich freilich, bei dieser Quelle zurückhaltend zu sein, was den Wahrheitsgehalt angeht.

Es dürfte dennoch unstreitig sein, dass Buchwitz schon im Zusammenhang mit seiner Entlassung beim Textilarbeiterverband recht grundlegend mit seiner ersten Familie gebrochen hatte und diese später keine große Bedeutung mehr für ihn hatte. Dieser Umstand macht, übertragen auf seine politische Haltung, aber einmal mehr deutlich, wie man Buchwitz' Entscheidung für die SPD 1918 werten muss. Sie beruhte weder auf Sentimentalitäten noch auf Bequemlichkeiten, sondern es handelte sich um eine bewusste Entscheidung für die Partei und auch für deren Kurs nach dem Ende des Ersten Weltkriegs.

Als Parteisekretär in Niederschlesien kam Buchwitz in einer Region Verantwortung zu, die für die SPD in der Zwischenzeit überaus wichtig geworden war. Bei der Reichstagswahl 1912, in deren Folge die SPD erstmals die stärkste Reichstagsfraktion stellte, wurden fünf der 13 Wahlkreise im Breslauer Regierungsbezirk und zwei der zehn Wahlkreise im Regierungsbezirk Liegnitz gewonnen.

Niederschlesien war kein Zentrum der frühen Industrialisierung wie Sachsen, auch keine Hochburg der Montanindustrie wie Oberschlesien oder das Ruhrgebiet. Wohl aber hatte sich aus dem früh bedeutenden Webergewerbe eine relevante Bekleidungsindustrie entwickelt (Matull

13 Information des Kreisarchivs des Landratsamtes Erzgebirgskreises.

1973: 5), bei der in frühkapitalistischer Zeit immer wieder heftige Konflikte ausbrachen, die sich zu regelrechten Aufständen verdichteten. Ansonsten war die Region stark von der Landwirtschaft geprägt, vor allem die Waldbestände hatten eine hohe wirtschaftliche Bedeutung (Matull 1973: 86). Eine Besonderheit Niederschlesiens war die Präsenz von Industrien in kleineren Städten. Kommunen mit gut 10.000 Einwohnerinnen und Einwohnern gab es im Vergleich zu anderen preußischen Provinzen etliche. Viele dieser Städte und Gemeinden verfügten über industrielle Kerne, in denen Fabriken der Glasindustrie oder der Spezialchemie existierten. Bedeutend waren speziell im Gebiet des SPD-Bezirks Görlitz die Textilindustrie und der Fahrzeugbau. So war etwa Lauban für die Herstellung von Taschentüchern weltweit bekannt. Görlitz hatte sich zu einem Zentrum des Lokomotivbaus entwickelt.

Niederschlesien verfügte dadurch über eine große Industriearbeiterschaft, die insgesamt mit den Zentren der Industrialisierung mithalten konnte. Selbst der Bergbau war in der Summe der Beschäftigungsverhältnisse nicht kleiner als in Oberschlesien. Die Besonderheit war, dass es kein dominantes Industriezentrum oder keine Ballung in Großstädten gab wie in anderen Industriegebieten im Reich. Zeitlich relevant war dabei auch, dass sich die Region in den wirtschaftlichen Wachstumsphasen des Kaiserreichs kontinuierlich industriell entwickelte und nicht in kürzester Zeit durch großindustrielle Ansiedlungen geprägt wurde, wie etwa das Ruhrgebiet oder das im Ersten Weltkrieg aufgebaute mitteldeutsche Chemiedreieck. Dies schuf die Voraussetzungen für eine Arbeiterschaft, in der handwerkliche Traditionen noch lebendig waren, die lokal verwurzelt war und so eine besonders starke sozialdemokratische Bewegung begünstigte. Als solche war sie insoweit hinsichtlich revolutionärer Vorstellungen dann aber auch eher zurückhaltend eingestellt.

Die Wirtschaftsstruktur Niederschlesiens war indes stark konjunkturabhängig, sowohl die Konsum- als auch die Verbrauchsgüter bauten auf einer zyklischen Nachfrage auf. Die Wirtschaftskrise 1929 traf daher Niederschlesien mit besonderer Wucht. Breslau war durch die Abtrennung oberschlesischer Gebiete an Polen nach dem Ersten Weltkrieg ohnehin in eine schwere Krise geraten, welche die Stadt durch die gesamte Weimarer Republik begleitete.

Niederschlesien war daher trotz seiner ländlichen Struktur letztlich eine vergleichsweise stark industrialisierte Region, ähnlich wie Südniedersachsen oder Nordhessen, wo die SPD seinerzeit ebenfalls starke Stellungen beziehen konnte, die bis heute erkennbar sind. Entsprechend war auch die niederschlesische SPD lange Zeit erfolgreich. Die SPD stellte bei den Wahlen zum niederschlesischen Provinziallandtag in der Weimarer Republik stets die stärkste Fraktion. Demgegenüber konnten sowohl die KPD als auch die USPD weder in den Wahlen noch in den Mitgliederzahlen die Stärke der SPD erreichen. Gerade die KPD vermochte nie den Status einer Kleinstpartei substanziell zu überwinden.

Die Besonderheiten und Stärke der SPD in Buchwitz' Heimatstadt Breslau ist schon skizziert worden, und ebenso, welche organisatorisch mäßige Basis die Partei, gemessen an ihrer elektoralen Stärke, aufwies. Im westlichen Regierungsbezirk Liegnitz, dessen Gebiet sich im Wesentlichen mit Buchwitz' Parteibezirk deckte, gelangen der SPD im Vergleich zu Breslau erst später Erfolge bei Wahlen, dafür verfügte die SPD dort über einen ausgesprochen stabilen Rückhalt. Vor dem Ersten Weltkrieg zählte der Bezirk 9.000 Mitglieder, konnte sich aber nach Mitgliederverlusten im Kriege bis 1918 rasch organisieren und zählte im März 1919 gut 11.000 Mitglieder.[14] Die SPD hatte in Niederschlesien, gerade während der Weimarer Republik, im Vergleich zu anderen Regionen eine gefestigte Organisationsbasis. Das zeigte sich bei der ersten Reichstagswahl 1920, bei welcher der SPD reichsweit eine dramatische Niederlage hinnehmen musste. Im Görlitzer wie im Breslauer Parteibezirk blieb das Ergebnis mit 32 % beziehungsweise 36 % deutlich über dem Reichsschnitt und lag damit sogar über den Ergebnissen in den alten sächsischen Hochburgen, die besonders starke Stimmenverluste hinzunehmen hatten.[15]

Da es in beiden niederschlesischen SPD-Bezirken keinen nennenswerten Zustrom durch die Vereinigung der Mehrheitssozialdemokratie mit den Resten der Unabhängigen 1924 zu vermelden gab, blieb die Mitgliederzahl in Niederschlesien auch in den folgenden Jahren insgesamt relativ stabil.[16]

14 Protokoll über die Verhandlungen des Parteitags der Sozialdemokratischen Partei Deutschlands, 10.-15. Juni 1919, Weimar, S. 54.

15 Bericht des Parteivorstands über das Geschäftsjahr 1919, Anhang zum Protokoll über die Verhandlungen des Parteitags der Sozialdemokratischen Partei Deutschlands, 10.-16. Oktober 1920, Kassel, S. 72.

16 Protokoll über die Verhandlungen des Parteitags der Sozialdemokratischen Partei Deutschlands, 13.-18. September 1925, Heidelberg, S. 36. Die Aufstellung der

Nicht nur bei den Mitgliedern und Wählerstimmen war Niederschlesien ein Hort der sozialdemokratischen Stabilität und Beständigkeit, auch finanziell war der Bezirk Görlitz ausgesprochen potent. Buchwitz schilderte Jahre später, dass in den Reichstagswahlkämpfen die zentrale Kasse des Parteivorstands nie für Aktivitäten belastet werden musste (Buchwitz 1959c). Gleichzeitig war die Ausstattung der Unterbezirksgeschäftsstellen herausragend, durchgängig waren diese hauptamtlich besetzt und stets in der Lage, Flugschriften zu drucken. Dazu verfügte jeder Parteisekretär über ein Auto (Buchwitz 1959c).

Niederschlesien war bereits im Kaiserreich ein Zentrum der reformistisch eingestellten Sozialdemokratie. Nur ein einziger 1912 in Niederschlesien gewählter Reichstagsabgeordneter der SPD wechselte später zur USPD: Mit Eduard Bernstein, der seinen Reichstagswahlkreis in Breslau hatte, handelte es sich ausgerechnet um den prominentesten Exponenten des revisionistischen Parteiflügels, der sodann auch nicht den Schritt in die KPD mitging, sondern in die SPD zurückkehrte. Mit Gustav Bauer nahm 1912 ein hochrangiger Vertreter der Freien Gewerkschaften und ein späterer Reichskanzler den zweiten Wahlkreis in Breslau ein. Ein starker Mann der Breslauer SPD wurde in der Spätphase des Kaiserreiches Paul Löbe (Grebing o. J.: 3), der später als Reichstagspräsident ein zentraler Exponent des auf Regierungstätigkeit ausgerichteten Parteiflügels wurde. Als Chefredakteur der örtlichen Parteipresse erlangte er erheblichen Einfluss. Als Stadtverordneter gehörte er zum kleinen Kreis der Sozialdemokraten, die schon im Kaiserreich Einfluss auf das kommunale Gemeinwesen ausübten. In Görlitz, wo Löbe zwischenzeitlich auch tätig war, führte der schon erwähnte Hermann Müller den mitgliederstarken Unterbezirk (Matull 1973: 53), auch er kein Mann revolutionärer Taten. Die Parteiorganisation in Schlesien setzte frühzeitig auf einen Interessenausgleich, sie lehnte es beispielsweise strikt ab, am 1. Mai die Arbeitsruhe zu erzwingen (Czok 1963: 35) und hielt sich damit an die Vorgabe der in dieser Angelegenheit zögerlichen Parteiführung (Klecha 2013: 156).

Zu den Besonderheiten der niederschlesischen Partei gehörte der Umstand, dass die soziale Zusammensetzung vergleichsweise vielfältig war.

Mitgliederzahlen belegt zwar einen starken Verlust im Bezirk Görlitz, zugleich aber auch einen Anstieg der Mitgliederzahlen in Breslau. Das hing mit einer Verschiebung der Grenzen zwischen den beiden Bezirken zusammen.

Die SPD war dort keine reine Arbeiterpartei, aber auch keine schöngeistige Intellektuellenpartei. Eine gebürtige Herzogin von Württemberg gehörte dem Breslauer Ortsverein ebenso an wie etliche jüdische Bürgersöhne (Grebing o. J.: 5, 7).

Abgeordneter in Berlin, aber keine Karriere

Für Buchwitz begann mit dem Einzug in den Provinziallandtag 1919 die Zeit als Parlamentarier. In seiner Funktion als Bezirkssekretär der SPD erlebte er 1920 hautnah den Kapp-Putsch. Auf der Rückfahrt von einer Parteiveranstaltung in Liebau formierte sich unter Buchwitz' Führung bereits ein Trupp von bewaffneten Arbeitern, die bereit waren, sich den Putschisten in Görlitz entgegenzustellen (Buchwitz 1959b; Buchwitz 1959c; Wenzel 1969: XV). Buchwitz organisierte nach der Rückkehr in Görlitz den Generalstreik, stellte ein Exekutivkomitee der Arbeiterschaft auf die Beine und gehörte einer Delegation an, die den aufständischen Soldaten in der Stadt unmittelbar signalisierte, dass sie mit keiner Unterstützung aus der Arbeiterschaft rechnen dürften.

1921 sicherte er sich eine Kandidatur für den preußischen Landtag. In seiner Autobiographie behauptete er zwar, dass ihn der »revisionistische Flügel« (Buchwitz 1950a: 92) habe verhindern wollen und bis dato damit auch Erfolg hatte, doch scheint diese Deutung im Nachhinein entstanden zu sein. Dagegen spricht bereits die Tatsache, dass Buchwitz später ausgesprochen stolz war, stets ohne Gegenstimmen nominiert worden zu sein (Buchwitz 1959a). Wäre er eine umstrittene Person gewesen, wäre das wohl auszuschließen.

Zentraler scheint zu sein, dass er recht neu in Görlitz war und in der Partei bis dahin nicht als Spitzenfunktionär in Erscheinung getreten war. Hinzu kam, dass die Reste der Generation Bebel und der Generation Ebert sich eher in der Verantwortung sahen als die nachfolgende Zwischengeneration, zu der Buchwitz gehörte. Als durch die Vielzahl der nach dem Wegfall des Dreiklassenwahlrechts in Preußen zu besetzenden Funktionen Lücken entstanden, konnten diese mit Männern und Frauen aus Buchwitz' Altersgruppe geschlossen werden. Es war somit weniger eine ideologische Blockade möglicher linker Strömungen durch die revisionistische Mehrheitsströmung, sondern vielmehr eine aus der Generationenfolge herrührende Hierarchie, bei der Buchwitz erst etwas später zum Zuge kam.

Im Fall von Buchwitz kam noch ein weiterer Aspekt hinzu, die Folgen seines Griffs in die Streikkasse holten ihn ein. Aus der USPD kamen offensichtlich entsprechende Vorwürfe (Buchwitz 1955b), die er nur ausräumen konnte, indem er den entstandenen Schaden korrigierte.

Buchwitz entwickelte sichtbar Leidenschaft für die Arbeit im Wahlkreis, wenn es darum ging, Not und Elend zu mindern, die durch die Kriegsfolgen und die Inflation mannigfach bestanden (Buchwitz 1950a: 93ff.). Er entsprach sowohl hinsichtlich seines Werdegangs als auch bezüglich seiner Einstellung zur pragmatischen Arbeit entlang der realen Probleme dem vorherrschenden Typus der preußischen SPD-Landtagsabgeordneten. Peter Lösche arbeitete heraus, dass die überwiegende Mehrzahl der dortigen Mandatsträger – wie eben auch Buchwitz – als Sekretäre in der Arbeiterbewegung tätig waren und als solche »im Geist der Disziplin und Solidarität in den Organisationen der Sozialdemokratie groß geworden [sind], gewöhnt daran, als Funktionäre des zweiten und dritten Gliedes Entscheidungen zu treffen und in ihren Wahlkreisvereinen, Gewerkschaftskartellen und Ortsverbänden effizient zu führen – und sie waren bereit, sich politisch führen zu lassen« (Lösche 1988: 106f.).

Was Buchwitz 1924 bewog, aus der mehrheitstragenden Landtagsfraktion in die Opposition im Reichstag zu wechseln, lässt sich nicht mehr klären. Weder Buchwitz selbst noch seine Biographen konnten aufhellen, wer ihn dazu ermunterte, welche Motive ihn umtrieben und wie er sich bei der Kandidatenaufstellung durchsetzen konnte. Seine eigenen Erinnerungen geben dazu keine hinreichende Erklärung ab: An der Landtagsfraktion missfiel ihm angeblich die strenge Obhut durch den Fraktionsvorsitzenden Ernst Heilmann (Buchwitz 1950a: 93). Dennoch dürfte das kaum als Begründung ausreichen, warum Buchwitz 1924 in den Reichstag überwechselte, dem er danach bis 1933 angehören sollte. Zumal Buchwitz und Heilmann verband einiges: Heilmann wirkte von 1909 bis 1916 als Redakteur in Chemnitz, lebte somit zur gleichen Zeit in der Gegend, als Buchwitz beim Textilarbeiterverband arbeitete. Inhaltlich – wie noch zu zeigen sein wird – lassen sich ebenfalls keine Konflikte mit Heilmann erkennen.

Auch personelle Engpässe dürfte es kaum gegeben haben. Die SPD hatte 1922 die Reste der USPD aufgenommen, die nicht zur KPD gewechselt waren. Dadurch erreichte die Partei zwar ihren absoluten Mitgliederhöchststand (Potthoff/Miller 2002: 115), sie sicherte den bisherigen

USPD-Mandatsträger im Zuge der Vereinigung zu, diese bei den anstehenden Wahlen abzusichern. Sie erlebte zugleich aber bei den Wahlen 1924 ein ziemliches Debakel, als die wiedervereinigte Partei nur ein Fünftel aller Stimmen erreichen konnte und damit schlechter abschnitt als die SPD ohne die USPD bei der Wahl 1920.

Insgesamt wechselten 1924 vier SPD-Abgeordnete von der heutigen Berliner Niederkirchnerstraße, wo der Landtag residierte, ins Reichstagsgebäude über, neben Buchwitz auch Fritz Husemann, Heinrich Limbertz und Max Richter. Alle vier waren zwischen 1873 und 1881 geboren, arbeiteten im Kaiserreich hauptberuflich für die Gewerkschaften und hatten nach der Revolution 1918 ihre ersten Mandate für die SPD übernommen. Doch die Umstände ihrer Wechsel waren unterschiedlich, wie der Kontrast von Buchwitz zu Husemann zeigt. Husemann etwa folgte dem verstorbenen Abgeordneten Otto Hue nach und übernahm von Hue auch die parlamentarische Vertretung des Bergarbeiterverbands im Reichstag. Im Falle von Buchwitz lagen die Verhältnisse komplizierter. Während Paul Taubadel sein Mandat im Wahlkreis Liegnitz als Spitzenkandidat der Wahlkreisliste sichern konnte, gelangte Buchwitz immerhin auf den zweiten Platz, womit er den geringfügig älteren Emil Girbig ausstach, der zuvor ein Mandat innehatte und immerhin Reichsvorsitzender des Glasarbeiterverbands war.[17] Girbig stammte indessen nicht aus Schlesien, sondern war in Berlin verankert, wo er nach wie vor seinen Lebensmittelpunkt hatte. Es spricht für das gewachsene Selbstbewusstsein der niederschlesischen SPD, dass sie die Liste nicht mehr mit extern gewünschten Personen auffüllen wollte, und Taubadel seinen loyalen Parteisekretär Buchwitz in der Reichstagsfraktion neben sich haben wollte.

Buchwitz selbst war als Bezirkssekretär der SPD 1924 in die Versuche des Parteivorstands involviert, einen Konflikt zwischen der Partei und der Landtagsfraktion im benachbarten Sachsen zu schlichten. Die Beteiligung der KPD an der SPD-geführten Landesregierung hatte 1923 eine Reichsexekution zur Folge. Eine Notverordnung des sozialdemokratischen Reichspräsidenten Ebert erklärte die von Erich Zeigner geführte Regierung für abgesetzt. Die Reichswehr intervenierte. Auf Reichsebene stürzte darüber die Regierung der Großen Koalition. In der sächsischen Landespolitik waren die daraus resultierenden Verwerfungen ebenfalls massiv. Die

---

17 Vorwärts, 5.5.1924.

Landtagsfraktion der SPD war gespalten über die Frage, wie es weitergehen sollte. Die Fraktionsmehrheit hielt fortan Abstand zur KPD und beteiligte sich stattdessen an einer Koalition mit Rechts- und Linksliberalen. Die Parteiorganisation in den sächsischen Bezirken stand hingegen auf Seiten der Fraktionsminderheit und opponierte gegen den Kurs der Fraktionsmehrheit.

Mit der sogenannten Sachsenkommission unter Buchwitz' Vorsitz sollte im Interesse einer Einheit der Partei geschlichtet werden. Die Kommission schlug dem Parteivorstand und dem Parteitag vor, die Entscheidungskompetenz für den Koalitionsabschluss bei der Partei anzusiedeln, wobei das letzte Wort aber eben nicht bei der Landesorganisation liegen sollte, sondern bei den reichsweit tätigen Gremien, dem Parteivorstand und dem Parteiausschuss (Rudolph 2011: 124). Genützt hat diese Schlichtung wenig: 1926 verließ die sächsische Fraktionsmehrheit die SPD und konstituierte sich als Alte Sozialdemokratische Partei.

Buchwitz übernahm bis 1933 keine zentralen Funktionen in der Partei auf Reichsebene, als Vertreter seines Bezirks gehörte er lediglich dem Parteiausschuss an, der den Vorstand beriet und die Anbindung an die Bezirke sicherstellen sollte. Bewertet man Buchwitz' Engagement im Reichstag ausgehend von den Redezeiten im Plenum, war er ein Hinterbänkler. Die Protokolle des Reichstags zeugen von gerade einmal fünf Redebeiträgen im Plenum: In den Jahren 1924–1928 redete er vier Mal zu Themen der Regulierung von Kriegsschäden.[18] Mit dem Zustand der Glas- und Textilindustrie beschäftigte er sich außerdem noch im Zollausschuss (o. V. 1925a; o. V. 1925b), dem er zwischen 1924 und 1928 angehörte. In der sozialdemokratischen Regierungszeit 1928–1930 fiel er zunächst wegen einer Blinddarmoperation aus (Buchwitz 1929), danach ergriff er nur noch einmal das Wort, um sich für den Erhalt der Eisenbahnwerkstätten in Frankfurt/Oder und Glogau einzusetzen, denen es wegen der Grenzver-

18 Verhandlungen des Reichstags, III. Wahlperiode, Band 385, Stenographische Berichte, Protokoll der 40., 41. und 42. Sitzung des Reichstags, 21.03.1925; S. 1235ff.; Verhandlungen des Reichstags, IV. Wahlperiode, Band 390, Stenographische Berichte, Protokoll der 222. Sitzung des Reichstags, 01.07.1926, S. 7760f.; Verhandlungen des Reichstags, IV. Wahlperiode, Band 393, Stenographische Berichte, Protokoll der 301. Sitzung des Reichstags, 31.03.1927ff., S. 10198; Verhandlungen des Reichstags, IV. Wahlperiode, Band 395, Stenographische Berichte, Protokoll der 405. Sitzung des Reichstags, 20.03.1928, S. 13542ff.

schiebungen nach dem Ersten Weltkrieg an Aufträgen mangelte.[19] Die Wortbeiträge waren nüchtern und sachlich gehalten. Müde Zustimmung aus den Reihen der eigenen Fraktion erhielt er dafür. Die Art, in der er Positionen anderer Parteien zurückwies, war höflich und an der Sache orientiert. Buchwitz war im Reichstag erkennbar kein provokanter Redner. Ihn interessierten praktische Fragen der Sozialgesetzgebung, auch die Verbindung mit der Kommunalpolitik erachtete er als wichtige Voraussetzung, um politische Wirksamkeit zu erzielen (Buchwitz 1930).

Seinen Biographen Zimmermann (1984: 46ff.) und Seydewitz (1961) gelang es nicht, das Bild des Parlamentariers Buchwitz sonderlich aufzuhellen. Seydewitz sparte das parlamentarische Wirken von Buchwitz in den 1920er Jahren ganz aus, Zimmermann fokussierte sich auf Buchwitz' Bemühen um die Parteiarbeit in seinem Wahlkreis und behauptete, Buchwitz habe gar keine Chance erhalten, in Berlin parlamentarisch relevant zu wirken, weil er wegen Kritik an einer Parteispende für Gustav Bauer in den Bannstrahl der Partei- und Fraktionsführung geraten sei (Zimmermann 1984: 46). Buchwitz war auf dem Parteitag 1925 Sprecher der Mandats- sowie der Beschwerdekommission und hatte in dieser Funktion dem Parteitag vorgeschlagen, Bauer zu rügen, obwohl dieser strafrechtlich rehabilitiert worden war. Der Parteitag folgte dem Vorschlag von Buchwitz nicht. Buchwitz hatte bei der Ermittlung der Umstände nämlich einen schweren Verfahrensfehler begangen, indem er Bauer nicht ordentlich angehört hatte.[20] Dies hing ihm fortan nach; dass ihn darüber ein Bannstrahl der Führung traf, ist aber zu bezweifeln (Simowitsch 2007: 77), denn Buchwitz zeigte sich auf den Parteitagen durchgängig als überaus linientreu. Die raren Wortmeldungen von ihm aus den Jahren beschränkten sich fast ausschließlich auf die Berichterstattung der Mandatsprüfungs-, Beschwerde- oder Sachsenkommission.[21] Bei strittigen Fragen, zu denen

---

19 Verhandlungen des Reichstags, IV. Wahlperiode, Band 424, Stenographische Berichte, Protokoll der 48. Sitzung des Reichstags, 20.02.1929, S. 1212; o. V. 1929a.

20 Protokoll über die Verhandlungen des Parteitags der Sozialdemokratischen Partei Deutschlands, 13.–18. September 1925, Heidelberg, S. 269ff.

21 Protokoll der Sozialdemokratischen Parteitage in Augsburg, Gera und Nürnberg 1922, S. 16, S. 96; Sozialdemokratischer Parteitag 1924, 11.–14.6.1924, Berlin, S. 139; Protokoll über die Verhandlungen des Parteitags der Sozialdemokratischen Partei Deutschlands, 13.–18. September 1925, Heidelberg, S. 224ff., 268ff. Davon abweichend sprach er 1920 zum Bericht des Parteivorstands. Hierbei legte er einige organisatorische Herausforderungen seines niederschlesischen Bezirks dar, derentwegen er einer

namentlich abgestimmt wurde, votierte Buchwitz stets mit der Parteiführung und gegen die exponierten Vertreter des linken Flügels.[22]

Buchwitz hatte später als sächsischer Landtagspräsident den Plenartagungen eine untergeordnete Rolle zugewiesen (Buchwitz 1948a). Auch für die mühselige Ausschussarbeit hatte er in dieser Funktion nicht allzu viel übrig. Er forderte, für die Abgeordneten die »unproduktive Arbeit mit Aktenstößen auf ein Mindestmaß« herabzusetzen (o. V. 1950). Buchwitz' eigene Vorstellung vom Wirken eines Abgeordneten war in seinen späten Jahren eher davon geprägt, wie effektiv er denjenigen helfen kann, die er in seinem Wahlkreis vertrat. Dieses kam recht plastisch zum Ausdruck, wenn er später seine Arbeit als Volkskammermitglied reflektierte: »Die Tätigkeit eines Abgeordneten erschöpft sich nicht in Tagungen des Parlaments und seiner Ausschüsse« (Buchwitz 1956a: 261). Er verwies vor allem auf die auf dem Wahlkreis bezogenen Aktivitäten. Dort trat Buchwitz schon in der Weimarer Republik anders auf als im Reichstag. Jedenfalls attestierte ihm der Liegnitzer Unterbezirkssekretär Bruno Fehlisch, dass Buchwitz als Redner »persönlich als Kanone überall im ganzen Bezirk anerkannt« werde (Fehlisch 1927). Ähnliche Einschätzungen zu Buchwitz als einst »gesuchter und sehr wirkungsvoller Redner« (Fellisch o. J.), der gerne mit Schärfe agitierte, sind verschiedentlich überliefert (siehe etwa Arndt/Puschmann 1959; Zimmermann 1979b: 269; Simowitsch 2007: 74).

Die Aufgaben als Parteisekretär verlangten ihm ohnehin ab, Bindeglied zwischen Reichspolitik und lokaler Basis zu sein. Der gestalterische Anspruch, den er zugleich an sein Engagement im Parlament an den Tag legte, hatte zugleich nichts Revolutionäres. Seine im Plenum gehaltenen Reden waren auf konkrete Sachverhalte der Sozialgesetzgebung bezogen oder dienten dazu, Fehldeutungen seiner Beiträge in den Ausschüssen zurückweisen. Gleichzeitig verstand Buchwitz seine Aufgabe innerhalb des Wahlkreises als Agitationstätigkeit, die deutlich und prononciert Haltungen und Grundsatzpositionen zum Ausdruck brachte.

Stärkung der Kasse des Parteivorstands zulasten der Bezirke ablehnte: Protokoll über die Verhandlungen des Parteitags der Sozialdemokratischen Partei Deutschlands, 10.–16. Oktober 1920, Kassel, S. 71.

22 1929 etwa zu verschiedenen Themen rund um die Wehr- und Koalitionspolitik: Protokoll sozialdemokratischer Parteitag, Magdeburg 1929, 26.–31.5.1929, S. 269ff.; 1931 bei der Maßregelung von Abweichlern in der Reichstagsfraktion: Sozialdemokratischer Parteitag 1931 in Leipzig, 31.5.–5.6.1931, S. 299.

Der Reichstag verlor als Ort der politischen Auseinandersetzung mit der Bildung der Präsidialkabinette ab 1930 ohnehin an Bedeutung. Bei den Wahlen in den Siechjahren der Republik gab die SPD auch in Niederschlesien Stimmen ab. Stimmten dort beim reichsweiten Erfolg 1928 noch knapp 600.000 Menschen für die SPD, verminderte sich die Stimmenzahl bis 1933 auf knapp 400.000.[23] Zwischen den beiden niederschlesischen Bezirken gab es hinsichtlich der Wahlergebnisse in den Krisenjahren einige Differenzen: Im Bezirk Breslau büßte die SPD in diesen fünf Jahren fast 40 % ihrer Stimmen ein,[24] im Bezirk Görlitz waren es hingegen nur 30 %.[25] Der Schwund an Stimmen lag in beiden Bezirken nunmehr erheblich über den reichsweiten Verlusten. Gewinner waren in Niederschlesien zu einem kleinen Teil die Kommunisten, die bis zu den Wahlen im Herbst 1932 ihre Stimmenzahl gegenüber 1928 um rund 110.000 Wählerinnen und Wähler steigern konnten, und die Nationalsozialisten, die 1933 fast eine Million Stimmen in Niederschlesien erreichten. Die Zugewinne der Kommunisten fielen im Breslauer Regierungsbezirk stärker aus als im Liegnitzer, bei den Nationalsozialisten verhielt es sich umgekehrt. Hier war der 1933 schließlich erreichte Stimmenanteil in Liegnitz deutlich höher als in Breslau.

Die Unterschiede zwischen Breslau und Liegnitz waren erheblich. Gerade in Breslau galt die wirtschaftliche Lage frühzeitiger und grundlegender als prekär (Matull 1973: 123ff.; Walter 2011: 298). Schon seit Mitte der 1920er Jahre unternahm die preußische Regierung verschiedene Aktivitäten, um den zahlreichen Erwerbslosen Breslaus eine wirtschaftliche und soziale Perspektive zu eröffnen. Den Bezirk Liegnitz erfasste dann die Weltwirtschaftskrise ab 1929 mit voller Härte. Entsprechend sah sich die SPD in den beiden Parteibezirken Niederschlesiens mit unterschiedlichen Prozessen des sozialen Wandels konfrontiert.

Der wirtschaftliche Niedergang Breslaus brachte es mit sich, dass sich die Parteiorganisation der SPD gerade dort veränderte. Die jüngeren Mitglieder der Partei betrieben eine intensive Theoriearbeit (Walter 1986), bildeten regelrechte Kaderstrukturen, worüber sie das politische Establishment innerparteilich herausforderten und dabei auch obsiegten (Walter

---

23 https://www.wahlen-in-deutschland.de/wuupniederschlesien.htm (14.05.2022).

24 https://www.wahlen-in-deutschland.de/wrtwbreslau.htm (14.05.2022).

25 https://www.wahlen-in-deutschland.de/wrtwliegnitz.htm (14.05.2022)

2011: 296). Ähnliches wurde aus dem sächsischen Dresden überliefert. Die Verteidigung der Republik, bis dato sozialdemokratische Staatsräson, wurde von den Jüngeren relativiert, weil die politische Alltagswirklichkeit als unvollkommen angesehen wurde (Walter 2002: 70).

Parallel dazu spitzte sich in der Reichstagsfraktion der Konflikt zu, wie man mit den veränderten Rahmenbedingungen nach dem Ausscheiden aus der Regierung und in Anbetracht des Erstarkens von Nationalsozialisten und Kommunisten umgehen sollte. Die Parteiführung stützte im Interesse des Erhalts der republikanischen Ordnung die deflationäre Notverordnungspolitik der Regierung. Eine Minderheit der Fraktion widersetzte sich dem grundlegend und stimmte im Reichstagsplenum sogar offen gegen die Fraktionsmehrheit.

Auf dem SPD-Parteitag 1931 in Leipzig wurde über die innerparteilichen Fliehkräfte heftig diskutiert. Die Situation in Breslau und Dresden, wo die Abweichler heftigste Zustimmung erfuhren, wirkte besonders abschreckend auf die Görlitzer Genossen um Paul Taubadel und Otto Buchwitz. Der Görlitzer Bezirk brachte deswegen einen eigenen Antrag ein, in dem eine deutliche Zurückweisung derer gefordert wurde, die sich abweichend verhielten, und er verlangte von der Fraktion künftig bedingungslose Disziplin im Abstimmungsverhalten.[26] Buchwitz selbst stützte in einer namentlichen Abstimmung die Haltung der Parteiführung, die abweichendes Stimmverhalten in der Reichstagsfraktion ebenfalls ausdrücklich missbilligte.[27]

Die Parteiführung löste mit diesem Votum im Rücken kurzerhand die Organisationsstrukturen des rebellischen Nachwuchses auf. Unter der Ägide des sächsischen Reichstagsabgeordneten Max Seydewitz konstituierte sich daraufhin eine weitere Partei links der SPD, die Sozialistische Arbeiterpartei Deutschlands (SAPD). Diese Partei hatte immense Anziehungskraft auf jüngere Aktivisten, insbesondere aus der Sozialistischen Arbeiterjugend (SAJ) wechselten 5.000 in die neue Partei (Oberpriller 2004: 43). In Breslau sollen sämtliche aktiven Jungsozialisten übergetreten sein (Matull 1973: 106), die Hälfte der SPD-Stadtverordneten folgte ihnen auf diesem Weg (Grebing o. J.: 7f.), ein Aderlass, den die SPD im Rest

26 Eine Abschrift des Antrags ist hier zu finden: HStA Dresden, SED-BPA, Teilnachlass Otto Buchwitz, V.2.01.025.

27 Sozialdemokratischer Parteitag 1931 in Leipzig, 31.5.–5.6.1931, S. 299.

der Republik übrigens in Anbetracht der vorherigen Konflikte durchaus mit gewisser Erleichterung aufgenommen hatte (Walter 2011: 269). Aber auch altgediente linkssozialdemokratische Aktivisten oder ehemalige Kommunisten schlossen sich der SAPD an, die indes in den Wahlen erfolglos blieb.

Buchwitz hielt in dieser Phase sehr entschlossen am Kurs der Parteiführung fest und verteidigte diesen auch. Seydewitz' Ehefrau Ruth versuchte in ihrer Buchwitz-Biographie, diesen Umstand zu relativieren, indem sie Buchwitz zu einem Opfer der Parteiführung stilisierte (Seydewitz 1961: 46ff.). Das erscheint grotesk, denn Buchwitz war ohne Zweifel selbst Repräsentant des von Seydewitz kritisierten Parteiestablishments jener Zeit, auch ohne wichtige Funktion in der Parteiführung. Gerade vor dem Hintergrund seines konservativen Bezirks und wegen der Auseinandersetzungen in den Nachbarbezirken erscheint es doch fraglich, dass Buchwitz in der Spätphase der Weimarer Republik irgendwelche inneren Bedenken am Kurs der Partei gehabt hätte. Vielmehr war das Gegenteil der Fall. Er legte in besonderer Weise Eifer an den Tag, die Meinung der Führung zu vertreten. Scharf kritisierte er diejenigen Sozialdemokraten, die wie Max Seydewitz den Kurs der Tolerierung der Regierung Brüning nicht mehr mitgehen wollten (Zimmermann 1984: 57; s. a. Depkat 2007: 302; o. V. 1931a). Buchwitz (Buchwitz 1930) publizierte zudem in Heilmanns Zeitschrift *Das Freie Wort*, einem Blatt, das in besonders energischer Art und Weise für Bündnisse mit bürgerlichen Parteien warb, die Republik verteidigte und sich dementsprechend scharf von allen abgrenzte, die daran zweifelten oder andere Interessen und Ziele verfolgten.

Die Geschehnisse in Breslau und Dresden mussten besorgniserregend auf jemanden wie Buchwitz wirken, der Halt und Stabilität im gefestigten Parteimilieu gefunden hatte und aus der Stabilität des Milieus heraus seine politische Heimat und wirtschaftliche Existenz in der Sozialdemokratie sah. Ausgerechnet in den beiden Metropolen Dresden und Breslau, wo die Sozialdemokratie vor 1914 frühzeitig wichtige elektorale Erfolge feiern konnte und in denen sich eine Milieulandschaft herausgebildet hatte, die vorbildhaft für andere Bereiche im Reich war und die Buchwitz beide wohlbekannt waren, erodierte die sozialdemokratische Einheit, wurden innerparteiliche Kampfkandidaturen lanciert und attackierten sich Sozialdemokraten unterschiedlicher Strömungen und Generationen in den Sitzungen. Den Preis dafür zahlte die SPD anschließend bei den Wahlen, in denen sie massiv Stimmenverluste hinzunehmen hatte. Für Buchwitz waren das abschreckende Beispiele, denen man mit Disziplinierung begegnen musste.

Buchwitz selbst wurde von Ruth Seydewitz wie auch von Fritz Zimmermann dahin gehend wiedergegeben, dass er nach 1945 bedauernd auf seine damalige Haltung geblickt habe. Unstreitig dürfte aber sein, dass Buchwitz zu jenem Zeitpunkt, als die Auseinandersetzung besonders heftig verlief, klar auf der Seite der Parteiführung stand. In der Bewertung der Motive deuten die Quellen darauf hin, dass er dies aus tiefster Überzeugung tat. Hierbei spielte ein Motiv eine dominante Rolle, nämlich die Geschlossenheit der Organisation. Buchwitz erinnerte sich daran, dass das auch das ausschlaggebende Argument des Parteivorsitzenden Otto Wels im Parteiausschuss war, dem sich der Parteisekretär Buchwitz nicht widersetzen konnte und wollte (Buchwitz 1959a). Wenn man die Zeitungsartikel über die Beratungen in Buchwitz' Parteibezirk betrachtet, fällt überdies auf, dass die dortige örtliche Parteibasis Disziplin, Stabilität und Pragmatismus der Reichstagsfraktion oder der preußischen Regierung durchaus guthieß, sie ihre Abgeordnete in ihrer Haltung bestärkte (o. V. 1931b; o. V. 1933a). Es gab für Buchwitz somit wenig Anlass, den Kurs der SPD zu Beginn der 1930er Jahre in Zweifel zu ziehen.

Dabei ist für den weiteren Fortgang der Betrachtungen zu Buchwitz auch einzubeziehen, dass die KPD in Niederschlesien keine relevanten Wahlanteile erzielt hatte. Vor 1932 war es ihr im Regierungsbezirk Liegnitz nie gelungen, überhaupt ein Reichstagsmandat zu erlangen, wohingegen die SPD kontinuierlich derer drei gewann. Mithin spielte ein paralleles kommunistisches Milieu, anders als in anderen Regionen des Reiches, keine Rolle. Konflikte im Arbeitersport etwa erschütterten Sachsen und die gleichnamige preußische Provinz, auf die sich die KPD ab 1928 bei dem Versuch konzentrierte, das immer noch gemeinsame Solidarmilieu zu spalten (Brunner u. a. 1995: 27; Walter 2002: 79). Die überschaubare Zahl kommunistischer Anhänger bewegte sich in Görlitz hingegen weiterhin im sozialdemokratischen Milieu oder hatte nur begrenzten Erfolg, es durch Spaltung zu zerstören. In Niederschlesien gab es wenig Bereitschaft, sich den Kommunisten zuzuwenden, und auch keine Erfahrungen hinsichtlich der scharfen Konfrontation mit den Sozialdemokraten. Die SPD im Görlitzer Bezirk blieb Anfang der 1930er Jahre intakt, musste keine Erosionen befürchten oder erdulden. Sie akzeptierte die Haltung der

Parteiführung und diskutierte eher den Disziplinverlust linker Freigeister in der Stunde schwieriger Entscheidungen kritisch. Buchwitz war Exponent dieser Überzeugungen, dadurch repräsentierte er auch seine Parteibasis und hatte wenig Grund, seinerseits zu zweifeln oder einen Strategiewechsel einzufordern.

Zimmermann (1984: 54) versuchte dennoch, Buchwitz nachträglich zum versteckten Befürworter eines Zusammengehens von SPD und KPD zu stilisieren. Während dies mit seinem Eintreten für die Vereinigung nach 1945 übereinstimmen mag, so unrealistisch erscheint es bezüglich seiner Haltungen in den 1920er und 1930er Jahren.

Eine Notiz aus einer sozialdemokratischen Zeitung zur Jahreswende 1923/24 zeigte zwar, dass Buchwitz durchaus ein entspanntes Verhältnis gegenüber den örtlichen Kommunisten pflegte: Buchwitz hatte sich als Landtagsabgeordneter für die Freilassung von Kommunisten eingesetzt, die wegen illegalen Waffenbesitzes festgenommen worden waren. Der unbekannte Autor einer mehrfach erschienenen kleinen Notiz erinnerte aber auch daran, dass bei einem der festgenommenen Kommunisten eine Instruktion gefunden worden war, die im Falle eines Aufstands die sofortige Ermordung von Taubadel und Buchwitz einforderte (o. V. 1923a; o. V. 1923b; o. V. 1924). Buchwitz (1950: 102f.; Buchwitz 1959a) erwähnte in seinen Erinnerungen zwar sein Engagement für die verhafteten Kommunisten, gab jedoch nicht deren Hass wieder, den er als Vertreter des sozialdemokratischen Etatismus von Seiten der Kommunisten anscheinend Mitte der 1920er Jahre auf sich zog.

Die Kommunisten waren im Görlitzer Raum keine Bedrohung für das sozialdemokratische Arbeitermilieu, wohl aber die Nationalsozialisten. Buchwitz erwähnte in einer Wahlanalyse, die er im Bezirk nach der Reichstagswahl 1930 vortrug, dass deren Stimmengewinne in den Arbeiterquartieren besonders stark ausgefallen seien (Buchwitz 1950a: 125). Buchwitz, der in jener Zeit auch Rednermaterial aufbereitete und Traktate gegen die Nationalsozialisten in den sozialdemokratischen Zeitungen schrieb, wurde vehement von nationalsozialistischer Seite bedroht. Öffentliche Morddrohungen gegen ihn waren schon seit Ende der 1920er Jahre wiederholt an der Tagesordnung (o. V. 1929b). Sturmtruppen der Nationalsozialisten lauerten ihm auf, skandierten in Görlitz offen und ungesühnt Morddrohungen.

Er geriet bei Saalschlachten zwischen SA und Reichsbanner in Lebensgefahr, weswegen er fortan beständig eine Pistole bei sich trug und mit dieser im Augenblick der Bedrängnis schon mal Warnschüsse in die Luft abgab. In Königshain eskalierte 1931 eine SPD-Veranstaltung zu einer bewaffneten Saalschlacht, in die Buchwitz aktiv involviert war. Das Ganze brachte ihm wegen illegalen Waffenbesitzes eine Haftstrafe von drei Monaten Gefängnis ein, weil das Görlitzer Schöffengericht eine Notwehrlage nicht anerkennen wollte (Zimmermann 1984: 53, 61; Buchwitz 1950a: 128; o. V. 1931b; o. V. 1932).[28] In republikanischen Kreisen wurde das Urteil als Skandal angesehen. Die eingelegte Berufung zog sich bis zum Ende der Republik hin, so dass es nicht rechtskräftig wurde.

Buchwitz verlangte im Lichte der Verrohung der politischen Kultur ein entschlosseneres Vorgehen des sozialdemokratisch geführten preußischen Innenministeriums. Zugleich forderte eine bessere Ausstattung des Reichsbanners mit Waffen (Buchwitz 1955a). Das 1924 gegründete Reichsbanner verstand sich als Organisation zum Schutz der Republik, die sich militant den antirepublikanischen Schlägertruppen entgegenstellte und Veranstaltungen und Demonstrationen der demokratischen Parteien SPD, Zentrum und DDP sowie der Gewerkschaften schützte. Im Bezirk Görlitz hatte der sozialdemokratische Selbstschutz eine eigenständige, längere Tradition. Schon als Folge des Kapp-Putsches 1920 formierten sich dort Sozialdemokraten zu republikanischen Schutzbünden. 1922 gründete sich in Liegnitz, also in Buchwitz' Bezirk, der *Neue Stahlhelm, Bund der republikanischen Frontkämpfer* (Ziemann 2011: 13), der ein Gegengewicht zu den zahlreichen deutschnationalen Stahlhelmbünden in Niederschlesien bilden sollte. Auch Buchwitz gehörte dem Reichsbanner an und rückte 1932 in die Bezirksleitung der Eisernen Front auf (Simowitsch 2007: 79; Zimmermann 1984: 54f.), welche die Zusammenarbeit

---

28 Die zeitgenössischen Publikationen wie auch Buchwitz' Biograph Zimmermann sprechen eher von Waffenmissbrauch. Tatsächlich genügte dem Gericht der fehlende Waffenschein bereits, um Buchwitz zu verurteilen. Die damalige Rechtslage hätte indes bei Notwehr über den fehlenden Waffenschein hinweggesehen, doch das Gericht verneinte die Notwehrlage trotz Biergläsern, die auf das Rednerpult geworfen wurden, oder einer nationalsozialistischen Meute, die Buchwitz' Auto mit Stöcken angriff (Urteil des Schöffengerichts Görlitz, GStA, PK, I. HA Rep. 84a Justizministerium, Nr. 52739).

der sozialdemokratischen Organisationen zur Verteidigung der Republik koordinieren sollte.

Den Ausführungen, dass Buchwitz die Erweiterung der Eisernen Front um Kommunisten eingefordert hätte oder dass ihn die Kommunisten in Niederschlesien deswegen besonders geachtet hätten, dürften Legende sein. In seinem Verständnis waren die Kommunisten diejenigen, die sich von der gemeinsamen sozialdemokratischen Mutterpartei losgelöst hatten. Wenn es um eine Stärkung des Widerstands gegen den aufziehenden Nationalsozialismus ging, plädierte Buchwitz für eine Rückkehr der Kommunisten zur Sozialdemokratie (so auch Zimmermann 1981: 278) und nicht für eine Einheitsfront unter kommunistischer Ägide oder mit gleichberechtigter Führung von Sozialdemokraten und Kommunisten. Er anerkannte später rückblickend, dass sich die Kommunisten in seiner niederschlesischen Heimat oft schützend vor ihn gestellt hätten (Buchwitz 1959c). Im Kampf gegen die Nationalsozialisten machte er ansonsten aber einen Bogen um die Kommunisten, ignorierte sie gleichsam. Wenn Buchwitz (Buchwitz 1931) sie sodann in Zeitungsartikeln nicht erwähnte, wurde das von seinem Biographen Zimmermann dahin gehend interpretiert, dass im »Unterschied zu den sonst in sozialdemokratischen Zeitungen [...] üblichen Angriffen gegen die KPD [...] in diesem Artikel kein einziges antikommunistisches Wort« fiel (Zimmermann 1984: 52). Doch Zimmermann übersah geflissentlich, wie Buchwitz andernorts argumentierte. Mit derber Kritik an den Kommunisten hielt sich Buchwitz nämlich keineswegs zurück. Am Neujahrstag 1933 etwa veröffentliche die *Görlitzer Volkszeitung* einen Leitartikel von Buchwitz, in dem er den Kommunisten eine antidemokratische Gesinnung vorwarf. Ferner bezichtigte er sie der »widerlichen Leichenschändung«, wenn sie sich auf »die Altmeister Marx, Engels und andere berufen« (Buchwitz 1933a). Auch frühere Weggefährten erinnerten sich gut daran, wie stark der Beifall gerade dann ausfiel, wenn Buchwitz »unsere kommunistischen Arbeitsbrüder in seinen Ausführungen kritisierte und zerriß« (Arndt/Puschmann 1959). Buchwitz zog eine deutliche Trennlinie zwischen SPD und KPD und war sich auch nach 1945 noch bewusst, dass jedwedes gemeinsame Auftreten von SPD und KPD zum Ende der Weimarer Republik an der Haltung der KPD scheiterte, weil diese in der SPD den Hauptfeind gesehen habe (Buchwitz 1950a: 132).

Buchwitz verteidigte also die Republik auch gegen die Kommunisten vehement. Er erkannte zugleich aber, dass die Hauptgefahr von der

NSDAP und Hitler ausging. Bei der Wahl des Reichspräsidenten 1932, als die Sozialdemokraten zur Abwehr Hitlers zur Wahl von Hindenburg aufriefen, setzte sich Buchwitz dementsprechend energisch für den amtierenden Reichspräsidenten ein (Löbe 1953).

Buchwitz war Teil des reformistischen Parteiflügels, der durch gewerkschaftliche Praxis, Verantwortung in politischen Ämtern oder durch die Selbsthilfe des Milieus an einer Verbesserung der sozialen Lage der Arbeiterschaft mitwirkte. Die Organisationsbasis der Partei in seinem Wirkungsbereich war weder revolutionär noch rebellisch ausgerichtet. Er selbst wuchs geradezu ins sozialdemokratische Milieu hinein, das ihn auch beruflich absicherte. Die Treue und Verpflichtung gegenüber der Partei war fest ausgeprägt, nicht zuletzt wegen der materiellen Abhängigkeit als Gewerkschafts- und Parteisekretär. Für Buchwitz war indes die Scheidelinie zu den Kommunisten im Alltag nicht so spürbar wie für andere Funktionsträger in anderen Regionen des Reiches. In seiner örtlichen Arbeit ließen sich die Kommunisten ebenso wie die zahlreichen Abspaltungen von SPD und KPD ignorieren.

Buchwitz gehörte zu denjenigen Sozialdemokraten, die 1932 auch nach der Absetzung der sozialdemokratischen Regierung in Preußen nicht gegen den legalistischen Kurs opponierten. Das stand keineswegs im Widerspruch zur Enttäuschung, die sich nach dem Preußenschlag breitmachte und die er in seinen Erinnerungen auch schilderte (Buchwitz 1950a: 135; Niemann 2003: 171). Es entsprach einer Stimmungslage, die weit in der Partei verbreitet war und sich gerade im Reichsbanner durchsetzte. Im Falle von Buchwitz erwuchs daraus kein zynischer Fatalismus, sondern er bewahrte sich eine positive Grundeinschätzung der Lage: In einer Sitzung des Parteiausschusses 1932 mutmaßte er, dass die Anziehungskraft der nationalsozialistischen Bewegung bereits nachließe (Stamm 2013: 446). Auch damit lag er weiterhin auf der Parteilinie, jedenfalls entsprach dies der Einschätzung der Parteiführung in jenen Monaten (Walter 2002: 84; Müller 2015: 65), die insofern zunehmend plausibel erschien, als nach den Stimmenverlusten in den Novemberwahlen Bruchlinien innerhalb der nationalsozialistischen Bewegung deutlich zu erkennen waren.[29] Erste Anzeichen einer wirtschaftlichen Besserung waren im Spätherbst 1932

29 So bewertete der SPD-Vorsitzende Otto Wels das Ergebnis dann auch in einer Sitzung des Parteiausschusses am 10.11.1932, AdsD, SOPADE-Archiv, Dokumente 1.

ebenfalls ersichtlich. Die Chancen, dass der NSDAP darüber die materielle Basis nachhaltig entzogen werden könnte, besserten sich jedenfalls.

Die Gefahren für den Fortbestand der Demokratie sah man auf republikanischer Seite überdies im Zusammenwirken von Nationalsozialisten und Kommunisten, die punktuell gemeinsam agierten. Sie hatten mit ihrer gemeinsamen Mehrheit im Reichstag einvernehmlich den Sturz der Regierung Papen erreicht und führten gemeinsam einen Streik bei den Berliner Verkehrsbetrieben an (Kittner 2005: 497f.). Vor diesem Hintergrund erschien in der SPD die Auseinandersetzung mit den mutmaßlich im Abstieg befindlichen Nationalsozialisten als eine kurzfristige Angelegenheit, hingegen wurde in mittel- und langfristiger Perspektive eine Gefahr durch die KPD als durchaus wahrscheinlicher angesehen (Winkler 2006: 527). Die Kommunisten waren in den Wahlen mittlerweile fast so stark wie die SPD geworden und bedrohten nicht nur die Weimarer Republik, sondern stellten den Anspruch der SPD als führende Arbeiterpartei infrage. Offen sahen die Kommunisten zudem ihrerseits in den Sozialdemokraten den Hauptfeind. Die SPD sah sich einerseits in der Agonie der politischen Verhältnisse, in denen die antirepublikanischen Kräfte immer stärker wurden, und andererseits in der Alternativlosigkeit zu ihrem bisherigen Kurs der Legalität, zu dem sie sich zur Vermeidung eines offenen Bürgerkriegs veranlasst sah. Auch Buchwitz plädierte zu diesem Zeitpunkt nicht offensiv für einen Richtungswechsel der SPD. Selbst nach der Ernennung von Adolf Hitler zum Reichskanzler stützte er den abwartenden Kurs der Parteiführung (Zimmermann 1984: 63).

Eine Klassifikation als »linker Sozialdemokrat« (Petzold 1992: 97), die Petzold aus Buchwitz' Erinnerungen an die Weimarer Zeit herausgelesen hat, muss im Lichte des andernorts dokumentierten tatsächlichen Handelns und Denkens von Buchwitz wohl recht energisch zurückgewiesen werden (in diesem Sinne siehe auch Depkat 2007: 19). Sie deckt sich schon bei genauer Lektüre seiner Memoiren von 1950 noch nicht einmal mit der retrospektiv entstandenen Eigenwahrnehmung von Buchwitz selbst. Zurückzuweisen ist deswegen auch die Einschätzung von Niemann, der Buchwitz als typischen »nicht-reformistischen, klassenkämpferischen« Vertreter der SPD (Niemann 2003: 160) bezeichnete. Das geht, bezogen auf die Zeit vor 1933, eindeutig zu weit, ja sogar vollkommen fehl. Die Loyalität von Buchwitz zur Partei und ihrer Führung hatte kaum Grenzen. Die Republik verteidigte er gegen Angriffe von Rechts wie von Links. Als

Reichsbannermitglied scheute er keineswegs die offene Auseinandersetzung mit den nationalsozialistischen Gegnern. Die Kommunisten nahm er in Niederschlesien nicht als Gegner wahr, was aber nicht damit gleichzusetzen ist, eine besondere Nähe herauszulesen. Insgesamt hielt sich Buchwitz grundlegend an die zögerliche Linie der preußischen Parteiführung wie der Parteiführung im Reich und vertraute darauf, die Auseinandersetzung um die Republik zu gewinnen. Im dänischen Exil hatte Buchwitz dann aber frühzeitig reflektiert, warum der Aufstieg des Nationalsozialismus nicht verhindert werden konnte. Dieses war sicherlich mit Selbstkritik an der Haltung der SPD verbunden, wurde aber erst rückblickend im Exil formuliert.

Bedrohung durch den Nationalsozialismus

Nach der Ernennung Hitlers zum Reichskanzler Ende Januar 1933 spitzte sich die Lage für die SPD insgesamt und für Buchwitz im Speziellen kurzfristig zu. Die SPD in Niederschlesien konnte Anfang Februar 1933 noch einen Bezirksparteitag abhalten (o. V. 1933a). Noch nicht mal einen Monat später bedeutet man Buchwitz unmissverständlich, dass er Görlitz aus Sicherheitsgründen besser verlassen solle, was er dann auch umgehend tat (Buchwitz 1950a: 145; Simowitsch 2007: 109). Die Bedrohungslage war spätestens mit der Reichstagswahl am 5. März 1933 für Buchwitz sehr akut geworden. Seine Wohnung wurde durchsucht, seine Frau in Schutzhaft genommen, das Volkshaus durch die SA besetzt (Wenzel 1969: XXIV; Buchwitz, E. 1960). Auf dem Görlitzer Markt stand ein symbolisch für Buchwitz reservierter Galgen, in einem wilden KZ in der Nähe der Stadt hielt man eine Zelle für ihn bereit, plante für den Fall seiner Festnahme bereits sadistische Misshandlungen. In Berlin verpassten ihn die Häscher einmal nur um wenige Stunden.

Trotz der Bedrohungslage nahm Buchwitz noch sein Reichstagsmandat wahr. Er gehörte daher zu jenen Abgeordneten, die im März 1933 gegen das Ermächtigungsgesetz stimmten. Rückblickend erinnerte er sich, dass er auf eine Teilnahme an der Sitzung verzichten wollte (Buchwitz 1950a: 147; Pfefferkorn 1955), er beugte sich dann aber der Fraktionsmehrheit und betrat schließlich das von nationalsozialistischen Schergen umstellte Reichstagsplenum in der Krolloper. Dort brachte die SPD-Fraktion mutig ihre Ablehnung zum Ausdruck.

Er nahm aber auch an jener Reichstagssitzung im Mai 1933 teil, bei der die durch Emigration und Verschleppung in Lager weiter dezimierte SPD-Fraktion einer die Außenpolitik Hitlers gutheißenden *Friedensresolution* zustimmte. Dieses Votum der verbliebenen 65 Reichstagsabgeordneten der SPD stellte selbst für die der SPD nahestehende Geschichtsschreibung »kein Ruhmesblatt« dar und »warf einen Schatten auf den moralischen Kredit durch die Ablehnung des Ermächtigungsgesetzes« (Potthoff/Miller 2002: 147). Buchwitz' Rechtfertigung, sich am Ende abermals dem

Fraktionszwang gebeugt zu haben, lässt sich schwerlich überprüfen. Zwar hatte es um Kurt Schumacher und Carlo Mierendorff tatsächlich eine Minderheit in der verbliebenen Fraktion gegeben, die gegen diese Haltung opponiert hatte, der Sitzung fernbleiben wollte und sich am Ende tatsächlich der Fraktionsmehrheit unterwarf (Potthoff/Miller 2002: 147; Merseburger 1996: 159). Ob aber Buchwitz wirklich zu diesem Kreis gehörte, lässt sich nicht mit hinreichender Sicherheit belegen. Sympathien für diese jüngeren »militanten Sozialisten« (Merseburger 1996: 159) sind jedenfalls nicht belegt. Eine sehr grundlegende habituelle Abneigung gegen den intellektuellen, rhetorisch schneidig auftretenden Schumacher bekundete Buchwitz indes nach 1945 (Buchwitz 1951a). Auch das Engagement von Buchwitz im Reichsbanner führt zu keiner Verbindung mit den besonders entschiedenen Gegnern der nationalsozialistischen Bewegung. Mit deren Exponenten Theodor Haubach war Buchwitz nach eigenen Angaben nämlich auch nur flüchtig bekannt (Buchwitz 1956b). Buchwitz galt vielmehr bis dato in erster Linie als treuer Anhänger des Parteivorsitzenden Otto Wels (Moraw 1990: 137), der wiederum gerade von Schumacher und anderen heftig für seine zögerliche Haltung gegenüber den Nationalsozialisten kritisiert wurde. Freilich in der Frage, wie sich die Partei bezogen auf die Friedensresolution verhalten solle, waren sich Wels' Exilvorstand und Schumachers Anhänger wiederum ziemlich einig (Merseburger 1996: 159).

Leider sind die Protokolle der Aussprachen der Fraktion im Mai 1933 nicht erhalten, weswegen sich die Haltung von Buchwitz nicht mehr abschließend klären lässt. Dass Buchwitz aber auch unabhängig von der konkreten Haltung zur Friedensresolution wohl nicht zu den (jungen) Radikalen gezählt wurde, wird auch daran deutlich, dass es zuvor Avancen gab, ihn für eine Querfront zu gewinnen. Dieser Versuch, den einst von den Strasserbrüdern geführten Flügel aus der NSDAP herauszulösen und eine Regierung aus reaktionären Kräften, sozialpolitisch orientierten Nationalsozialisten sowie sozialdemokratischen wie christlichen Gewerkschaftern zu bilden, wurde als Gedankenspiel während der Zeit der Präsidialkabinette entwickelt. Besonders intensiv wurde in der kurzen Reichskanzlerschaft Kurt von Schleichers 1932/33 darüber räsoniert, um eine stabile Regierung ohne Beteiligung Hitlers zu bilden.[30]

---

30 Demokratisch und republikanisch gesinnt waren die dahinter liegenden Motive indes nicht. Die Zerstörung der republikanischen Ordnung, die endgültige

Buchwitz gab selbst an, dass ihn der schlesische ADGB-Bezirksleiter Oswald Wiersich bewegen wollte, eine solche Regierung zu stützen (Buchwitz 1950a: 141). Diese Geschichte zeigte, dass Buchwitz am Ende der Weimarer Republik etwaigen Einheitsfrontbestrebungen mit Kommunisten sicherlich eher fernstand, sonst hätte man ihn kaum auf ein solches Bündnis angesprochen. Außenstehende wie auch Freunde, zu denen Wiersich zählte, hielten ihn offenkundig eher für einen angepassten Sozialdemokraten, der im Interesse der Sache weiterhin zu umfassenden Kompromissen bereit wäre.

Buchwitz lehnte nach eigenen Angaben das Ansinnen Wiersichs ab. Ob das stimmt, lässt sich nicht mehr überprüfen, es erscheint aber im Lichte seiner kritischen Einlassungen gegen Schleicher an anderer Stelle (Buchwitz 1933a) und vor dem Hintergrund seines Engagements im Reichsbanner zumindest plausibel. Seine gegen ein solches Vorhaben angeführte nachträgliche Begründung, dass er die Selbstaufgabe der SPD nicht wollte, wirft einen Blick auf seine Haltung, denn er verteidigte abermals die Position des Parteivorstands. Nachdenklich sollte indes stimmen, dass Zimmermann in seiner Biographie diese Geschichte mit keinem Wort erwähnte, obwohl sie Buchwitz recht freimütig in seiner Autobiographie vorgetragen hatte. Eine wie auch immer geartete Verbindung von Buchwitz zu Querfrontbestrebungen hätte wohl leicht das sorgsam aufgebaute Bild des frühen sozialdemokratischen Einheitsfrontaktivisten zerstört. Ungeachtet dessen war Buchwitz vor 1933 keine relevante Person, wenn es um die Strategiebildung der SPD ging. Er lief mit, stützte den Kurs der Parteiführung recht vorbehaltlos und war in der Stunde der Bedrohung ein entschiedener Verteidiger der Weimarer Republik.

In diesem Zusammenhang ist ein bereits erwähnter Bericht bemerkenswert, den Buchwitz Ende 1933 dem Exilvorstand vorlegte, in dem er die Weimarer Jahre bilanzierte (dokumentiert in: Niemann 2003). Buchwitz lobte darin die Sozialdemokratie einerseits grundsätzlich für ihre reformerische Politik in der Weimarer Zeit, stellte aber andererseits fest, welche Erblasten die Republik aus dem verlorenen Krieg zu tragen hatte und welche tiefen Gräben in der Gesellschaft existierten. Die Sozialdemokraten

---

Marginalisierung des Parlaments und die Bereitschaft, manch gewaltbereiten, antisemitischen wie kriegstreibenden Akteur aus den konservativen wie nationalsozialistischen Kreisen in ein solches Bündnis zu integrieren, waren integraler Teil der Konzeption (Malinowski 2022: 288f.).

hätten es demnach nicht hinreichend geschafft, die wirtschaftlichen und sozialen Verhältnisse grundlegend zu verändern und das Staatswesen im erforderlichen Maße umzugestalten, wobei Buchwitz besonders den Beamtenapparat im Visier hatte. Die Schuld dafür sah er aber nicht allein in der Verantwortung der SPD, sondern weitaus stärker bei der Konkurrenz im linken Spektrum. Die Unabhängigen Sozialdemokraten hätten sich aus der Verantwortung gestohlen, und die Kommunisten hätten durch ihren Bruch mit der SPD später deren linken Flügel so geschwächt, dass nur ein Bündnis mit der bürgerlichen Mitte übrig geblieben sei, weswegen der Spielraum der SPD für Alternativen letztlich gering gewesen sei. Buchwitz sparte in seinem Text nicht mit Kritik an der SPD, doch sein Standpunkt der Rechtfertigung war weiterhin eindeutig. In der Retrospektive erscheint es auf den ersten Blick hin aber auch gerechtfertigt, aus dem Text eine offene Haltung gegenüber einer engeren Zusammenarbeit mit den Kommunisten sowie eine größere Geschlossenheit und Entschlossenheit der Arbeiterschaft und der sie repräsentierenden Parteien und Organisationen herauszulesen. In diesem Sinne argumentiert Simowitsch (2007: 102). Dagegen spricht vordergründig bereits, dass Buchwitz relativ passiv war, es sind keine flammenden Plädoyers in Richtung einer offensichtlichen Einbindung der Kommunisten aus der Anfangszeit des Nationalsozialismus oder den ersten Jahren im Exil von ihm überliefert. Auch hier führte er eher jene Linie fort, die er in Niederschlesien verfolgt hatte, die Kommunisten, so gut es ging, zu ignorieren. Wenn man seine Analyse des Scheiterns der Weimarer Republik tiefergehend betrachtet, fällt zudem auf, dass er bei der Bewertung der Rahmenbedingungen, unter denen sich die erste parlamentarische Demokratie auf deutschem Boden bewähren musste, die kommunistischen oder linkssozialistischen Narrative oder Legenden hinsichtlich der 1918/19 vorhandenen Gestaltungsoptionen auch im dänischen Exil weiterhin zurückwies. Für Buchwitz blieb somit die Verteidigung der Republik oberste Maxime, selbst nach deren Ende. Von einer Einheitsfront, wie sie der kommunistischen Doktrin vorschwebte, war Buchwitz gedanklich im ersten Jahrfünft der 1930er Jahre weit entfernt.

Als Mitglied des Parteiausschusses war er vorrangig ein Beobachter der in der ersten Jahreshälfte 1933 laufenden Auseinandersetzung über das weitere Vorgehen im sich festigenden Nationalsozialismus.

Wortmeldungen von ihm sind in den Protokollen jedenfalls nicht verzeichnet.[31] In der Reichstagsfraktion gab er nach eigenen Angaben zwischenzeitlich seinen Unmut über die passive Rolle des Parteivorstands kund (Buchwitz 1953a). Nachdem der Parteivorstand seinen Sitz nach Prag verlegt hatte, plädierte der Flügel um Paul Löbe in der Reichstagsfraktion unterdessen für eine strikte Fortführung des Legalitätskurses. Diese Gruppierung sprach den Pragern dann auch das Recht ab, die SPD noch zu repräsentieren und bildete schließlich einen Gegenvorstand.

Wenn man abseits seiner eigenen Erinnerungen die raren Quellen über Buchwitz' Haltung zu den Auseinandersetzungen in der Reichstagsfraktion bis zum Verbot der SPD betrachtet, erkennt man in Buchwitz' Positionierung vieles von der Unsicherheit, mit der die SPD der beginnenden nationalsozialistischen Regierungszeit gegenübertrat. Die konkreten Gefährdungen für Leib und Leben veranlassten Teile der Partei zum Exil. Vorbereitungen für den Widerstand wurden selten ergriffen. Die im Reich verbliebenen Sozialdemokraten, die den Weg ins Exil bewusst nicht gehen wollten oder konnten, sahen den Ausweg mithin in der Anpassung als einziger Option. Buchwitz fiel dabei nicht durch Initiative auf, sondern folgte im Ergebnis den Mehrheitsströmungen in der Fraktion. Diese kritisierten zunächst den Exilvorstand für dessen Gang nach Prag, um sich sodann in der Frage des weiteren Kurses abermals zu streiten und mehrheitlich eher für die Fortsetzung der Legalität zu entscheiden. Er selbst behauptete wiederholt nach 1945, für einen entschiedeneren Widerstandskurs eingetreten zu sein (so auch Zimmermann 1984: 69). Die Bereitschaft von Buchwitz, der akuten Gefährdung der ersten Jahreshälfte 1933 Taten folgen zu lassen, ist freilich umstritten. Paul Löbe erinnerte sich 20 Jahre später daran, dass Buchwitz »von allen Führern der ängstlichste« gewesen sei, der »mit panische[m] Schrecken durch unsere Reihen« gegangen sei und dem Löbe noch Geld gegeben habe, damit Buchwitz »schnell verduften konnte« (Löbe 1953). Nun reagierte Löbe 1953 aus der tiefen Verärgerung über die Anpassungsbereitschaft von Buchwitz an die DDR-Verhältnisse heraus, weswegen man diese Aussagen zurückhaltend bewerten muss. Betrachtet man Buchwitz' eigene Ausführungen über das Ringen

31 Die Sitzungen des Parteivorstands und des Parteiausschusses vom 30.01.1933, 31.01.1933, 02.02.1933, 08.02.1933 und 14.03.1933 sowie von der Reichskonferenz am 26.04.1933 sind abgelegt in: AdsD, SOPADE, Dokumente 1.

um den richtigen Kurs 1933 aber näher, so fällt auf, dass er erkennbar auf ein Signal der Partei- oder Gewerkschaftsführung gewartet hatte, das aber ausblieb, weswegen er passiv blieb.

Erst als dieser Weg einer Anpassung an die nun gegebenen Herrschaftsbedingungen scheiterte, der SPD die politische Arbeit verboten wurde und die neuen Machthaber immer deutlicher zu erkennen gaben, wie sie mit den Sozialdemokraten umzugehen gedachten, war auch Buchwitz bestrebt, sein Leben durch Flucht zu retten. Unmittelbar nach der Reichstagssitzung im Mai 1933 entzog er sich dank einer List seines Fraktionskollegen Karl Litke der Verhaftung durch die SS (Buchwitz 1950a: 153) und tauchte zunächst unter (Seydewitz 1961: 62f.), ehe er Ende Juni 1933 ins Exil nach Dänemark ging.[32] Er hatte zuvor erwogen, die Grenze zur Tschechoslowakei zu passieren. Allerdings war es ihm nicht mehr möglich, dies legal zu vollziehen, da er längst an allen Übergängen zur Fahndung ausgeschrieben war (Simowitsch 2007: 111; Buchwitz 1952a). Für einen illegalen Grenzübertritt waren zuvor im Frühjahr 1933 die Wetterverhältnisse ungeeignet, weswegen das Vorhaben fehlschlug (Buchwitz 1959c). Der Prager Parteivorstand wollte ihn ursprünglich als Kurier im Sudetenland einsetzen. Nach dem Zweiten Weltkrieg behauptete Buchwitz, dass er für den Vorstand nicht mehr tätig werden wollte, weil eben kein Aufruf zum aktiven Widerstand erfolgt war (Buchwitz 1959c; Buchwitz 1950a: 157). Bezogen auf 1933 lässt sich dies jedoch nicht aus den Quellen bestätigen. Vielmehr gelang es Buchwitz offenkundig zunächst nicht, seine Frau vom Gang in die Emigration zu überzeugen. Der Parteivorstand wollte ihn nämlich eigentlich schon im März/April bewegen, die Koffer zu packen und bereits im Zuge der ersten Exilierungswelle nach Prag auszureisen (o. V. 1933b). Doch Buchwitz lehnte das zu diesem Zeitpunkt ab und sah sich schlicht noch nicht imstande, Deutschland den Rücken zu kehren (Buchwitz 1933c). Wenige Wochen später war die entsprechende Stelle jedoch längst besetzt und die Mittel des Vorstands reichten nicht mehr aus, um auch ihn noch anzustellen. Gleichzeitig gab es in der Zwischenzeit zur Flucht für ihn keine Alternative, die Bedrohungslage war zu stark geworden. Buchwitz wandte sich dann von Kopenhagen aus an Otto Wels, um

32 Buchwitz gab in seiner Autobiographie an, Ende Juli dorthin gegangen zu sein (Buchwitz 1950a: 159), allerdings meldete er sich bereits am 01.07.1933 beim Prager Exilvorstand und gab dort an, schon am 29.06.1933 dort angekommen zu sein (Buchwitz 1933b).

doch noch eine Einreisegenehmigung in die Tschechoslowakei per Transit durch Polen zu erhalten (ebd.). Erkennbar hoffte er darauf, nach Prag gehen zu können, er fragte immer wieder beim Vorstand an, ob dieser ihn nicht doch dort gebrauchen könne (Buchwitz 1933d).

Buchwitz hatte aber schlicht den Zeitpunkt verpasst, um mit dem Vorstand ins Exil nach Prag zu gehen. Er hatte – wie viele andere auch – einerseits nicht erwartet, dass die Nationalsozialisten derart schnell ihr Terrorregime etablieren würden, andererseits aber auch die materiellen Fähigkeiten der Parteiorganisation überschätzt, die im Falle einer Emigration nutzbar wären. In den ersten Exiljahren lamentierte er jedenfalls über die Vermögenswerte der Gewerkschaften wie der Partei, die man nicht ins Ausland hatte bringen können, weswegen die sozialdemokratischen Migranten von Almosen leben mussten (o. V. 1933b; Buchwitz 1934b). Dass dem Milieu das Geld für Unterstützung der Funktionsträger ausgehen könnte, schien ihm unvorstellbar. Als er die Unterstützung einforderte, waren die Ressourcen aufgebraucht beziehungsweise größtenteils verteilt oder für die kommenden Jahre verplant. Es reichte im Herbst 1933 lediglich für eine Zuwendung, die ihm der Prager Vorstand gewährte (Buchwitz 1933e). Ein Bruch mit dem Exilvorstand gab es deswegen nicht. Dafür verhielt er sich in den folgenden Jahren viel zu konform zu dessen Linie und blieb mit diesem in Kontakt.

Stattdessen wurde Dänemark Ziel seiner Emigration, nachdem auch eine Flucht nach Schweden oder Norwegen von Rostock aus gescheitert war. Dank sozialdemokratischer Solidarität gelangte er von Flensburg aus mit einem Fischerboot nach Dänemark. Sein umgehender Hilferuf an den Prager Vorstand (Buchwitz 1933b), ihm dabei zu helfen, seine Familie nachzuholen, veranlasste diesen, über das tschechische Grenzsekretariat einen Schlepper zu bezahlen und auch deren Flucht zu organisieren. Doch Buchwitz' Frau lehnte abermals ab, Deutschland zu verlassen, und das Grenzsekretariat kommentierte deren Haltung nur noch lakonisch: »wem nicht zu raten ist, dem ist auch nicht zu helfen« (o. V. 1933c).

Otto Buchwitz war in der Weimarer Republik ein klarer Vertreter der Linie des Vorstands. Ordnung und Disziplin prägten sein Verständnis politischer Arbeit. Abweichungen nach rechts wie nach links mochte er nicht. Plastisch bekam er durch die sächsische Landtagsfraktion sowie in den beiden benachbarten Parteibezirken Breslau und Dresden vorgeführt, was es bedeutete, wenn sich die Partei auf politische Experimente einließ:

Streit, Verluste bei Wahlen und Erosion des eigenen Milieus waren die Folgen. Seine Haltung schloss ein tiefes Treueverständnis und eine hohe Gefolgsbereitschaft gegenüber der Parteiführung ein. Die Unsicherheit, wie die SPD mit der Ernennung Hitlers zum Reichskanzler umgehen sollte, rief auch bei Buchwitz Orientierungslosigkeit hervor. Mochte er zwar zum Widerstand bereit sein, gewalttätigen Auseinandersetzungen mit den Nationalsozialisten vor 1933 war er ja immerhin nicht aus dem Weg gegangen, ohne Plazet der Parteiführung handelte er aber nicht. Der Glaube an die Vernunft und Klugheit der Parteiführung schwand durch den raschen Umsturz der Verhältnisse im Frühjahr 1933. Am Ende setzte er darauf, sein Leben zu retten.

Dänisches Exil

Die Exilerfahrungen, die Buchwitz in seiner Autobiographie referierte, wirkten in erster Linie als bittere Abrechnung mit Richard Hansen. Dieser Flensburger Sozialdemokrat und Reichsbannerführer in Schleswig-Holstein setzte sich kurz vor Buchwitz nach Dänemark ab. Hansen war es gelungen, dank der Hilfe eines loyalen Polizeibeamten die Grenze nach Dänemark zu passieren und sich so in letzter Sekunde aus den Fängen der Nationalsozialisten zu entwinden, die bereits andere führende Flensburger Sozialdemokraten verhaftet und ermordet hatten (Pusch 2003: 77, 106; Schunck 2009: 237). Tatkräftig, wagemutig und zugleich gerissen agierte Hansen fortan im Exil. Kaum in Dänemark angelangt, sammelte er exilierte Sozialdemokraten, half anderen bei der Flucht, versorgte neu ankommende Genossen mit Wohnplätzen und Arbeit. Er baute das Grenzsekretariat Nord für den Prager Exilvorstand auf, welches Informationen aus dem Deutschen Reich sammelte, und ließ über Kuriere Nachrichten nach Deutschland einsickern. Auch Buchwitz ließ sich für diese Dienste einspannen. Hansen fungierte zudem als Geschäftsführer einer Hilfsorganisation, dem Matteotti-Kommitee, das nach einem 1924 ermordeten italienischen Sozialisten benannt worden war. Dieses war von dänischen Sozialdemokraten und Gewerkschaften gegründet worden, um sozialdemokratische Emigranten umfänglich, vorrangig finanziell, zu unterstützen. Gute Kontakte zur sozialdemokratisch geführten Regierung Dänemarks nutzte Hansen überdies, um den geflüchteten Parteifreunden Arbeitserlaubnisse zu verschaffen (Pusch 2003: 128).

Hansen verstand sich als Mastermind der sozialdemokratischen Exilszene im Lande, genoss seine Führungsrolle regelrecht und agierte dabei autoritär, rigoros und patriarchal. Das Organisationsnetz, das er aufgebaut hatte, war auf ihn zugeschnitten, entsprang seinen Ideen und er hielt stets die Fäden fest in der Hand (Pusch 2003: 97). Er verstand sich darauf, sein Netzwerk effektiv gegenüber der deutschen Auslandsabwehr oder den zuständigen Gestapostellen abzuschotten. Bis Ende der 1930er Jahre tappten diese nämlich weitgehend im Dunkeln, wenn es darum ging, den Personenkreis näher einzugrenzen, der für Hansen arbeitete (Sattler 1937).

Er führte die anderen Emigranten strikt auf den Kurs des Exilvorstands, vor allem wenn es galt, Avancen der Kommunisten im Zuge einer ab 1936 zunehmend populären Volksfrontpolitik zurückzuweisen. Hansen verweigerte dann auch ein ums andere Male exilierten Kommunisten Zugang zu den Mitteln des Matteotti-Komittees (Pusch 2003: 145f.). Die Arbeit solcher Komitees war für die dänische Flüchtlingspolitik der 1930er Jahre zentral. Wer es schaffte, auf diese Weise unterstützt zu werden, hatte die Chance, als Asylbewerber anerkannt zu werden (Petersen 1991: 430; Kolk 2010: 85). Im Vergleich zu Hilfsangeboten anderer Flüchtlingsorganisationen in Dänemark waren sowohl die Leistungen des Matteotti-Kommittees als auch die Zugänge zur dänischen Administration besser, umfänglicher und privilegierter (Petersen 1991: 431, 434). Buchwitz kam auch in den Genuss der aus seiner Sicht sehr auskömmlichen Hilfsleistungen und bekam darüber Arbeit vermittelt. Anfangs trug er die sozialdemokratische Zeitung aus, verteilte Material an Dänemarkreisende aus Deutschland und wirkte an sozialdemokratischen Exilzeitungen mit (Buchwitz 1950a: 161; Simowitsch 2007: 111). Dennoch hielt sich seine Dankbarkeit gegenüber Hansen in Grenzen.

Hansen gerierte sich nämlich geradezu als der Herrscher über die sozialdemokratischen Migranten in Dänemark. Knapp zehn Jahre jünger als Buchwitz, gehörte Hansen schon jener Generation an, welche die sozialdemokratische Bewegung vorwiegend aus der Perspektive der Weimarer Republik heraus kennengelernt hatte und keinen relevanten Bezug zur Sozialdemokratie des Kaiserreichs mehr hatte. Die Abgrenzungslinien zu den Kommunisten waren konnotierter, die Argumentationen schärfer, die Diskursbereitschaft war hingegen geringer ausgeprägt. Im Umgang mit geflohenen Linkssozialisten, Kommunisten oder abtrünnigen Sozialdemokraten urteilte Hansen zuweilen hartherzig, misstraute den Geschichten über Hafterlebnisse, bezweifelte deren Hinwendung zum reformorientierten Sozialismus, wenn dies nicht durch seine eigenen, oftmals aber nicht sonderlich gut informierten Netzwerke bestätigt werden konnte (Pusch 2003: 157). Andernorts öffneten sich die Exilgruppen für linkssozialistische oder kommunistische Aktivisten. Sie boten diesen letztlich eine Brücke zurück in die Sozialdemokratie und gaben der SPD darüber wichtige Impulse, die eigenen Positionen zu überdenken. Dieses galt etwa für Schweden, wohin Hansen die in Dänemark unerwünschten Migranten regelmäßig weiterreichte (Pusch 2003: 160).

In Dänemark hingegen wollte Hansen eine rein sozialdemokratische Migrantengruppe führen und diese auf Abstand zu davon abweichenden Tendenzen halten. Darin war eingeschlossen, auch jegliche Kritik an der Politik der SPD vor 1933 zu unterbinden, was selbst einem eigentlich linientreuen Sozialdemokraten wie Buchwitz zu weit ging (Callessen 1988: 510). Buchwitz führte das schließlich in eine scharfe Konfrontation mit der Führung der Exilsozialdemokraten in Dänemark, die ihm daraufhin unverhohlen mit der Abschiebung nach Deutschland drohte (Simowitsch 2007: 112; Buchwitz 1959c).

Die Diskussionen im Kreis der Emigranten interessierten Buchwitz daher mit der Zeit immer weniger, das intellektuelle Niveau empfand er als »jämmerlich« (Niemann 2003: 160), die Genossen richteten sich seiner Meinung nach zu sehr in einem »Idyll« ein (Buchwitz 1959c). Sein eigener Versuch, kritisch das Geschehen in Deutschland Revue passieren zu lassen, um daraus Schlüsse für die Gegenwart und Zukunft zu ziehen, war mit den von Hansen geführten Sozialdemokraten kaum möglich. Eine offene Diskussion war allerdings auch schwierig. Die Haltung der dänischen Regierung gegenüber den Migranten aus Deutschland war nicht unverkrampft, politische Äußerungen der Migranten wollte man lieber keine hören, schon, um das Nachbarland nicht zu provozieren. Alleine deswegen bedrängte das Matteotti-Kommittee seine Schützlinge, sich politisch zurückzuhalten und möglichst keine politischen Aktivitäten zu entfalten (Petersen 1991: 438). Buchwitz nahm das rückblickend als Entpolitisierung wahr (Buchwitz 1950a: 163) und verstand schon im dänischen Exil nicht, warum die Sozialistische Internationale keine umfangreiche Kampagne gegen die Zustände in Deutschland initiierte (Buchwitz 1934b).

Er entwickelte daraufhin eine differenzierte Haltung gegenüber der Politik der Sozialdemokratie. Dass der Parteivorstand die Exilierung des mittleren Funktionärskörpers nicht ausreichend absichern konnte und gleichzeitig die im Lande gebliebene Rumpfführung unter Löbe mit ihrem Kurs ebenso falschgelegen hatte, trieb den sonst so führungstreuen Sozialdemokraten Buchwitz um. Weitgehend auf sich selbst gestellt, musste Buchwitz das Land verlassen und dabei seine Familie zurücklassen. In Ermangelung von Fremdsprachenkenntnissen[33] blieb er auf die

33 Buchwitz selbst bezeichnete seine Dänischkenntnisse noch nach drei Jahren Exil als »nicht sehr gut« (Buchwitz 1950a: 165).

Unterstützung der vorhandenen Vertrauensleute im Exil angewiesen. Wie bereits dargelegt, einen Bruch mit der Exil-Sozialdemokratie in Dänemark wollte und konnte Buchwitz nicht vollziehen.

Überhaupt konnte er sich auch in Dänemark wieder auf das Milieu stützen, wenngleich dieses eben kein breit strukturiertes Netz war, sondern sich eng an Richard Hansen ausrichtete. Buchwitz selbst wirkte, ungeachtet seiner inhaltlichen Distanz, an einigen Aktivitäten der Emigrantengruppe mit und kümmerte sich etwa um den Vertrieb sozialdemokratischer Zeitschriften oder sammelte Material über die Zustände im Deutschen Reich. Über Tarnadressen versuchte er, Kontakt zu seinen Görlitzer Genossen wie auch zu seiner Familie zu halten (Zimmermann 1984: 72ff.). Durch einige Reisen hielt er Kontakt zu anderen Exilanten, brachte sich dabei aber auch ein ums andere Mal in Gefahr, etwa wenn die Reisen transitbedingt durch Deutschland führten (Buchwitz 1950a: 164ff.).

Selbst Zimmermann sah in der Exilzeit keine umfassende Annäherung von Buchwitz an die Kommunisten und konnte nur mit Mühe sowie mit starken interpretatorischen Verrenkungen aus den im Exil entstandenen Schriften und Schriftwechseln eine Nähe zum kommunistischen Widerstand herauslesen (Zimmermann 1984: 77ff.). Ruth Seydewitz kleidete den gleichen Umstand in blumigere Worte und billigte Buchwitz zu, dass er im Innersten die Haltung der SPD vor 1933 in jener Zeit kritisch reflektiert habe, jedoch sei eine »falsch verstandene Treue zur Partei« geblieben (Seydewitz 1961: 67). Dass Buchwitz an der Linie der Parteiführung auch unter diesen Umständen und nach den Geschehnissen in der Endphase der Weimarer Republik festhielt, belegte einmal mehr seine doch stark kritische Haltung gegenüber den Kommunisten. Dass dieses nicht mit seiner Position nach 1945 zusammenpasste, lösten die DDR-Historienschreiber so auf, dass sie diese Phase zur Katharsis stilisierten. Sicherlich, Buchwitz sah durchaus schon im dänischen Exil in der gespaltenen Arbeiterbewegung eine Ursache für den Aufstieg des Nationalsozialismus, aber er verortete die Verantwortung dafür eben weitaus eher auf der kommunistischen Seite als auf Seiten der SPD. In einer Abhandlung für den Prager Exilvorstand warf er den Kommunisten 1934 »Fahnenflucht« vor und missbilligte die Moskauer Anweisungen, denen sich die KPD in der Weimarer Zeit unterworfen hatte (Moraw 1990: 63). Nachdem der einstige Vorsitzende des Angestelltengewerkschaftsbundes, Siegfried Aufhäuser, und der vorherige Vorsitzende der sächsischen Sozialdemokraten, Karl Böchel, aus dem

Exil-Vorstand der SPD ausgeschlossen worden waren, weil sie es gewagt hatten, mit den Revolutionären Sozialisten eine Brücke zu den Kommunisten zu schlagen, unterstützte Buchwitz das Vorgehen des Vorstands ausdrücklich (Buchwitz 1935). Buchwitz zweifelte somit weder an der Sozialdemokratie als Organisation noch grundlegend am Kurs ihrer Führung.

Persönlich blieb er fortan dennoch »positiv zur Einigung der Arbeiter eingestellt«, unterwarf sich aber in dieser Frage zugleich bereitwillig den Vorgaben des Prager Exilvorstands, die er auch offensiv gegenüber den durchaus aufdringlichen Kommunisten verteidigte (Buchwitz 1936a). Er erinnerte die Kommunisten immer wieder an deren Taktiken und Methoden in der Weimarer Republik und verwies auf die heikle Außenpolitik der Sowjetunion (Simowitsch 2007: 113). Aus letztlich tiefer Überzeugung schloss er eine Zusammenarbeit mit den Kommunisten auch im Exil aus, solange nicht die Parteiführungen beider Seiten eine solche Kooperation anstrebten (Buchwitz 1936a; Zimmermann 1981: 279). Buchwitz sah die Kommunisten in der Pflicht, sich der SPD anzunähern, nicht andersherum. Insoweit war seine Position reichlich klar. Die Abweichler waren weiterhin die Kommunisten. Diese hatten vor allem ihre Fehler aufzuarbeiten. Ungeachtet dessen war Buchwitz einer der wenigen Sozialdemokraten im dänischen Exil, die sich dem Dialog mit den Kommunisten zumindest nicht grundsätzlich verweigerten.

Im Exil erlebte Buchwitz zugleich, wie die dänischen Parteifreunde in den 1930er Jahren an der Spitze einer Koalitionsregierung mit bürgerlichen Parteien standen und in den Wahlen große Erfolge erzielten. Diese Erfahrung verband Buchwitz mit denjenigen Sozialdemokraten oder Linkssozialisten, die in jener Zeit vor allem in Skandinavien lebten. Die Bindung an die reformistische Strömung der Arbeiterbewegung festigte sich während dieser Zeit oder wurde wiederhergestellt. Buchwitz war aber diesbezüglich relativ isoliert. Seine Bezugspersonen standen ihrerseits nicht im Zentrum der Exilarbeit in Dänemark, sie waren in der unmittelbaren Zeit vor 1933 zu unbedeutend oder hatten massiv an Einfluss verloren.

Da wäre allen voran der ehemalige Reichsministerpräsident Philipp Scheidemann zu nennen. Scheidemann, vor 1918 einer der wichtigsten Politiker der SPD, verlor in den Anfängen der Weimarer Republik einen Machtkampf mit Ebert um die Reichspräsidentschaft, scheiterte kurz darauf an den Niederungen des Regierungsgeschäfts und hatte danach auch als Kassels Oberbürgermeister wenig Freude an den Erfordernissen der

Bürokratie. Schließlich fristete er als kaum beachteter Hinterbänkler im Reichstag sein Dasein bis 1933 (Fesser 2002). Er wirkte dort wie ein Faktotum des Kaiserreichs, das in der Gegenwart der Republik nicht recht anzukommen schien und das von den eigenen Genossen an den Rand gedrängt wurde. Dieser arg verbitterte Scheidemann, der weitgehend isoliert von anderen Emigranten lebte, sinnierte in jenen Jahren über die 1918 verpassten Chancen einer sozialen und wirtschaftlichen Neugestaltung Deutschlands und verortete die Verantwortung dafür bei der SPD.

Die zynische, ins Selbstmitleid übergehende Sicht auf die Strukturmängel der Weimarer Republik, die Scheidemann pflegte und die sich in Dänemark mit dem Niederschreiben seiner Erinnerungen verstärkten, konvenierte mit Buchwitz' eigener zögerlicher Reflexion. In Kopenhagen entwickelte sich zwischen beiden dadurch eine enge Freundschaft. Jede Woche trafen sich die beiden ehemaligen Reichstagsabgeordneten und spazierten durch Kopenhagen, wo sie ihre Meinungen austauschten (Buchwitz 1950a: 168ff.; Buchwitz 1957a). Der mangelnde Erfolg des Widerstands gegen die Nationalsozialisten, die latent prekäre Lage in der Emigration und der Kontakt zu Scheidemann distanzierte Buchwitz aber beileibe nicht von der Sozialdemokratie. Vielmehr bewog es ihn, politisch stärker mit Eigeninitiative vorzugehen und unabhängiger von Hansens Kreisen zu agieren.

Buchwitz engagierte sich dazu in einem Begegnungszentrum, das ab 1936 in einem Migrantenwohnprojekt am Kopenhagener Markt eingerichtet wurde (Kolk 2010: 88; Buchwitz 1957a). Der einstige Wandervogelführer Walter Hammer, der Gewerkschafter Otto Piehl und der Literaturwissenschaftler Walter A. Berendsohn gehörten zum Kreis derer, die dort ein und aus gingen. Dieser Kreis war durchaus illuster, er sprengte die Grenzen des engen von Hansen vorgegebenen Milieus: Hammer war Mitglied des Reichsbanners, mutmaßlich auch der SPD (Kolk 2010: 68), schloss sich aber bei den Wahlen 1932 einem Aufruf für eine sozialdemokratisch-kommunistische Einheitsfront an, der damals in intellektuellen Kreisen zirkulierte. Piehl hatte einst der SAJ angehört, ging dann aber zur KPD, wo er in der kommunistischen Gewerkschaftsorganisation RGO[34]

34 Die Revolutionäre Gewerkschafts-Opposition wirkte zunächst als Teil der freigewerkschaftlichen Organisationen, separierte sich von dieser aber mehr und mehr, bis sie sich 1930 als eigener gewerkschaftlicher Richtungsverband konstituierte (Schneider 2000: 210).

wirkte. In der Spätphase der Republik schloss er sich der KPD-Abspaltung »Kommunistischen Partei-Opposition« (KPO)[35] an. Berendsohn wiederum war sozialdemokratischer Intellektueller. Alle drei waren schon in Deutschland in gewisser Weise linke Freigeister und wurden in der Exilzeit nochmals sehr nachdrücklich geprägt. Buchwitz (1957a) deutete nach dem Krieg das Emigrantenheim zu einer kommunistischen Institution um (worin ihm auch Zimmermann (1979b: 271) folgte), was aber den dort aktiven Migranten nicht entsprach.

Den im Matteotti-Kommittee wirkenden Sozialdemokraten war dieser Begegnungsort auch ohne kommunistischen Einfluss ein Graus. Sie fürchteten eine Unterwanderung durch nationalsozialistische Spitzel, hatten keine rechte Kontrolle über den Kreis, der finanziell zum Teil unabhängig von dänischen Zuwendungen war und auf den sich deswegen schlecht Druck aufbauen ließ (Simowitsch 2007: 114). Buchwitz weitete sein Netzwerk auf der persönlichen Ebene noch in Richtung einiger Flüchtlinge mit sozialdemokratischer oder kommunistischer Prägung aus. Im Falle des vormaligen Vorsitzenden des Freidenkerverbands, Max Sievers, erwuchs daraus eine enge Zusammenarbeit. Sievers lebte seit 1933 im Exil in Brüssel. Er war ursprünglich Mitglied der USPD geworden, dann kurzzeitig KPD-Mitglied und trat 1921 zur SPD über. Im Exil unterhielt er Kontakte zu linkssozialistischen Gruppen, die sich wie »Neu Beginnen« oder die SAPD in einem Feld zwischen SPD und KPD bewegten. Zu den Kommunisten selbst hielt er aber Distanz. Auch Zimmermann (1981: 281) entging nicht, dass dies auf Buchwitz abfärbte.

Buchwitz wirkte in Kopenhagen auch an Exilzeitungen mit, die sich im linkssozialistischen Milieu bewegten und als solche geeignet erschienen, die schroffen Grenzen zwischen Sozialdemokraten und Kommunisten abzumildern. Aus kommunistischer Perspektive lässt sich dies auf den ersten Blick in den Kontext der Volksfrontpolitik einordnen, die unter dem Eindruck entsprechender Koalitionen aus Sozialisten, Kommunisten und linksliberalen bürgerlichen Parteien in Frankreich und Spanien entstanden waren. Allerdings waren deren Auswirkungen in Dänemark recht schwach. Die Periodika, die Sievers verlegte und von denen zwei

35 Die KPO lehnte die scharfe Abgrenzung der KPD zu den Sozialdemokraten ab. Sie stimmte auch nicht mit der Einschätzung der KPD-Führung überein, dass eine revolutionäre Lage unmittelbar bevorstünde, sondern sah vielmehr die Bedrohung der Arbeiterbewegung insgesamt durch den Nationalsozialismus als evident an.

von Belgien aus vertrieben wurden, hatten trotz ihrer kritischen Haltung gegenüber der parteioffiziellen Haltung einen klar erkennbaren sozialdemokratischen Standpunkt und hielten insbesondere einen weiterhin vernehmlichen Abstand zur kommunistischen Seite (Biene 1979: 201f.). Dennoch sorgte die darin deklamierte grundsätzliche Bereitschaft zur Zusammenarbeit mit Kommunisten schon für Spannungen mit Hansen (Callesen 1988: 510; Simowitsch 2007: 112f.), so dass man Buchwitz fortan partiell mied und ihn nicht mehr zu Zusammenkünften einlud (Buchwitz 1959a; Buchwitz 1959c). Weitere Probleme ergaben sich für Buchwitz, als außer an der *Sievers-Korrespondenz*, dem *Freien Deutschland* und der *Norddeutschen Tribüne* noch an einem weiteren Periodikum mitarbeitete, den *Volkssozialistischen Blättern*. Während die zuerst genannten Druckwerke eben aus dem linkssozialistischen Kontext von Max Sievers stammten und die Norddeutsche Tribüne schon stark kommunistisch beeinflusst war, hatten die Volkssozialistischen Blätter eine diametral andere Ausrichtung. Sie wurden von der *Arbeitsgemeinschaft deutscher Sozialisten* verantwortet, die mit Kritik an den Kommunisten nicht geizte, hingegen gegenüber dem einstigen sozialrevolutionären Flügel der NSDAP offen war (Beelte 1979: 266). Buchwitz selbst war regelrecht stolz darauf, dieses Blatt als Kooperationsmodell mit der sogenannten *Schwarzen Front* selbst mit entwickelt zu haben (Buchwitz 1936b), und gab die Volkssozialistischen Blätter mit Richard Schapke heraus. Schapke war einst sächsischer Altsozialdemokrat, danach kurzzeitig Nationalsozialist, ehe er mit Otto Strasser 1930 die NSDAP wieder verließ und bis 1938 zu dessen Stellvertreter in der Schwarzen Front aufstieg. Buchwitz, der in seinen nach 1945 erschienenen Erinnerungen ja damit kokettierte, ein Angebot für eine aktive Unterstützung einer Querfront mit Gregor Strasser 1932 abgelehnt zu haben, betrieb nun im dänischen Exil exakt dieses Politikmodell mit der Organisation von dessen Bruder.

Die Verbindungen von Buchwitz zu den Protagonisten der Schwarzen Front waren zuvor schon ausgesprochen eng. Schapke gehörte nämlich zu dem Kreis, der im Kopenhagener Emigrantenheim verkehrte (Kolk 2010: 97). Überdies war er zwischenzeitlich mit Walter Hammer liiert, der in der Arbeit des Heimes eine wichtige Rolle spielte. Ein weiterer Förderer dieser Zusammenarbeit war Wilhelm Sollmann, langjähriger sozialdemokratischer Reichstagsabgeordneter und kurzzeitiger Reichsinnenminister, der aus dem luxemburgischen Exil heraus mit Buchwitz darüber korrespondierte und der zusammen mit Max Sievers im direkten Austausch mit Otto Strasser stand (Ebert 2014: 463). An Strasser imponierte beiden dessen Tatendrang und Entschlussbereitschaft. Zugleich waren sie sich aber im Klaren darüber, dass Strasser eben ein aggressives, nationalistisches und antisemitisches Weltbild pflegte.

Während Sollmann und Sievers deswegen Vorsicht im Umgang mit Strasser walten ließen und zurückhaltend blieben, was Kooperationen oder gemeinsame programmatische Ansätze betraf, forcierte Buchwitz in Dänemark genau diese Zusammenarbeit. Seine Kontakte zur Schwarzen Front waren in den dänischen Exilkreisen kein Geheimnis. Einem Bericht der dortigen KPD-Exilleitung an das im Moskauer Exil sitzende Politbüro zufolge war die Verbindung der Szenerie im Emigrantenheim zur Schwarzen Front hinreichend bekannt. Die Veröffentlichung der Volkssozialistischen Blätter als sichtbares Zeichen einer sich festigenden Zusammenarbeit des Kreises um Buchwitz und des Kreises um Schapke überraschte dann die Kommunisten im dänischen Exil zwar schon, allerdings störten sie sich auch wenig daran: Den darin zur Schau gestellten schroffen Antikommunismus sah man wohl, doch schätzte man die damit vorhandenen Anknüpfungspunkte für ein umfassendes antifaschistisches Bündnis höher ein (o. V. 1936a). Buchwitz und eine weitere, nicht namentlich im Bericht erwähnte Person aus seinem Umfeld wurden als mögliche Türöffner für eine denkbare Zusammenarbeit der Kommunisten mit den Anhängern der Schwarzen Front angesehen (ebd., s. a. o. V. 1936b).[36]

Buchwitz war im Lichte der Konsolidierung des Nationalsozialismus immer stärker davon überzeugt, dass es eines breiteren Widerstandes gegen Hitler bräuchte, als der Prager Vorstand zuließ. Sein Fokus war hierbei mitnichten auf die Kommunisten gerichtet, an denen missfiel ihm vor allem deren »Phraseologie« (Buchwitz 1936b). Seine Vorstellung von einer »möglichst breiten antifaschistischen Front« (Buchwitz 1936c) ging von drei Prämissen aus. Erstens stand für ihn seine Verankerung in der SPD außer Frage. Soweit es Versuche gab, weitergehende Bündnisse zu schmieden, lehnte er die Neubildung einer anderen Partei ab. Die Sozialdemokratie bildete für ihn weiterhin das Zentrum eines organisierten

36 Die Begeisterung der kommunistischen Exilgruppe in Dänemark für derartig nationalbolschewistische Überlegungen erlosch allerdings, nachdem das Politbüro in Moskau den ideologischen Standpunkt der Volkssozialisten verurteilt hatte, deshalb sah man sich zu einem Richtungswechsel veranlasst (Schwab 1936a).

sozialistischen Widerstands. Zweitens war er davon überzeugt, dass es dem Widerstand an hinreichendem Aktivismus fehlte. Diesbezüglich war das *Prager Manifest* der SPD von 1934 von ihm unmittelbar nach der Veröffentlichung positiv aufgenommen worden (Buchwitz 1934c). Darin sprach sich der Exil-Vorstand für einen entschiedenen, revolutionären Sturz von Hitler aus. In diesem Sinne müsste sich die SPD aber offensiv um diejenigen bemühen, welche diesen Kurs auch umsetzen könnten. Buchwitz kritisierte dann später, dass der Prager Exilvorstand diesem Aufruf keine Taten folgen ließ, sondern vorwiegend auf Resolutionen, Pamphlete und Periodika setzte und sich gleichzeitig zu wenig um die Verhältnisse in Deutschland kümmern würde (Buchwitz 1936c). Dort aber hatten die Nationalsozialisten in der Zwischenzeit eine erkennbare gesellschaftliche Massenakzeptanz erreicht, weswegen Teile davon gewonnen werden mussten. Drittens schloss dieses dann die Bereitschaft ein, die vorherigen Organisationsgrenzen zu überwinden. Ein reines Bündnis aus SPD und KPD betrachtete er in diesem Punkte aber als zu schwach, um in Deutschland einen Umschwung herbeizuführen (Buchwitz 1936d). Die punktuelle Zusammenarbeit mit Strassers Schwarzer Front war deswegen keine ideologische Schwankung, wie Zimmermann (1981: 281) meinte, sondern entsprach Buchwitz' Vorstellung vom Kampf gegen Hitler weitaus mehr als die Zusammenarbeit mit den Kommunisten. Diese betrachtete er sicherlich nicht als Gegner, misstraute ihnen aber weiterhin wegen ihrer Abhängigkeit von der Sowjetunion. Die Kontakte zur KPD ließ er dennoch nicht abbrechen, relativierte im Zuge dessen auch einige Aussagen in den Volkssozialistischen Blättern und betonte abermals seine grundsätzliche Bereitschaft zur Kooperation (Buchwitz 1936d). Dabei erinnerte er die Kommunisten abermals daran, dass es an ihnen läge, den Graben zur Sozialdemokratie zuzuschütten und dass auch die Sowjetunion durch Freilassung ehemaliger russischer Sozialdemokraten Zeichen setzen solle.

Doch die Bemühungen von Buchwitz in Richtung eines umfassenden Bündnisses endeten frühzeitig. Widerwillig und gezwungenermaßen verließ Buchwitz die Volkssozialistischen Blätter nämlich bereits nach zwei Ausgaben wieder. Der Prager Parteivorstand war zwischenzeitlich in helle Aufregung geraten, nachdem Strasser in seinen eigenen Publikationen mit Begeisterung die Mitarbeit von Buchwitz erwähnt und auch einen Beitrag von Buchwitz nachgedruckt hatte. Otto Wels bedeutete Buchwitz daraufhin, dass man diese Zeitschrift missbillige, und forderte ihn auf, die Zusammenarbeit umgehend einzustellen (Wels 1936). Buchwitz war bewusst, dass er sich dieser Aufforderung kaum entziehen konnte, denn ein Zuwiderhandeln hätte ziemlich sicher den Verlust der Unterstützung durch das Matteotti-Kommitee zur Folge gehabt (Buchwitz 1936c). Die Organisationsgrenzen des sozialdemokratischen Umfeldes derart stark zu überschreiten, mied Buchwitz daraufhin. Im Herbst 1936 goutierte er zwar im Angesicht des Spanischen Bürgerkrieges einen kommunistischen Vorschlag für einen Aufruf an die Parteiführungen von SPD und KPD zu mehr Zusammenarbeit (dazu auch Teubner 1966), doch öffentlich wollte er auf keinen Fall seinen Namen darunter lesen (Schwab 1936b).

Buchwitz wünschte sich mehr offene Diskussionen in der Sozialdemokratie und mehr Entschlossenheit seiner Partei, dennoch konnte und wollte er mit der SPD nicht brechen. Er akzeptierte letztlich stets die Vorgaben des Prager Vorstands, das schloss insbesondere eine Distanz zu kommunistischen Widerstandsgruppen ein. Allen nachträglichen Deutungen zum Trotz, die Buchwitz selbst und seine DDR-Biographen in Umlauf setzten und denen in neuerer Zeit auch Solveig Simowitsch (2007) folgte, gibt es wenig Indizien dafür, dass Buchwitz im dänischen Exil wirklich schon eine echte Hinwendung zu einer Einheitsfrontpolitik im kommunistischen Sinne betrieben hätte, geschweige denn, dass er die von ihm mitverfolgte Politik vor 1933 diesbezüglich grundlegend infrage gestellt hätte. Er wollte Lehren für die Zukunft ziehen, das schon. Er wollte auch Fehler der Vergangenheit erkennen. Er lag darüber mit der den dänischen Exilführern der SPD über Kreuz, zweifelsfrei. Aber er blieb in letzter Konsequenz zugleich der führungstreue Sozialdemokrat, der er schon vor 1933 war. Er hielt die Kommunisten für die Abweichler von der Linie der Sozialdemokratie, sah deren Verhalten als fatal, spalterisch, kontraproduktiv an, stand ihnen aber, wie zuvor schon in Schlesien, trotzdem nicht feindlich gegenüber. Somit blieb er grundsätzlich im Dialog und war insoweit durchaus offen für eine Zusammenarbeit. Buchwitz suchte verschiedentlich punktuell Anknüpfungspunkte an ein breites Anti-Hitler-Lager. Das schloss aber eben Kontakte zu Vertretern des nationalsozialistischen Strasserflügels ein, doch auch dort beugte er sich am Ende den Vorgaben des Exil-Vorstands.

Nachträgliche Deutungen versuchten, in der prinzipiellen Offenheit für eine informelle Zusammenarbeit den Nukleus einer Annäherung von Buchwitz an kommunistische Strömungen zu sehen. Doch von

Bestrebungen, gar eine Einheitsfront zu bilden, war Buchwitz zu diesem Zeitpunkt eben weit entfernt. In ihm war sicherlich die Überzeugung gewachsen, dass eine einige Arbeiterbewegung möglicherweise den Nationalsozialismus verhindert hätte, doch die Verantwortung dafür, dass dies misslungen war, sah er nicht bei der SPD, sondern in erster Linie bei der KPD. Buchwitz war insoweit weiterhin linientreu. Selbst Fritz Zimmermann kam in seiner Interpretation des Exils nicht umhin, immer wieder zu betonen, dass Buchwitz in Dänemark letztlich nicht von der Linie des Parteivorstands abwich. Buchwitz unterschied sich in einem Punkt aber durchaus von den anderen sozialdemokratischen Emigranten, er scheute den Dialog mit den Kommunisten nicht, ignorierte sie letztlich nicht mehr und war auch grundsätzlich zu einer Zusammenarbeit bereit. Doch genauso hielt er eine Kooperation mit den nationalsozialistischen Anhängern der Schwarzen Front für sinnvoll, ging diese kurzzeitig sogar beherzt an.

Nach dem Ausbruch des Zweiten Weltkriegs im September 1939 und vor der Besetzung Dänemarks im April 1940 wandelte sich die Migrantenszene in Dänemark. Unter dem Einfluss der britischen Arbeiterpartei reorganisierte sich die Struktur der sozialdemokratischen Migranten. Ein *Deutsches Amt* sollte gebildet werden, um eine mögliche Exilregierung zu legitimieren.[37] Im Zuge dieser Entwicklungen rückte auch Buchwitz wieder enger an die Führung der sozialdemokratischen Migranten in Dänemark heran.

Buchwitz' Haltung wandelte sich grundlegend, nachdem Dänemark von deutschen Truppen besetzt worden war. Wie schon 1933 flohen prominente Sozialdemokraten noch rechtzeitig vor den Nationalsozialisten ins freie Ausland und ließen die anderen Genossen zurück, aus deren Perspektive ließen sie diese im Stich. Buchwitz' einstige Reichstagskollegen Karl Raloff und Fritz Tarnow oder der frühere Braunschweiger Parteisekretär Hans Reinowski schafften es ebenso wie Hansen und gelangten aus Dänemark heraus. 1933 dürfte das Tempo der Entwicklung manch einen auch überrascht haben. 1940 war die Bedrohungslage weitaus deutlicher, und dennoch waren nur unzureichend Vorkehrungen für die Flucht

37 Über diese Schritte war die deutsche Seite bestens im Bilde, wie sich im späteren Gerichtsurteil gegen Buchwitz niederschlug (BArch, Bestand Oberreichsanwalt beim Volksgerichtshof, R 3017/30377; siehe auch Buchwitz 1950a: 179f.).

getroffen worden. Hansen, der von Schweden aus dann auf abenteuerlichen Wegen in die USA gelangte, hatte zwar einige Schritte in diese Richtung geplant. Das war aber auch der Gestapo nicht verborgen geblieben, die spätestens ab 1939 Zugang zu Hansens Zirkel hatte und dadurch über Unterredungen der dänischen Regierung mit den Exilsozialdemokraten gut informiert war (o. V. 1939). Am Ende genügten Hansens Vorbereitungen nicht, um alle in Sicherheit zu bringen.

Buchwitz selbst machte sich seit 1936 keine Illusionen darüber, dass ein Krieg eine Besetzung Dänemarks zur Folge haben würde und die exilierten Sozialdemokraten »wohl in diesem Falle ins Meer springen müssen« (Buchwitz 1936e). Buchwitz sah sich weitgehend auf sich selbst gestellt. Er plante 1940 seine Flucht nach Schweden an der Seite des sozialdemokratischen Journalisten Erich Alfringhaus (Buchwitz 1950a: 174; Buchwitz 1959c).[38] Doch dazu kam es nicht mehr, eine Woche nach dem Einmarsch der deutschen Truppen wurden beide bereits verhaftet, nachdem Hansen eben längst das Weite gesucht hatte.

In Bezug auf Hansen dürfte das der zentrale Grund für die Verbitterung gewesen sein, die Buchwitz später dokumentierte. Im Lichte dieser Erfahrungen scheinen grundlegende Zweifel bei Buchwitz an der Richtigkeit des Handelns der SPD entstanden zu sein.

Hansen hatte immer wieder das baldige Scheitern des Nationalsozialismus erwartet. Er hatte den Emigranten in Dänemark auf dieser Grundlage Kurs und Richtung vorgegeben. Er genoss Achtung, Respekt und Dankbarkeit bei denen, denen er im Exil geholfen hatte. Zugleich zog er Verachtung und Ablehnung auf sich, vor allem bei denen, denen er Hilfe verweigert hatte.

Über die Person Hansen konnte sich für Buchwitz eine Negation der vorherigen Erfahrungen mit dem Milieu entwickeln. Zugleich hatte das dänische Exil die Bezugswelt von Buchwitz nicht in dem Maße erweitert, wie es bei Emigranten in anderen freiheitlichen Ländern der Fall war. Weder hatte Buchwitz das Handeln von Volksfrontregierungen erlebt, noch genoss er Zugang zu einem pluralistischen Bild sozialistischer Politik, wie es etwa die in Schweden oder Norwegen lebenden Migranten erfahren

38 Im Gespräch mit Ruth Seydewitz deutete Buchwitz an, dass er an der Seite von Alfringhaus zunächst erfolgreich Migranten aus Dänemark herausgeholfen hatte, seine eigene Flucht dann aber nicht mehr glückte.

konnten. Hansens Kurs pflegte das Nebeneinander der Lager aus der Weimarer Republik und beließ insbesondere Sozialdemokraten und Kommunisten unter sich. Die Publikationen im Zwischenfeld beider Parteien, an denen Buchwitz beteiligt war, erschienen bezeichnenderweise auch nicht in Dänemark, sondern in Belgien. Für Buchwitz selbst musste sich zudem die Rolle, die Hansen wie auch die dänischen Sozialdemokraten dann nach der Besetzung Dänemarks übernahmen, eigenartig anfühlen. Der eine setzte sich rasch ab und ließ seine Genossen somit im Stich. Die anderen sicherten sich Autonomie gegenüber den Besatzungstruppen, verhinderten dadurch auch die Judenverfolgung in Dänemark, doch sie schützten eben nicht mehr vollumfänglich die ins Exil Geflüchteten, die, wie im Falle von Buchwitz, sogar Mitglied der dortigen Sozialdemokratie geworden waren. Vielmehr galt sogar die erste von der dänischen Polizei eigenverantwortlich durchgeführte Verhaftungswelle im Auftrag der deutschen Besatzung den geflohenen Sozialdemokraten (Petersen 1991: 439). Darin bestätigte sich für Buchwitz Scheidemanns galliges Diktum über Dänemark als Vasallenstaat Deutschlands (Petersen 1991: 415). Buchwitz sah dieses sogar explizit als Verrat seiner Genossen an (Buchwitz 1952b), wenngleich ihm die Drucksituation bewusst war, in der sich die dänischen Behörden nach der Besetzung des Landes befanden (Buchwitz 1950a: 175). Als Buchwitz den deutschen Behörden überstellt wurde, war er in Lebensgefahr.

In den Fängen der Gestapo – die neue Einheit der Arbeiterklasse

Buchwitz verbrachte einige Wochen in den Berliner Gestapogefängnissen am Alexanderplatz, in der Prinz-Albrecht-Straße und schließlich im Untersuchungsgefängnis an der Lehrter Straße. Er war dort stundenlangen Verhören ausgesetzt. Dazu kamen Psychoterror, Schlafentzug und ständige Angst vor physischer Folterung oder Gefahren für seine Angehörigen (Buchwitz 1950a: 176ff.). Zur Verhörtechnik gehörte auch, ihm zu suggerieren, welche einstigen Parteifreunde ihn verraten haben könnten oder ihn aus Angst ums eigene Leben denunziert hätten. Dabei legte man ihm auch Belege aus dem dänischen Exil vor, die Buchwitz deutlich machen sollten, dass es aus diesem Kreis Verrat gegeben haben musste. Auch die Ausführungen der Staatsanwaltschaft im Hochverratsprozess gegen Buchwitz deuten darauf hin.[39] Dass es im inneren Kreis um Hansen Verrat gegeben haben musste, davon war Buchwitz nach 1945 zutiefst überzeugt (Buchwitz 1957a). Buchwitz glaubte lange Zeit, dass es Kurt Heinig war, wogegen später Walter Hammer mit gewissem Erfolg bei Buchwitz argumentierte (Hammer 1956). Da die Informationslage der Gestapo über die sozialdemokratische Migrantenszene in Dänemark bis 1938/39 ausgesprochen dünn gewesen war, wohingegen die deutschen Behörden in der Zeit danach über sehr detaillierte Informationen verfügten, spricht einiges dafür, dass diese eine Person geliefert haben musste, die erst spät dem Kreis um Hansen beigetreten oder unter Umständen sogar eher den dänischen Behörden zuzurechnen war, also wahrscheinlich nicht Heinig. In der DDR tauchten Jahre nach Buchwitz' Tod Unterlagen auf, die den Verdacht auf vier andere sozialdemokratische Migranten aus Kiel richteten, die ab 1939 der Gestapo zugearbeitet haben sollen (Weidauer 1973).

Buchwitz selbst wurde im Verhör das Angebot unterbreitet, selbst zum Verräter zu werden und nach Stockholm zu gehen, um das dortige

39 BArch, Bestand Oberreichsanwalt beim Volksgerichtshof, R 3017/30377.

Migrantenmilieu für die Nationalsozialisten auszuspähen (Buchwitz 1950a: 181). Buchwitz lehnte das ab.

Im März 1941 erfolgte die Anklage vor dem Volksgerichtshof wegen Hochverrats. Buchwitz widersprach den dargelegten Anschuldigungen nicht grundlegend, versuchte aber, sich bei dem einen oder anderen Detail herauszureden oder die Dinge zu relativieren. Zu den Punkten seiner Einlassung, die vor Gericht verfingen, gehörte seine Schutzbehauptung, er sei 1934 aus der SPD ausgetreten. Er führte ferner aus, dass die Mitarbeit in den Zeitungen aus reiner ökonomischer Notlage heraus erfolgt sei. Vor dem Hintergrund dieser beiden Punkte hielt das Gericht ihm zugute, dass er hinreichend geständig gewesen sei, Reue gezeigt habe und darüber hinaus auch »ihm bekanntgewordene landesverräterische Machenschaften einiger Emigranten in Dänemark aufgedeckt« habe[40] (zitiert zudem bei: o. V. 1964a). Buchwitz entging damit einer drohenden Todesstrafe, wurde aber zu acht Jahren Zuchthaus verurteilt.

Die Umstände, die zu seiner Verurteilung führten, demonstrierten ihm, wie brüchig das Milieu war und wie wenig Schutz es in der Stunde größter Not noch gewährte. Natürlich war Buchwitz bewusst, unter welch bestialischen Umständen diese Aussagen erwirkt worden waren. Buchwitz selbst vermied es nach eigenen Angaben, andere Genossen in irgendeiner Form zu belasten. Das Urteil des Volksgerichtshofs deutete aber an, dass Buchwitz, um sein eigenes Leben zu schützen, anscheinend das eine oder andere Detail preisgab, das die NS-Justiz zumindest als nützlich ansah.

Die Gefängnishaft führte Buchwitz zunächst ins Zuchthaus nach Brandenburg-Görden, dann nach Sonnenburg in Ostbrandenburg und im Dezember 1942 zurück nach Brandenburg-Görden. Die Haftanstalt Brandenburg-Görden war ein Schwerpunkt bei der Inhaftierung politischer Gefangener und eine der zentralen Hinrichtungsstätten im Nationalsozialismus. Zu den Gefangenen zählten neben Buchwitz unter anderem Gustav Dahrendorf, Ernst Busch, Hermann Brill, Robert Havemann, Ernst Niekisch und Erich Honecker sowie der Buchwitz aus dem Exil bekannte Walter Hammer. Mit Niekisch lag Buchwitz nach seiner zweiten Einweisung nach Brandenburg ein Jahr zusammen im Gefängnishospital und las dem erblindeten Nationalbolschewisten philosophische wie populäre Literatur vor, je nachdem, was die Gefängnisbibliothek hergab oder ihm

40 BArch, Bestand Oberreichsanwalt beim Volksgerichtshof, R 3017/30377.

von den Anstaltspriestern zugesteckt wurde (Buchwitz 1950a: 186). Regelmäßig besuchte ihn Edith,[41] seine Tochter aus zweiter Ehe, die sich massiv um die Gesundheit ihres Vaters sorgte und die Familie auf dem Laufenden hielt (Berghänel 1962).

Im Gefängnis Brandenburg existierte eine Art illegale kommunistische Parteiorganisation, die Hilfe und Unterstützung der Gefangenen untereinander ermöglichte. Sie bildete den Kern eines Gefangenenausschusses, der sich dort später bildete und nach der Befreiung des Zuchthauses als Ansprechpartner für die sowjetischen Soldaten diente. Dessen genaue Zusammensetzung und Struktur lässt sich nicht mehr genau ermitteln, unstrittig ist aber, dass Buchwitz einer der Obleute wurde (Ansorg 2015: 488f.; Buchwitz 1959d; Zimmermann 1984: 104). In der DDR-eigenen oder DDR-nahen Geschichtsschreibung betonte man für das Brandenburger Zuchthaus wie auch für das Konzentrationslager Buchenwald besonders die Verbindungen, die zwischen kommunistischen Häftlingsorganisationen und den einstigen sozialdemokratischen Gegnern aufgebaut wurden (Freyberg/Hebel-Kunze 1975: 219). Diese gemeinsamen Hafterfahrungen von Sozialdemokraten und Kommunisten im Nationalsozialismus wurde später für die SED zu einem zentralen Gründungsmythos. Ruth Seydewitz sprach beispielsweise davon, dass das »erste Kapitel der Einheit der Arbeiterbewegung (…) in den Zuchthäusern und Konzentrationslagern geschrieben« worden sei (Seydewitz 1961: 78). Das wirkte auch auf den ersten Blick hin plausibel. So gehörten mit Dahrendorf, Niekisch und eben Buchwitz beispielsweise drei sozialdemokratische Gefangene aus Brandenburg zu denen, die zunächst energisch den Weg in eine gemeinsame Partei der Arbeiterbewegung gehen wollten.

Dass die Geschichte der Lagergemeinschaft aber geglättet und idealisiert vorgetragen wurde, zeigte schon ein Blick auf den weiteren Weg dieser drei: Dahrendorf floh kurz vor der Vereinigung von SPD und KPD in den Westen. Niekisch trat 1945 gleich der KPD bei und gelangte darüber in die SED, die er dann später wieder verließ. Nur Buchwitz ging den Weg konsequent aus der SPD in die SED und blieb der Partei danach treu. Auch das die Befreiung des Thüringer Lagers Buchenwald begleitende *Buchenwalder Manifest*, das maßgeblich der Sozialdemokrat Hermann Brill

41 Die Gesuche und Bewilligungen sind zu finden in: BArch-SAPMO, Nachlass Otto Buchwitz, DY 4095/5.

abgefasst hatte, formulierte einen Aufbruchsgeist, der umfassender auf die Überwindung diverser Bruchlinien in der Gesellschaft als spezifisch auf die Konflikte zwischen SPD und KPD zielte, er richtete sich also auf die Einbeziehung bürgerlicher Kräfte. Die mutmaßliche Lagersolidarität und -einheit unter kommunistischer Vorherrschaft erwies sich im Lichte dessen wohl als übertrieben dargestellt (Ehnert 1995: 13).

Die gemeinsamen Haft- und Lagererfahrungen im Sinne einer gewollten Einheit von SPD und KPD dürften aber, bezogen auf Buchwitz, relevant gewesen sein. Ihm wurde eine solche Haltung als Folge des Austausches mit den kommunistischen Mitgefangenen jedenfalls zugeschrieben (Zimmermann 1984: 104). Er selbst schilderte Gespräche in der Haft über ein Zusammengehen der beiden Arbeiterparteien nach dem Krieg (Buchwitz 1950a: 189). Doch die Dinge, die Buchwitz' Haltung dann nachhaltig beeinflusst hatten, dürften profaner und zugleich elementarer gewesen sein. Buchwitz war in einem sehr schlechten gesundheitlichen Zustand, als er zum zweiten Mal nach Brandenburg überstellt wurde. Die Folgen der unmenschlichen Haftbedingungen mit Unterernährung, Reisestrapazen und schwerer Arbeit hatten bei Buchwitz eine schwere Herzinsuffizienz verursacht. Ihn quälten all die dazugehörenden Symptome wie Wasser in den Beinen und Herzrhythmusstörungen. Selbstständiges Gehen war ihm kaum mehr möglich. Zu allem Überfluss litt er immer wieder an fiebriger Bronchitis als Folge eines chronischen Asthmas. In der Haftanstalt gab es eine ausgeprägte Lagersolidarität von fast allen politischen Gefangenen. Diese hielten parteiübergreifend zusammen, stärkten sich gegenseitig und überwanden manch scharfe Grenze der Vorkriegszeit. Buchwitz nahm wahr, dass ihn die alten Genossen ebenso unterstützten wie die einstigen Gegner (Ansorg 2015: 355; Buchwitz 1948b).

Speziell die kommunistische Gefängnisorganisation umsorgte den prominenten Sozialdemokraten (Buchwitz 1950a: 187; Buchwitz 1959d; Zimmermann 1984: 102; Simowitsch 2007: 118; Ansorg 2015: 203; Buchwitz 1948b): Sie kümmerte sich um eine gute Pflege im Gefängniskrankenhaus und beschaffte ihm zusätzliche Essensrationen. Sie gab ihn als Spezialisten für »Zupfmaschinen« aus, der als solcher bei der Arbeit unverzichtbar sei und den sie zu den Arbeitsplätzen im Lager schleppten. Diese umfassende Hilfe war für Buchwitz somit lebensrettend und das dürfte einen weitaus größeren Einfluss auf seine Haltung nach 1945 gehabt haben als alle möglichen Gespräche über eine Arbeitereinheitsfront. Buchwitz hatte abermals die Solidarität der Arbeiterbewegung ganz praktisch erfahren. Hierbei konnte er die Erkenntnis gewinnen, dass auch der kommunistische Zweig zu Solidarität in der Lage war und dabei die Grenze zur Sozialdemokratie überwand. Das muss auf ihn besonders berührend gewirkt haben, denn im dänischen Exil hatte das ihn dort unterstützende Netzwerk größtmöglichen Abstand gehalten. Trotzdem verhielten sich die Kommunisten nun selbstlos, aufopferungsbereit und solidarisch ihm gegenüber. Ähnliches hatte seine Frau Elsa erlebt, als ihr die Genossen von der kommunistischen Roten Hilfe kurzzeitig unter die Arme griffen.

Wenngleich die Bedeutung der Lagersolidarität überschätzt und die im Lager geschweißte Arbeitereinheit in der DDR wohl übertrieben dargestellt wurde, so war sie doch für Otto Buchwitz eindeutig erlebbar. Es waren eben auch Kommunisten, die ihm das Leben gerettet hatten. Ausgerechnet dem zuvor so linientreuen Sozialdemokraten Buchwitz wurde Solidarität durch Kommunisten zuteil. Ausgerechnet ihm war das widerfahren, dem linientreuen Sozialdemokraten, der dann im dänischen Exil mit einer Querfront kokettiert hatte. Aus Buchwitz' subjektiver Perspektive waren die Kommunisten daher Teil jener Solidargemeinschaft, in die er schon im Kaiserreich hineingewachsen war und die ihn letztlich durch die Wirrungen der Zeitläufte getragen hatte. Er hatte ja das Trennende in Görlitz nicht so erlebt, wie es ihm aus anderen Gegenden geschildert wurde. Nun erlebte er dafür intensiv das Verbindende.

Zusammen mit dem tragischen Ende der dänischen Exilzeit und den persönlichen Vorwürfen, die er an Richard Hansen adressierte, erwies sich die kommunistische Solidargemeinschaft in der Stunde der Gefahr als belastbar und verlässlich. Nach diesem elementaren Erlebnis hatte Buchwitz keine Berührungsängste im Umgang mit den Kommunisten mehr. Die Frage ist, welche Haltung sich Buchwitz in Bezug auf seine alte Partei bewahrte. Immerhin hatte die SPD ihn in all den Jahren zuvor massiv unterstützt. Buchwitz hatte ihren Kurs aus tiefer Überzeugung auch mitgetragen. Es scheint daher durchaus plausibel, dass Buchwitz sich als Konsequenz aus der Haftzeit in Brandenburg durch die Schaffung einer gemeinsamen Organisation von Sozialdemokraten und Kommunisten, durch die Zusammenführung der Milieus und ihrer Institutionen eine stabilere und stärkere politische Kraft erhoffte, die mehr bewirken könnte als die Wiederrichtung der Vorkriegszeit-SPD. Wenn die Kommunisten schon bereit waren, die zuvor bestehenden Vorbehalte aufzugeben, warum sollte dann die SPD daran so sklavisch festhalten, wie sie es noch im dänischen Exil getan hatte?

Diese Deutung passt dann auch zur Sicht der DDR-Biographien von Buchwitz wie auch zu seinen eigenen Lebenserinnerungen. Die darin vorgenommenen Fehldeutungen oder kathartischen Rückdeutungen zur Weimarer Zeit und Exilzeit sind erst aus dieser Perspektive heraus entstanden. Sie werfen auf Otto Buchwitz' Handeln und Denken während der 1920er und 1930er Jahre einen relativierenden Blick, der zum Standpunkt des 1945 aus der Haft entlassenen Widerstandskämpfers passen mag, der jedoch nicht den sozialdemokratischen Parteisekretär und Exilanten Buchwitz aus der Zeit vor 1940 richtig charakterisiert. Erst die Haft in Brandenburg hatte aus Buchwitz einen vorbehaltlos überzeugten Befürworter einer Zusammenarbeit zwischen SPD und KPD werden lassen. Sein Blick darauf war von subjektiver Erfahrung gespeist, bei denen er seine eigenen Haltungen vor 1933 zunächst kaum infrage stellte. Um sein Handeln in der Zeit vor 1933 bzw. vor 1940 mit seinen Auffassungen aus der Zeit nach 1945 in einen inneren Zusammenhang zu bringen, brauchte es Deutungsmuster, die erst noch bereitgestellt werden mussten und die zu Buchwitz' Erinnerungen gleichsam hinzumontiert wurden. Im Laufe der Zeit eignete er sich dies sodann als Überzeugungen an. Buchwitz entwickelte jedenfalls nach und nach einen Glauben an diese Sicht, was dazu führte, dass er in seinen beiden letzten Lebensdekaden sein politisches Leben vor 1933 beziehungsweise vor 1940 umzudeuten oder entsprechend zu rechtfertigen begann. Die Katharsis, die ihm Zimmermann und Seydewitz für die dänische Exilzeit zumessen, vollzog sich in der Brandenburger Haft.

Das Brandenburger Gefängnis wurde an Buchwitz' 66. Geburtstag Ende April 1945 befreit. Die Anstaltsleitung floh kurz vor dem Eintreffen der Roten Armee, die dann die Entwaffnung des Wachpersonals einleitete (Ansorg 2015: 520). Von der Haft war Buchwitz schwer gezeichnet. Auf 44 Kilo abgemagert bei einer Körpergröße von 1,65 Meter, immer noch mit Wasser in den Beinen, mit Asthma und anhaltenden Herzproblemen war er umgehend gezwungen, die Haftanstalt zu verlassen, weil anhaltende Gefechte in der Gegend eine Räumung unausweichlich machten. Sodann zog Buchwitz in einer Gruppe durch die brandenburgische Tiefebene Richtung Berlin. Da er kaum in der Lage war, sich überhaupt für einen längeren Zeitraum auf den Beinen zu halten, zogen ihn die bisherigen Mitgefangenen auf einem Handwagen (Kolk 2010: 108; Ansorg 2015: 519;

Buchwitz 1959d). Der 100 bis 160 Mann starke Treck der einstigen politischen Gefangenen machte zwei Tage nach der Befreiung auf Gut Bagow Station. Hier hielten die kommunistischen und sozialdemokratischen ehemaligen Häftlinge zunächst getrennte Versammlungen ab, ehe sie im »Gelöbnis von Bagow« eine gemeinsame Erklärung für eine einheitliche antifaschistische Bewegung abgaben (Kolk 2010: 108; Zimmermann 1984: 106). Der Wille in dieser Gruppe war ausgeprägt, etwas Neues zu wagen und die alten Grenzen zu überwinden. Die ehemaligen Sozialdemokraten Dahrendorf, Buchwitz und Hammer waren nach den Erfahrungen der Haft tatsächlich bereit, eine einheitliche Arbeiterpartei anzustreben und das Bündnis mit den zuvor mit Zurückhaltung, Verachtung oder Distanz betrachteten Kommunisten einzugehen. Gerade Buchwitz war von den Umständen seiner Befreiung mehr als bewegt: Soldaten aus der von ihm skeptisch beäugten Sowjetunion erreichten das Gefängnis an seinem Geburtstag. Der wilde Flüchtlingstreck kümmerte sich abermals rührend darum, dass Buchwitz nicht auf der Strecke blieb. Die Nacht von Gut Bagow endete mit dem gemeinsamen Schwur und dem Absingen alter Lieder der Arbeiterbewegung. Diese Mischung aus Überlebthaben, Freiheit und Aufbruch, noch dazu am Vorabend des 1. Mai, war emotional zweifelsohne ergreifend für einen lang gedienten Funktionär der Arbeiterbewegung wie Buchwitz.

Dennoch wundert es, dass Buchwitz selbst in keiner seiner beiden Autobiographien jene Tage auf Gut Bagow in Erinnerung rief. Auch die dem Pathos nicht abgeneigte Biographie von Seydewitz (1961) schweigt sich darüber aus.

Auf dem Weg zum Parteivorsitz in Sachsen

Buchwitz kehrte danach nicht nach Görlitz zurück, sondern nach einem Krankenhausaufenthalt in Berlin zog es ihn Mitte Mai weiter nach Dresden. Seine Familie war von der Neiße an die Elbe gezogen, angeblich aus Angst vor Verfolgung durch die örtlichen Nationalsozialisten (Vesper 2009; Buchwitz 1950a: 193). Freilich, der Umzug von Buchwitz' Frau fand erst 1940 nach ihrer eigenen Haftentlassung statt. Zu diesem Zeitpunkt war die gemeinsame Tochter Edith aus beruflichen Gründen bereits nach Dresden gezogen, und auch Elsa Buchwitz nahm nach 20 Jahren als Hausfrau dort wieder eine Arbeit auf,[42] so dass dieses wohl eher das Motiv war.

Wie auch in anderen Städten engagierten sich in Dresden ehemalige Sozialdemokraten umgehend beim Wiederaufbau des politischen Lebens. Die Gründung einer gemeinsamen Partei aus Sozialdemokraten und Kommunisten entsprach dabei durchaus dem Wunsch zahlreicher, aber beileibe nicht aller ehemaliger Anhänger beider Lager. Deutschlandweit waren solche Tendenzen zu vernehmen, die sehr unterschiedlich die Frage der Einheit akzentuierten und in unterschiedlicher Weise Vorschläge machten, sozialistische, kommunistische oder bürgerliche Strömungen und Gruppierungen aus der Vorkriegszeit in eine Partei einzubinden (Brandt 1976: 168; Klein 1999: 123f.; Grebing 1998: 62; Kachel 2011: 255). Man stimmte diesbezüglich grundlegend mit dem noch im Londoner Exil residierenden Vorstand der SPD überein, der Defizite der Vorkriegspartei überwinden wollte und die Partei gleichsam breiter aufzustellen gedachte (Lösche/Walter 1992: 108). Dementsprechend gab es gerade innerhalb der ehemaligen Sozialdemokraten etliche, die eine einheitliche Partei der Linken den Vorzug gegenüber einem Wiederentstehen der alten SPD gaben. Allerdings hegten gerade die in der Weimarer Zeit sozialisierten Funktionsträger der SPD zahlreiche Bedenken gegen eine zu offensive

42 Siehe Fragebogen für Mitglieder zum Umtausch der Parteidokumente, HStA Dresden, SED-BPA Dresden, Teilnachlass Otto Buchwitz, V.2.01.050.

Einbindung von Strömungen, die der SPD in der ersten Republik in starker, gar feindschaftlicher Gegnerschaft gegenübergestanden hatten.

Während die einen noch darüber nachdachten, wie weit eine sozialdemokratische Partei integrativ wirken könnte, gab es mitunter bereits eine lebhafte Begeisterung für eine einheitliche Partei der Linken bei vielen ehemaligen Anhängern von SPD und KPD. Die lokalen kommunistischen Aktivisten ließen sich in Sachsen nur mit Mühe durch die aus Moskau zurückgekehrten Instrukteure davon abhalten, einer solchen Formation beizutreten (Walter 2002: 112; Dohnt 1996: 108ff.). Die an der Gründung einer gemeinsamen Partei zunächst stark interessierten sächsischen Sozialdemokraten waren ausgesprochen irritiert, als ihnen der eingesetzte KPD-Bezirksleiter Hermann Matern eröffnete, dass die Kommunisten eine Einheitspartei gegenwärtig nicht anstrebten (Richter/Schmeitzner 1999: 53; o. V. o. J.a). Aus zahlreichen anderen Städten und Gemeinden Sachsens wie Chemnitz, Görlitz, Oschatz, Döbeln, Freiberg, Freital, Schmiedeberg, Röcknitz und Riesa sind ähnliche Geschichten überliefert (Dohnt 1996: 109; Bouvier 1976: 454; Walter 1993: 126; Schmeitzner/Dohnt 2002: 130). Im zunächst amerikanisch besetzten Leipzig entstand unter kommunistischer Ägide eine parteiartige Sammlungsbewegung, die weit über das Spektrum von SPD und KPD reichte und die nach dem Wechsel der Besatzungsmacht nur mit Mühe in die Bahnen der alten Parteien gelenkt werden konnte (Kleßmann 1989: 123). Ähnliches wird aus Thüringen berichtet (Kachel 2011).

Die Kommunisten wiesen sodann allenthalben die Vorschläge für neue Parteien oder eine rasche Vereinigung mit den Sozialdemokraten zurück, stimmten aber Aktionsausschüssen zu, beziehungsweise schlugen sie vor, um die Arbeit von SPD und KPD mit dem längerfristigen Ziel einer Vereinigung zu koordinieren. Derartige Ausschüsse existierten in vielen Städten und Gemeinden (Richter 1995: 2522).

Die unterschiedlichen Gründerinitiativen wussten indes vielfach nichts voneinander, kannten oftmals noch nicht einmal den Gründungsaufruf des Berliner Zentralausschusses zum Wiederaufbau der SPD und hatten ihrerseits sehr unterschiedliche Vorstellungen davon, was den Charakter einer solchen Einheitspartei ausmachen sollte oder in welchem Gewand die SPD wiedererstehen sollte (Müller 1996: 169; Bouvier 1996: 37; Walter 1993: 121; Richter 1995: 2514; Müller 1987: 183; Kachel 2011: 257). Man muss schließlich die Relationen sehen: Unbestreitbar gab es mannigfache

Initiativen zur Bildung einer gemeinsamen Partei. Mancher Sozialdemokrat aus der Vorkriegszeit trat sogar direkt in die KPD ein. Doch das Gros der ehemaligen Sozialdemokraten war in derartige Initiativen nicht eingebunden, wartete noch ein wenig ab und trat sodann aus Überzeugung der wiederentstandenen SPD bei (Malycha 1997: 9; Grebing 1998: 55f.).

Von den KPD-Strategen war die schnelle Gründung einer gemeinsamen Parteiorganisation zu diesem Zeitpunkt ohnehin nicht gewollt. Noch war nicht abzusehen, dass die Sozialdemokraten schnell sehr erfolgreich sein würden, ihre alten Mitglieder zu reaktivieren, und so den Kommunisten organisatorisch rasch überlegen wären. Wegen der nationalsozialistischen Verfolgungen des kommunistischen Widerstands und der Säuberungen im sowjetischen Exil war die alte Funktionärsriege der Kommunisten zwar stark dezimiert. Allerdings war man auf kommunistischer Seite davon überzeugt, dass die historischen Umstände der Partei rasch die Vorherrschaft erbringen würden (Leonhard 2006: 17). Verschiedene Aspekte stützten diese Einschätzung. 1932/33 wähnte man sich bereits auf dem Wege, die SPD als stärkste Arbeiterpartei abzulösen (Winkler 2006: 527). Ein moralischer Überschuss aus der Zeit des Nationalsozialismus kam hinzu: Immerhin war der kommunistische Widerstand furchtlos und verlustreich, hatte den Kommunisten daher viel Anerkennung eingebracht, auch und gerade bei den Sozialdemokraten, die in der ausweglosen Lage nach 1933 weitaus passiver und ängstlicher dem Nationalsozialismus entgegentraten und stärker den inneren Zusammenhalt der alten Organisation zu sichern versuchten. Hinzu kam, dass die KPD seit 1944 sorgsam die Nachkriegszeit geplant hatte (Müller 1995: 2330; Weber 1998: 115). Durch die aus Moskau zurückkehrenden und von sowjetischer Seite gründlich instruierten Parteikader verfügte die Partei über eine zentrale und gut qualifizierte Führungsriege, die außerdem von sowjetischer Seite umfassend logistisch unterstützt wurde.

Davon ausgehend setzte die KPD eher auf die Strukturierung des Blocks einer parteiübergreifenden Einheitsfront, in der neben KPD und SPD noch CDU und LDP mitwirkten und die in den Kommunen und den Ländern die politische Legitimation der antifaschistischen Arbeit der Verwaltungen gewährleisten sollte. Das darin vereinbarte Prinzip der Einstimmigkeit gab den Kommunisten ein Vetorecht, von dem sie annahmen, dass es ein wirksames Instrument auf dem Weg zum eigenen Führungsanspruch werden würde (Jesse 2001: 88; Richter 1995: 2520). Die beiden bürgerlichen

Parteien fügten sich in diese von der sowjetischen Seite gewissermaßen vorgegebene Blockpolitik aus eigenem Interesse, weil sie zum einen hofften, so die absehbare Bevorzugung der KPD durch die Sowjets etwas zu mildern, und weil es zum anderen durchaus der Überzeugung entsprach, in Anbetracht der Herausforderungen der Nachkriegszeit solch umfassende Bündnisse zu schließen (Richter 1995: 2518).

Was auf kommunistischer Seite unterschätzt wurde, war die Bereitschaft ehemaliger Sozialdemokraten, ihre alte Partei wieder rasch aufzubauen. Zwar war in einigen Städten (so in Pirna oder Zittau, siehe Schmeitzner/Dohnt 2002: 131ff.) die Anziehungskraft der KPD tatsächlich stärker als die der SPD, doch flächendeckend entwickelte sich die SPD schneller, dynamischer und hinsichtlich der Mitgliedergewinnung erfolgreicher. Der Aufbau der SPD vollzog sich von unten her, die alten Funktionäre aus der Zeit vor 1933 bauten die SPD-Ortsvereinen wieder auf. Von Wiedergründung zu sprechen, beschreibt die Vorgänge jedoch nur unzureichend. Vielmehr nahm die SPD ihre Arbeit einfach wieder auf. Manche Mitgliederliste hatte den Nationalsozialismus überstanden. Die persönlichen Netzwerke, familiären Kristallisationspunkte der Ortsvereinsarbeit und etliche berufliche Kontakte hatten den Zeitlauf überdauert. So verlangten zahlreiche Mitglieder dann im Sommer 1945 sogar, die Beiträge für die vergangenen zwölf Jahre nachzuzahlen (Grebing u. a. 1992: 12). In den Versammlungen wurden Rechenschaftsberichte über die Arbeit der Organisation während des Nationalsozialismus vorgelegt. Die SPD vermittelte den Eindruck, als sei sie 1933 nicht untergegangen, sondern habe lediglich eine kurze Organisationspause eingelegt. Die SPD entstand somit in der Breite neu, getragen von vielen fleißigen örtlichen Funktionären, allerdings weitgehend ohne die einstigen Führungspersonen auf Reichs- oder Landesebene aus der Zeit vor 1933, die, wenn sie nicht tot oder schwer krank waren, vielfach auf ein Visum zur Rückkehr nach Deutschland warteten.

In Dresden war Buchwitz an den laufenden Gründungsaktivitäten zunächst nicht beteiligt. Clemens Dölitzsch, Richard Woldt und Rudolf Friedrichs gaben dort den Impuls zur Gründung einer eigenständigen SPD und bereiteten die maßgeblichen organisatorischen Schritte vor (Richter/Schmeitzner 1999: 53; Simowitsch 2007: 186; o. V. o. J.a).[43] Die

---

43 Protokoll zur Sitzung des Vorbereitenden Ausschusses zum Neuaufbau der Sozialdemokratischen Partei Deutschlands, 25.06.1945, HStA Dresden, SPD-Landesvorstand

Gruppe zielte von vornherein über Dresden hinaus, die Gründung sollte den Anspruch auf die Führung der Sozialdemokratie in ganz Sachsen geltend machen. Dass man dazu schließlich Otto Buchwitz als Landesvorsitzenden auswählte, den ja in der Weimarer Zeit nichts enger an die sächsische SPD gebunden hatte, war nicht zwangsläufig und doch naheliegend.

Dohnt (1996: 112) argumentiert, dass Buchwitz von der sowjetischen Besatzungsmacht und den Kommunisten regelrecht ausgesucht worden sei, um die SPD in die gemeinsame Partei zu führen. Hierbei zitierte er eine Aussage von Kurt Fischer. Fischer war eine überaus verschlagene, schwer durchschaubare Figur. Geheimdienstlich in der Auslandsspionage für die Sowjetunion tätig, deren Staatsangehörigkeit er seit den 1920ern besaß, brachte er ein breites tschekistisches Methodenrepertoire mit. Vor diesem Hintergrund ist nicht zwingend davon auszugehen, dass Buchwitz wissentlich in eine Intrige gegen seine alte Partei involviert war, was aber nicht ausschließt, dass er ein nützliches Werkzeug wurde. Allerdings arbeitete auch Krisch (1968: 199) heraus, dass Buchwitz zur Übernahme des Vorsitzes erst der Ermunterung durch Hermann Matern bedurfte. Sowohl Dohnt als auch Krisch unterstellten Buchwitz letztlich, gewissermaßen in fremdem Auftrag in die SPD eingeschleust worden zu sein. Ähnlich argumentierte Schmeitzner (2001: 53), der dazu Aussagen von Hermann Matern zitierte, in dem dieser sich im November 1945 der Patenschaft für die Auswahl von Buchwitz rühmte. Auffallend war jedenfalls, dass Buchwitz zunächst nicht zum Kreis derer gehörte, welche die Parteigründung vorbereiteten, dann aber, ab dem Zeitpunkt der eigenen Mitarbeit, gleich rasch in die Spitzenposition drängte. Allerdings zählte Buchwitz gleichermaßen nicht zum Kreis derer, bei denen die Kommunisten im sowjetischen Exil davon ausgingen, dass man sie von einer Einheitspartei überzeugen könnte (Simowitsch 2007: 304). Dafür galt Buchwitz aus deren Perspektive viel zu sehr als rechter Sozialdemokrat. Aber die Gruppen, die 1945 von Moskau ausströmten, um die KPD in der sowjetischen Zone zu reorganisieren, mussten pragmatisch vorgehen.

Die Rolle von Matern scheint in dieser Entwicklung daher eher dem entsprochen zu haben, was Simowitsch (2007: 186) herausgearbeitet hat. Matern musste den Einheitsbefürworter Buchwitz vor allem davon abhalten, irgendwelchen Initiativen beizutreten, die im Feld zwischen SPD und KPD

---

und Kreisverbände, II/A.1.002/1.

aktiv würden, beziehungsweise davon, gar gleich in die KPD zu gehen. Eine ausgemachte Sache war es sodann nicht, dass Buchwitz den Vorsitz der SPD in Sachsen übernehmen würde. Buchwitz war Anfang Juni 1945[44] nach Dresden gekommen. Immer noch von der Haft schwer gezeichnet, wurde er bei einem Behördengang in der Dresdner Stadtverwaltung gleichsam von alten Genossen entdeckt und bekam so Wind von den laufenden Gründungsprozessen. Die Parteigründer holten unterdessen Erkundungen über ihn ein und nahmen ihn daraufhin in ihren Kreis auf.

Buchwitz gehörte sodann einem siebenköpfigen Ausschuss an, der den Wiederaufbau koordinieren sollte, einen Gründungsaufruf für Sachsen formulierte und der der Gründungsversammlung vorsaß, die am 26. Juni 1945 zusammentrat (Buchwitz 1956a: 33; Simowitsch 2007: 188; Michelmann 2001: 166; o. V. o. J.a). Eine zentrale Funktion erlangte Buchwitz formal spätestens mit der Konstituierung des dort gebildeten Landesausschusses als Landesvorstand am 9. Juli 1945 (o. V. o. J.a). Woldt, Dölitzsch und Friedrichs traten demgegenüber in den Hintergrund. Dabei wären alle drei prinzipiell auch als erste Führung der Partei im Lande infrage gekommen. Allerdings waren sie zum Zeitpunkt der Wiedergründung in leitender Funktion bei der Dresdner Stadtverwaltung beschäftigt, so dass man insbesondere Ausschau nach Personen hielt, die sich vollumfänglich um die Organisationsaufgaben der Partei kümmern könnten (o. V. o. J.a). Diesbezüglich fiel die Wahl auf Buchwitz, der ja in Görlitz ein effizienter Parteimanager gewesen war. Dieser unterzeichnete die ersten Berichte daher auch zunächst als Landessekretär und nicht als Landesvorsitzender (Buchwitz 1945a).

Für die kommunistische Seite war Buchwitz' Position in jedem Falle von Nutzen. Eine tiefere Kenntnis seiner Persönlichkeit und eine Einschätzung zu seiner in der Haft neu gefestigten Einstellung genügten, um davon auszugehen, dass er der KPD keineswegs feindselig gegenüberstand und seine bis 1940 gepflegten Vorbehalte abgelegt hatte. Das recht vage Drehbuch zur Ausschaltung der Sozialdemokratie, das 1944 in Moskau längst entstanden war, setzte darauf, zunächst abzuwarten, wie sich die

44 Buchwitz (1950: 193) ging in seinen Erinnerungen fälschlicherweise davon aus, dass er erst im Juli nach Dresden kam, wogegen aber alle anderen Quellen sprechen (Zimmermann 1984: 108; Seydewitz 1961: 82; Widera 2005: 111; o. V. o. J.) sowie die Tatsache, dass Buchwitz sich am 18. Mai in Berlin-Spandau abmeldete (BArch-SAPMO, Nachlass Otto Buchwitz, NY 4095/5).

Dinge tatsächlich entwickelten. Dazu standen die aus dem Exil zurückgekehrten Vertreter ebenso bereit wie die in Deutschland verbliebenen und nun aus der Haft zurückkehrenden einstigen Kader der KPD. Diese hatten ein festes Treueverständnis und hielten sich an die Vorgaben, die ihnen gemacht wurden. Die von Buchwitz in der Haft wahrgenommene offene Haltung der Kommunisten spielte nach der Rückkehr der KPD-Führung um Walter Ulbricht und Wilhelm Pieck nach Deutschland daher keine Rolle mehr.

Zweifel daran, dass Buchwitz nach der Haftzeit ein glühender Einheitsbefürworter war, gab es keine. Die aus Brandenburg freigelassenen Häftlinge hatten ja in der Haft alle Grässlichkeiten des Nationalsozialismus am eigenen Leibe erfahren. Sie hörten sich auf dem Fluchtweg Richtung Berlin wieder und wieder die Erzählungen Dahrendorfs an, der an Wilhelm Leuschner erinnerte. Der sozialdemokratische Gewerkschafter soll auf dem Weg zum Schafott die Forderung nach der Arbeitereinheit als Lehre und Vermächtnis hinterlassen haben. Doch Buchwitz' Vorstellungen von der Einheitspartei bekamen zunächst einen Dämpfer. Es war ja der sächsische KPD-Bezirksleiter Hermann Matern, der Buchwitz und andere vor vollendete Tatsachen stellte und eine umgehende Bildung einer Einheitspartei ablehnte und der die beteiligten Personen stattdessen aufforderte, die Gründung und Konsolidierung der SPD voranzutreiben (Widera 2005: 112).

Buchwitz baute zu Matern ungeachtet dessen eine freundschaftliche Beziehung auf, was seine Haltung in Hinblick auf ein Zusammengehen von Sozialdemokraten und Kommunisten bestärkte (Bouvier 1996: 49; Simowitsch 2007: 192). Buchwitz erlebte im Sommer 1945 zudem die kommunistischen Funktionsträger in der Dresdner Stadtverwaltung als überaus zuvorkommend und ihm zugewandt. Widera (2005: 118f.) hält Buchwitz daher für korrumpiert. Ihm wurden schließlich Vorteile bei der Beschaffung von Waren zuteil. Von sowjetischer Seite setzte man in jener Zeit Gefälligkeiten wie teure Kleidung oder vorzeitige Entlassung von Angehörigen aus der Kriegsgefangenschaft durchaus zielgerichtet ein, um Sozialdemokraten gefügig zu machen (Merseburger 1996: 285; Leonhard 1994: 20).

In diesem Zusammenhang dürfte es allerdings erforderlich sein, ein moralisch scharfes Urteil unter Beachtung der Zeitumstände zu relativieren. Dass Buchwitz und andere Möglichkeiten nutzten, um an Waren zu gelangen, die knapp und schlecht verfügbar waren, dürfte gang und gäbe gewesen sein und entsprach der damaligen Alltagserfahrung der meisten Menschen in Deutschland – in Ost wie West. Wenn hierbei Beziehungen genutzt wurden, dann war auch das im zeitlichen Kontext ausgesprochen normal. Bedingt durch Buchwitz' Erfahrungen mit kommunistischer Hilfeleistung, dürfte dies aber bei ihm einen besonderen Eindruck hinterlassen haben. Die Kommunisten erwiesen sich für Buchwitz organisatorisch als nicht minder tüchtig als die gestandenen, verwaltungserfahrenen Sozialdemokraten. Vielmehr halfen sie ihm in dieser Frage ganz praktisch. Aus dieser Perspektive heraus lässt sich ein Umschmeicheln von Buchwitz nicht leugnen. Es verstärkte vor allem die Einstellungen, die er in der Gefangenschaft entwickelt hatte: Die KPD-Leute waren für ihn umgängliche und verlässliche Genossen.

In dem Maße, in dem Buchwitz der kommunistischen Seite gewogen blieb, war er aber für die SPD-Führung in Sachsen im Juni 1945 nun auch aus sozialdemokratischer Sicht eine Idealbesetzung. Buchwitz versprach einerseits einen besseren Zugang zur Besatzungsmacht zu besitzen als andere Repräsentanten. Andererseits war es ja die SPD in Sachsen, die in dieser Phase massiv auf einen Zusammenschluss mit der KPD setzte. Wenn der Weg zur Einheitspartei offengehalten werden sollte, war eine Persönlichkeit wie Buchwitz am besten geeignet, einen Draht zur KPD herzustellen. Das entsprach im Juni 1945 eben der sozialdemokratischen Überzeugung, wenn auch nicht überall und ungebrochen. Für Dresden und Teile Sachsens galt dies zu diesem Zeitpunkt aber sicherlich.

In anderen Teilen der SBZ entwickelten sich die Dinge teilweise anders. Bis Anfang Juli waren große Teile der sowjetischen Zone noch von amerikanischen Truppen besetzt, nachdem sie diese am Ende des Krieges befreit hatten. Vor der Übergabe an die sowjetischen Streitkräfte verlief der Aufbau der Parteien dort wesentlich schleppender als in den bereits sowjetisch besetzten Gebieten. Bestrebungen zugunsten einer Arbeitereinheitspartei kamen so nur zögerlich voran oder schlugen ganz andere Wege ein. In Thüringen entwickelte Hermann Brill die Vorstellung, an die Stelle der Sozialdemokratie eine Volkspartei der Mitte treten zu lassen, die auch liberale und christliche Strömungen einschloss. Auf Buchwitz musste das befremdlich wirken. Sein Bruch mit der alten Traditions-SPD der Weimarer Zeit ging ja gerade nicht in Richtung einer klassenübergreifenden Partei, sondern in Richtung einer konsequenten Klassenpartei.

Sein Bezugspunkt war das Milieu, nicht die elektorale Weitung von Möglichkeiten, die insbesondere in den Westzonen mehr und mehr Einfluss auf die Parteibildung bekam. Seine Erfahrungswelt war, bezogen auf die Wiedergründung der Parteien, vollständig aus der Binnenperspektive geprägt, obwohl er selbst ja im sowjetischen Einflussbereich einer der wenigen Emigranten war, die zuvor in einer funktionierenden parlamentarischen Demokratie im Exil gewesen war. Doch die Emigration endete ja traumatisch. Das Milieu hatte ihn genau dort im Stich gelassen.

Dass Buchwitz zum Landesvorsitzenden in Sachsen aufsteigen konnte, war am Ende weniger das sinistre Werk kommunistischer Infiltration als vielmehr Folge dreier in der sächsischen SPD liegender Umstände. Die SPD war erstens vor 1933 nicht föderal entlang der Gliedstaaten des Reiches organisiert. Die organisatorische Macht lag bei den Bezirken, die in den 1890er Jahren vor dem Hintergrund des Zuschnitts der Reichstagswahlkreise vom Parteivorstand abgegrenzt worden waren. In den Westzonen erlangten diese mit dem Aufbau der Organisation von unten nach oben wieder ihre alte Stellung (und behielten diese bis in die 1990er Jahre hinein) und waren auch bei der durch den Zentralausschuss vorgesehenen Reaktivierung der alten Statuten in der SBZ die eigentlich starken Gliederungsebenen. Die Bildung von Landesverbänden wurde hingegen in der sowjetischen Zone für den Aufbau der Parteien durch die Besatzungsmacht forciert, wohingegen die Bildung einer überregionalen Einrichtung, wie sie in Gestalt des Zentralausschusses entstand, ebenso nachrangig war wie die Strukturen auf Orts- oder Kreisebene. Hier kam Buchwitz nun entgegen, dass sich die einstigen Bezirkstraditionen noch nicht wieder entfalten konnten, als die Bildung des Landesvorstands anstand. Der Landesvorstand hatte sich bereits konstituiert, bevor die Partei in der Fläche überhaupt umfänglich entstand. Die zentralen Positionen waren damit zu besetzen, ohne dass es erforderlich gewesen wäre, einen mittleren Funktionärskörper zu konsultieren.

Zweitens besaß Buchwitz als ehemaliger Parteisekretär und Reichstagsabgeordneter eine historische Autorität. Da er beim Zusammenbruch des Nationalsozialismus im Lande war, besaß er einen Vorteil gegenüber denjenigen, die erst noch aus dem Exil zurückkehren mussten oder die bewusst dort verblieben. Der vormalige Dresdner Bezirksvorsitzende Oskar Edel etwa war noch im Stockholmer Exil, aus dem er erst 1947 zurückkehrte. Sein einstiger Chemnitzer Kollege, der vormalige Vorsitzende der sächsischen Landtagsfraktion Karl Böchel, war schwerkrank noch im norwegischen Exil, aus dem er nicht mehr zurückkehren sollte.

Im Falle von Buchwitz kam drittens noch hinzu, dass die sächsische SPD schon vor 1933 weitestgehend führungslos war. Die schon im Kaiserreich entstandene tiefe Verankerung in der Gesellschaft und deren kulturelle Durchdringung ging mit einer bemerkenswert schwachen Autorität der regionalen Parteiführung einher. Einen akzeptierten Anführer besaß die sächsische SPD jedenfalls nicht. Franz Walter bezeichnete die sächsische SPD wegen dieses Umstands als »aufgepumpten Muskel, ohne reale politische Kraft« (2013: 116). Der einstige (alt-)sozialdemokratische Ministerpräsident Max Heldt war ohnehin bereits 1933 verstorben. Die beiden ehemaligen Ministerpräsidenten Alfred Fellisch und Erich Zeigner hatten in ihrer Zeit in der Landespolitik nur eine sehr beschränkte Zahl von Anhängern und galten insofern als gescheitert.[45] Ihre Vorgänger Wilhelm Buck und Georg Gradnauer kamen schon wegen ihres Alters kaum noch in Betracht, wobei Gradnauer 1945 ohnehin nicht mehr in Sachsen lebte. Wieder andere, die aus ihren alten Parteifunktionen einen Anspruch auf die Führung der Partei noch hätten ableiten können, wie Paul Taubadel oder Richard Lipinski, bis 1933 Leipzigs Bezirksvorsitzender, waren längst tot.

Tatsächlich fiel Buchwitz der Landesvorsitz in Ermangelung anderer Alternativen geradewegs zu. Der aus dem Rheinland stammende ehemalige Hochschullehrer Richard Woldt bewegte sich seit seinem Ausscheiden aus der verfassungsgebenden preußischen Versammlung 1921 eher im wissenschaftlichen Umfeld der Gewerkschaften. Er sollte eigentlich die Parteigründung nach Willen von Oberbürgermeister Friedrichs anleiten. Nachdem er einen Gründerkreis gefunden hatte, reichte er den Staffelstab dort umgehend an Clemens Dölitzsch weiter,[46] der dann auch die Grün-

---

45 Vor allem Fellisch, der in der zerstrittenen sächsischen SPD der 1920er Jahre eine Mittelposition einzunehmen versuchte, war für derartige Vorhaben eigentlich vollkommen abgeschrieben. Immerhin gelang ihm nach 1945 noch mal ein Comeback in der sächsischen Landespolitik. Er amtierte als Landrat in Annaberg und gelangte 1948/49 wieder in Regierungsämter, zunächst als Staatssekretär und sodann als Wirtschaftsminister. Zeigner, der immerhin als Leipziger Oberbürgermeister amtierte, sollte beinahe ebenfalls in die Landespolitik zurückkehren.

46 Protokoll zur Sitzung des Vorbereitenden Ausschusses zum Neuaufbau der Sozialdemokratischen Partei Deutschlands, 25.06.1945, HStA Dresden, SPD-Landesvorstand und Kreisverbände, II/A.1.002/1.

dungsversammlung leitete.[47] Dieser wiederum verzichtete letztlich aus gesundheitlichen Gründen (Dohnt 1996: 115; o. V. o. J.a) und ließ sich dann schon gar nicht mehr in den koordinierenden Ausschuss wählen. Dölitzsch war ebenso wie der spätere Chemnitzer Bezirksvorsitzende August Friedel vor 1933 zudem auch nur kommunalpolitisch aktiv gewesen. Die späteren Bezirksvorsitzenden von Leipzig, Zwickau und Görlitz, Stanislaw Trabalski, Richard Hentsch und Max Rausch, verfügten noch nicht einmal über diese Referenz. Der schließlich zum Chef der sächsischen Landesverwaltung aufgestiegene Rudolf Friedrichs zog es seinerseits sogar vor, zunächst parteilos zu bleiben (Richter/Schmeitzner 1999: 54). Das politische Gewicht, das Buchwitz somit in die Waagschale werfen konnte, war um ein Vielfaches größer als das der potenziellen anderen Aspiranten auf den Posten. Allerdings wollte Buchwitz sich eigentlich gar nicht für diese Funktion aufdrängen, da sein eigener Gesundheitszustand überaus labil war (Simowitsch 2007: 189). Eine lange Lebenszeit wollte ihm jedenfalls kein Arzt bescheinigen.

Die von sowjetischer Seite gewünschte Gründung der Parteistrukturen, die von der Landesebene ausgehen sollte (Bouvier 1976: 453; Bouvier 1996: 40; Gniffke 1966: 76), schuf zudem ein weiteres Präjudiz zugunsten eines prominenten Vertreters der alten SPD. Die zeitlichen und örtlichen Umstände begünstigten zudem die ostsächsische SPD gegenüber der westsächsischen mit der SPD-Hochburg Leipzig. Zwar gelang es der SPD in Leipzig, das Organisationsnetz auch nach 1933 in illegaler Form teilweise fortzuführen (o. V. o. J.a), worauf die Partei dann 1945 aufbauen konnte. Doch solange noch amerikanische Truppen in der Stadt waren, war Leipzig vom restlichen Sachsen abgetrennt. Die amerikanischen Truppen kümmerten sich zwar um den Aufbau der zivilen Verwaltungen, bremsten aber die politische Arbeit aus, sie wollten hier den sowjetischen Verbündeten nicht vorgreifen.

Die fehlenden politischen Schwergewichte aus der Vorkriegszeit waren beileibe kein sächsisches Phänomen, sondern typisch für den Wiederaufbau der SPD in der SBZ. Im Osten fehlten weitgehend die rückkehrenden Emigranten genauso wie die zuvor in zentralen Parteiämtern auf

47 Protokoll der Gründungsversammlung der Sozialdemokratischen Partei Deutschlands für das Land Sachsen, 26.06.1945, HStA Dresden, SPD-Landesvorstand und Kreisverbände, II/A.1.002/1.

Reichsebene erfahrenen Sozialdemokraten (Müller 1996: 169; Bouvier 1996: 37; Richter 1995: 2515; Müller 2015: 66). Die Vorsitzenden in Brandenburg und Sachsen, Friedrich Ebert und Otto Buchwitz, waren ebenso wie der Repräsentant des Zentralausschusses, Otto Grotewohl, vor 1933 Reichstagsabgeordnete, die anderen vier Landesvorsitzenden in der SBZ hatten zuvor nur Mandate als Landtagsabgeordnete inne: Bruno Böttge in Sachsen-Anhalt, Carl Moltmann in Mecklenburg, Hermann Brill[48] in Thüringen und Hermann Harnisch in (Groß-)Berlin. Buchwitz musste also der SPD in Sachsen insoweit wie ein Geschenk des Himmels vorkommen.

Buchwitz hatte ab September begonnen, die sächsischen Parteigliederungen zu bereisen. Sein zuvor faktisch auf Dresden und seine alte Görlitzer Heimat beschränkter Wirkungskreis (Michelmann 2001: 185) erweiterte sich dadurch. Teile der Partei nahmen erstmals Notiz vom Landesvorstand (Hermsdorf 1994) oder auch vom Berliner Zentralausschuss. Letzterer hatte erst Mitte September die Kommunikation mit allen Bezirken und Landesverbänden in der sowjetischen Zone herstellen können.

Bis zum ersten regulären sächsischen Landesparteitag Anfang Oktober 1945 in Freital hatte sich die sächsische SPD dann aber in weiten Teilen reorganisiert und war die erkennbar mitgliederstärkste Partei im Lande. Im Oktober 1945 wurden 66.000 SPD-Mitglieder in Sachsen gezählt. Bis zum April 1946 verdreifachte sich die Mitgliederzahl, so dass sich zum Ende ihrer kurzen Wiederexistenz nach 1945 über 200.000 Menschen zwischen Neiße und Vogtland zur SPD bekannten (Dohnt 1996: 128; Bouvier 1996: 48). In der Zwischenzeit waren auch die Bezirksverbände wieder errichtet worden. Diese wetteiferten mit dem Landesverband um Ressourcen, Einfluss und vor allem auch um den Kurs, ob und wenn ja zu welchen Bedingungen ein Zusammengehen mit der KPD möglich werden sollte.

48 Brill war zwischen August und November 1932 kurzzeitig auch Reichstagsabgeordneter.

Eine sich konsolidierende SPD geht unter

Gut 300.000 SPD-Mitglieder in der gesamten SBZ Ende 1945 entsprachen in etwa dem Vorkriegsstand auf dem dortigen Gebiet (Gohle 2014: 35). In den alten Hochburgen schlossen sich die Menschen wieder zahlreich den Sozialdemokraten an (Walter 2017: 299; Müller 1996: 170f.). In der SPD wuchs darüber das Selbstbewusstsein, in gleichem Maße schwand allerdings die Bereitschaft, sich mit der KPD zu arrangieren. Die Parteiorganisation war weitaus besser konsolidiert, als man es wenige Monate nach Kriegsende erwarten durfte. Ein möglicher Zusammenschluss mit der KPD erschien nicht erforderlich zu sein und war gegenüber einer nationalen Einigung zweitrangig. Die innerparteiliche Überzeugung war, dass die SPD auf dem Gebiet der SBZ die Führungsrolle innerhalb der Arbeiterschaft übernehmen und sie diese gegenüber der KPD behaupten würde, egal in welcher Konstellation. Als Repräsentant des Zentralausschusses hielt Otto Grotewohl sich selbst zudem für die am besten geeignete Person, die auch die Führung der gesamtdeutschen SPD beanspruchen sollte. Immerhin galt er als glänzender Redner, trat immer selbstbewusster auf und zog dank seines rhetorischen Talents viele in seinen Bann. Der Eindruck, den die wiederauferstandene SPD vermittelte, wirkte bedrohlich auf die KPD und ihren eigenen Machtanspruch.

Für den Zentralausschuss analysierten im Herbst 1945 Gustav Dahrendorf und Erich Gniffke, dass es in den Bezirken der Partei keinen ausgeprägten Willen zur Parteieinheit mit der KPD mehr gab. Soweit sich gemeinsame Aktionsausschüsse gebildet hatten, wie in Dresden oder Leipzig, war deren Arbeit weitgehend zum Erliegen gekommen (Müller 1996: 172; Malycha 1997: 11). Gemeinsame Veranstaltungen von SPD und KPD wurden schlechter besucht als reine Zusammenkünfte der Sozialdemokraten (Overesch 1992: 380). Buchwitz stand insoweit mit seinen Vorstellungen einer geeinten Arbeiterpartei weitgehend isoliert dar. Er wurde jetzt sogar offensiv von denen umworben, die wie Hermann Brill in ganz anderer Art eine umfassende sozialistische Partei präferierten (Kachel 2011: 340; Rudolph 1998: 179).

Zu einer offenen Aussprache, gar zu einem Schlagabtausch kam es auf dem ersten SPD-Landesparteitag in Sachsen im Oktober 1945 unterdessen nicht. Der damalige Leipziger SPD-Vorsitzende Stanislaw Trabalski behauptete zwar knapp 30 Jahre später, es habe eine Kampfabstimmung zwischen ihm und Buchwitz um den Landesvorsitz gegeben, die Buchwitz mit nur einer Stimme Mehrheit gewonnen habe (Trabalski 1991: 205). Das angefertigte Protokoll des Landesparteitags ist leider nicht mehr aufzufinden. Es existiert jedoch ein mindestens zehn Jahre später angefertigter Bericht über den Parteitag, der aus dem damals noch existenten Protokoll ausgiebig zitiert (o. V. o. J.b).[49] Darin wird dargelegt, dass Buchwitz bei vier Gegenstimmen ohne Gegenkandidaten zum Landesvorsitzenden gewählt wurde.

Buchwitz hatte dadurch eine überaus deutliche Legitimationsgrundlage, die auch seine Haltung in Bezug auf eine etwaige Vereinigung mit der KPD stützte, denn schon in seiner Eingangsrede (o. V. 1945a) machte er dieses Ziel deutlich, das er in den Wochen zuvor wiederholt vorgetragen hatte (Buchwitz 1945b). Darüber ließ sich jedoch auf dem Parteitag nicht weiter debattieren. Die Besatzungsmacht verhinderte nämlich von Anfang an eine kritische Aussprache über die KPD (Dohnt 1996: 117). Selbst spätere Exponenten einer ablehnenden Position der Vereinigung äußerten sich daher wohlwollend über die Zusammenarbeit mit der »kommunistischen Bruderpartei« (zit. nach Walter 1993: 129). Dennoch war ein gewisser innerparteilicher Pluralismus auf dem Parteitag zu vernehmen. Aus Weimar und Berlin waren Hermann Brill und der einstige Reichstagspräsident Paul Löbe angereist. Sie konnten den sächsischen Parteifreunden immerhin etwas andere Sichtweisen darlegen (Buchwitz 1956a: 82f.; Bouvier 1976: 458). Die Wahl des Vorstands brachte keine zweifelsfreie Mehrheit für die Vereinigungsbefürworter. Und selbst Buchwitz äußerte sich teilweise kritisch, indem er die Personalpolitik der KPD und der sowjetischen Besatzungsmacht thematisierte, weil die Sozialdemokraten bei der Besetzung zentraler Positionen gegenüber Kommunisten

---

49 In dem Bericht wird aus dem zweiten Teil der Autobiographie von Buchwitz zitiert, weswegen diese Quelle eben mindestens 10 Jahre später montiert worden ist. Weil gleichzeitig auch über Hermann Brills Wirken in den Westzonen gesprochen wird und dieser 1959 verstorben ist, lässt sich diese Darstellung auf das Ende der 1950er Jahre datieren.

ins Hintertreffen gerieten (Hoffmann 2009: 220; Richter/Schmeitzner 1999: 55; Buchwitz 1945c).

Buchwitz konnte mit der Wahl zum Landesvorsitzenden auf dem Parteitag sein Wirkungsfeld ausweiten, besaß dafür jedenfalls eine Legitimationsbasis. Autorität in der Breite des Landesverbands besaß er jedoch nur wenig. Gegen seinen Kurs zur Vereinigung mit der KPD formierte sich vor allem im Leipziger Bezirksverband mit Stanislaw Trabalski an der Spitze der parteiinterne Widerstand (Gohle 2014: 35; Dohnt 1996: 121). Termine zur Klärung inhaltlich-organisatorischer Fragen wurden von den dortigen Unterbezirken recht unverhohlen boykottiert (Schmeitzner 2001: 63). Trabalski erinnerte an die alten wieder in Kraft gesetzten sozialdemokratischen Organisationsmuster und hielt dem Landesvorsitzenden entgegen, dass dieser dem Bezirksvorstand keineswegs vorgesetzt oder übergeordnet wäre (Pritchard 2004: 117; Gast 1996: 66). Andere Funktionsträger und hauptamtliche Sekretäre im Leipziger Bezirk machten vehement Stimmung gegen einen Zusammenschluss mit den Kommunisten, die man als undemokratisch und intrigant einstufte. Unverhohlen wurde in Leipzig schließlich der Rückzug von Buchwitz als Landesvorsitzender eingefordert (Zimmermann 1984: 126), es entstanden entsprechende Resolutionen.[50] Die Ablehnung ging wesentlich weiter als andernorts, man dachte über kommunalpolitische Alternativen nach und räsonierte über Bündnisse mit CDU und LDP zur Absetzung von Kommunisten aus kommunalen Ämtern.

Leipzigs SPD war im Ersten Weltkrieg größtenteils zur USPD gewechselt. Dort angelangt hatten sich die Leipziger wiederum entschieden geweigert, den Bedingungen der Komintern zu folgen, weswegen sie 1920 einen Anschluss an die KPD ablehnten und so 1922 in die SPD zurückkehrten (Arndt 1996: 85). Als linkssozialdemokratische Hochburg zog die Partei in Leipzig dadurch auch eine dezidierte Trennlinie zu den Kommunisten. Die parteipolitische Aufladung der Zivilgesellschaft in der Weimarer Republik wirkte gerade in Leipzig noch einmal verstärkend auf die Scheidung beider Seiten in deutlich getrennte lebensweltliche Sphären (Häberlen 2013). Diese Haltung wirkte nach 1945 nach und hielt die Partei, Funktionsträger wie Mitglieder, auf Abstand zu einer Vereinigung mit den Kommunisten.

50 Diverse Zusammenstellungen finden sich hier: HStA Dresden, Aktions- und Arbeitsgemeinschaft der KPD und SPD, III/007.

In Anbetracht der realen Kräfteverhältnisse in Leipzig war überdies eine Vereinigung auf paritätischer Grundlage schwer vorstellbar. Die Sozialdemokraten waren den Kommunisten in Leipzig schon vor 1933 weit überlegen, was Mitglieder, Organisationsstruktur und auch Zuspruch in der Bevölkerung anging.

Die Bezirke Chemnitz, Westsachsen und Ostsachsen – hierzu gehörte Dresden – waren ebenfalls nicht geschlossen für eine Vereinigung. In Chemnitz hatten die Vereinigungsgegner keine ganz so breite organisatorische Basis wie in Leipzig, der Bezirksvorsitzende August Friedel plädierte für den Zusammenschluss, die Parteibasis sah dies wesentlich kritischer (Dohnt 1996: 121; Gericke 2015: 25; Schmeitzner/Dohnt 2002: 199). In Westsachsen sprach sich eine Ortsvorständekonferenz Anfang Januar 1946 deutlich gegen eine überstürzte Vereinigung mit der KPD aus (Müller 1987: 197). Nachdrücklich taten sich die Kritiker im ostsächsischen Bezirksverband hervor: Hier führte Freitals Oberbürgermeister Arno Hennig das Wort der Fusionsgegner, zu deren herausgehobenen Exponenten noch Dresdens Unterbezirksvorsitzender Arno Wend und der Stellvertreter von Buchwitz im Landesvorsitz, Arno Haufe, zählten. Dabei ist zu berücksichtigen, dass diese nicht von vornherein Gegner einer einheitlichen Arbeiterpartei waren. Haufe etwa fühlte sich aus der gemeinsamen Widerstandsarbeit heraus der von Leuschner geprägten Sicht auf die Schaffung einer Einheit durchaus verpflichtet (Moraw 1990: 56). Dennoch begegnete er den Kommunisten mit zunehmender Skepsis, hatte Zweifel an deren Redlichkeit und misstraute dem Konglomerat aus KPD und SMAD. Im Nachgang des Landesparteitags legte sich der Dresdner Bezirksvorstand sodann auf eine Urabstimmung aller Mitglieder als Voraussetzung einer Verschmelzung fest (Hurwitz 1990: 78). In Görlitz wiederum war zwar die Bezirksleitung in Gestalt des Sekretärs Max Rausch für ein Zusammengehen mit der KPD, doch in den Kreisen Weißwasser und Hoyerswerda wurden Schwierigkeiten der Zusammenarbeit beider Parteien festgehalten (o. V. o. J.a). Buchwitz sah sich deswegen wiederholt gefordert, in der alten Wirkungsgegend »reden [zu] müssen« (Buchwitz 1953b), um die Widerstände einzuhegen.

Buchwitz handelte nun scheinbar irrational beziehungsweise entgegen seiner ursprünglichen Sozialisation. Die Bedenken des mittleren Funktionärskörpers hätte der Sozialdemokrat Buchwitz vor 1933 wohl ernst genommen, nach 1945 erschien ihm dieser zögerliche, zuweilen ehrpusselige Funktionärskörper als Hemmschuh. Beherzt hatten die Kommunisten ihn in der Haft unterstützt, verraten fühlte er sich hingegen durch die sozialdemokratischen Funktionsträger im Exil. Die kommunistische Deutung der rechten Parteiführer, die nicht die Lage erkannten und sich der Weisheit kommunistischer Lehrmeinungen und Richtungswechseln verschlossen, mochte insoweit bei Buchwitz Eindruck hinterlassen haben. Er konnte jedenfalls mit derlei Interpretation der Geschichte nunmehr etwas anfangen. Für Buchwitz war dadurch denkbar geworden, dass die Partei als Organisation an den Interessen der von ihr vertretenen Arbeiterschaft vorbei handelte. Dies bezog er zumindest auf die SPD. Eine parallele Deutung für die KPD hatte er zugleich nicht entwickelt. Weder hatte er in Niederschlesien deren zerstörerisches Wirken im sozialdemokratischen Milieu erlebt, noch in den vergangenen zwölf Jahren negative Erfahrungen mit KPD-Mitgliedern gesammelt. Seine subjektive Negation der vor 1940 und vor 1933 vertretenen Positionen war daher konsequent.

Außerdem sollte man die persönlichen Abneigungen des alten Arbeiterfunktionärs Buchwitz gegen Personen wie Hennig nicht unterschätzten. Hennig war eitel, ließ stets heraushängen, dass er sich als studierter Lehrer den Arbeitern intellektuell überlegen fühlte (Wätzig 1996): Der gebildete Schöngeist Hennig redete geschliffen, legte sich affektive Kunstpausen in seinen Reden zurecht, um Beifall zu erheischen, und verkehrte in bürgerlichen wie adeligen Kreisen, konnte diese sogar für die Sozialdemokratie begeistern. Seinen inhaltlichen Standpunkt begründete er nicht mit marxistischen Phrasen oder dialektischen Herleitungen, sondern griff lieber auf literarische Zitate oder philosophische Aussprüche zurück. Hennig, knapp 20 Jahre jünger als Buchwitz, repräsentierte eine sich weitaus stärker zur Volkspartei hin entwickelnde SPD als der alte Arbeiterfunktionär Buchwitz. Der Habitus des arroganten Lehrers missfiel Buchwitz, der schon früher nur Verachtung für jene übrig hatte, die ihm nicht zutrauten, sich komplexes Wissen anzueignen. Hennig und Buchwitz passten nicht zueinander, mochten einander nicht. Verstärkt wurde die Abneigung, die Buchwitz gegenüber Hennig empfand, durch Hennigs Weigerung, aus Freital nach Dresden zu wechseln, um dort das Amt des Oberbürgermeisters von Friedrichs zu übernehmen (Buchwitz 1956a: 90). Hennig hatte unter anderem mit dem Hinweis abgelehnt, dass er zunächst die Kommunisten in der Funktion scheitern sehen wolle und dann immer noch in zwei Jahren das Amt selbst übernehmen könne (Michelmann 2001: 154). Buchwitz missfiel das geringe Pflichtbewusstsein, das Hennig wohl auch in seiner Freitaler Amtsführung an den Tag legte. Dass Hennig einst einen Strafprozess wegen homosexueller Handlungen über sich ergehen lassen musste, bestärkte Buchwitz noch Jahre später zusätzlich in seiner Aversion gegen Hennig (Buchwitz 1955b; Buchwitz 1954a).

Der Berliner Zentralausschuss reagierte unterdessen auf die wachsende Missstimmung und nahm immer stärker Abstand von einer Fusion mit der KPD (Stuby 1975: 267; Leonhard 2007: 79; Hoffmann 2009: 220). Auch in der Bevölkerung gab es erste Anzeichen dafür, dass die KPD als Partei der Besatzungsmacht wahrgenommen wurde. Es deutete sich an, dass die Sozialdemokraten in der Bevölkerung mehr Resonanz erhielten als die Kommunisten. Der Berliner Zentralausschuss kalkulierte im Herbst 1945 bereits einen möglichen Erfolg bei den perspektivisch anstehenden Wahlen in der sowjetischen Zone ein und zog eine deutschlandweit einige SPD einem Zusammenschluss mit der KPD in einer einzelnen Zone nunmehr klar vor (Merseburger 1996: 257).

Die sächsische SPD war zu diesem Zeitpunkt ebenfalls keineswegs auf eine Fusion angelegt, vielmehr baute sie Strukturen der Parteiarbeit weiter auf und setzte vorrangig auf eine Konsolidierung ihrer eigenen Organisation. Darin war sie anderen Landesverbänden in der sowjetischen Zone sogar um einiges voraus. Zum Beispiel begann sie als einziger Landesverband schon im Herbst 1945 mit systematischer Bildungsarbeit (Schmeitzner 2001: 52).

Bis Ende des Jahres 1945 hatte sich die Haltung der SPD in Bezug auf ein Zusammengehen mit der KPD grundlegend verändert. Die Sozialdemokraten erfuhren viel Zuspruch, wohingegen die KPD wegen ihrer Nähe zur sowjetischen Besatzungsmacht immer größere Akzeptanzprobleme bekam (Loeding 2006: 92). Die Bevorzugung der KPD durch die SMAD erstreckte sich auch auf die Parteiarbeit der SPD, die ein ums andere Mal benachteiligt war, etwa wenn es um die Ausstattung mit Büroräumen, die Bereitstellung von Autos, Papier oder hauptamtlichem Personal beziehungsweise den Zugang zu den Massenmedien, die Lizenzierung von Zeitungen oder die Auflagenhöhe und Vertriebsmöglichkeiten der parteieigenen Tageszeitungen ging (Walter 2002: 115; Brandt 1976: 196; Gniffke 1966: 87f.; Schmidt 1995: 2337; Leonhard 2006: 18; Rudolph 1998: 175; Grebing u. a. 1992: 17). Vor Ort, etwa in Görlitz, Grimma, Cossebaude oder in Leipzig, stritten die Sozialdemokraten oftmals heftigst mit den

Kommunisten um den Einfluss in den Kreis-, Stadt- oder Gemeindeverwaltungen. Die SMAD war in der Zwischenzeit nämlich dazu übergangen, einige missliebige sozialdemokratische Bürgermeister abzusetzen, deren Nachfolge dann die kommunistischen Stellvertreter kommissarisch oder nominell übernahmen. Die KPD wiederum sah vielfach nicht ein, warum sie sich dazu mit der SPD oder den anderen Parteien hätte beraten sollen. In der SPD fühlte man sich hintergangen, zweifelte an der weiteren Redlichkeit der KPD, suchte teilweise alternative Mehrheiten und kündigte vereinzelt auch die Zusammenarbeit ganz auf.

Buchwitz realisierte zu diesem Zeitpunkt nicht nur, wie sehr die Sozialdemokraten bei der Vergabe von Ämtern und Posten in den Verwaltungen und vor allem in den Sicherheitsbehörden gegenüber den Kommunisten ins Hintertreffen gerieten, sondern auch, wie sich die Stimmung in der Partei gegen einen Zusammenschluss drehte und wie sehr sich die sowjetische Seite negativ einmischte (Buchwitz 1945d; Schmeitzner/Dohnt 2002: 179; Malycha/Winters 2009: 27; Hoffmann 2009: 233; Widera 2005: 242; Böhme 1996: 34). Im sächsischen Landesvorstand verbreitete sich immer stärker ein Unbehagen gegenüber dem offenkundigen Machtanspruch der Kommunisten (Dohnt 1996: 119). Der von Buchwitz artikulierte Protest gegen die Dominanz der Kommunisten fiel gleichwohl verhalten aus (Rudolph 1998: 177f.). Er wollte nicht den Vereinigungsprozess gefährden und ihn mit Streitpunkten aufladen, sondern mit der Einheitspartei die Herausforderungen der Zeit angehen. Damit stand Buchwitz in der SPD aber immer stärker auf verlorenem Posten. Eine Mehrheit für seine Haltung hatte er jedenfalls bis dato in seinem Landesvorstand augenscheinlich nicht. Die Position von Buchwitz wurde von den Funktionsträgern der Partei in den Bezirken und Unterbezirken in immer geringerem Maße mitgetragen.

Sozialdemokratische Spitzenfunktionäre im Zentralausschuss sowie in den Landesverbänden wie Otto Grotewohl, August Frölich oder Friedrich Ebert wurden von den sowjetischen Militärs einbestellt, was verschiedentlich Anlass zu Spekulationen gab (Podewin 1999: 432f.; Malycha 1996a: 25; Merseburger 1996: 290). Der psychische Druck, den sowjetische Offiziere in solchen Gesprächen vielfach einsetzten, entfaltete zweifelsfrei seine Wirkung (Malycha 1996b: 51).

Die Möglichkeiten zu einem abgestimmten Vorgehen der Vereinigungsgegner waren überdies beschränkt. Ihnen ermangelte es vor allem an Möglichkeiten, miteinander ins Gespräch zu gelangen (Bouvier 1976: 466f.) oder abweichende Positionen medial darzustellen, weil die sowjetische Zensur unliebsame Berichte verhinderte, gar ganze Zeitungsauflagen notfalls einstampfen ließ (Schmeitzner 2001: 68; Potthoff/Miller 2002: 180; Merseburger 1996: 289; Gniffke 1966: 110). Rundschreiben der Bezirke an die Parteibasis kassierte die SMAD oder bestellte ihre Urheber zum Verhör ein (Hurwitz 1990: 78; Overesch 1992: 380). Im stark zerstörten Land fehlte es überdies an Reisegelegenheiten, an Telefonen und auch an regelmäßigen Nachrichten. Wenn es um die Zuteilung limitierter Ressourcen ging, bevorteilte die Besatzungsmacht die kommunistische Seite. Trotzdem eröffneten sich Sphären, in denen die sozialdemokratischen Kritiker des Zusammenschlusses ausgiebig zu Wort kamen. Hermann Brill, Paul Löbe oder die spätere Berliner Bürgermeisterin Louise Schroeder erhielten Einladungen nach Leipzig zu unverdächtig klingenden Referatsthemen. Klassische Musik und Arbeiterlieder rahmten die Vorträge ein. Ungeachtet dessen wurde in den Reden und am Rande der Veranstaltungen Stimmung gegen eine Vereinigung mit der KPD gemacht (Schmeitzner 2001: 60). Löbe nutzte sein Referat Anfang Februar (Löbe 1946) für ein Plädoyer zugunsten der Demokratie und der bürgerlichen Freiheitsrechte sowie für Aufrichtigkeit und Ehrlichkeit. Löbe argumentierte subtil, mehr Deutlichkeit hätte Schwierigkeiten mit der SMAD heraufbeschworen. Große Versammlungen, gar eine Demonstration gegen einen Zusammenschluss oder diskursive Runden mit Rede und Gegenrede, ein freier Austausch der Argumente letztlich, wären von der SMAD weitgehend unterbunden worden. Walter (1993: 133) ging davon aus, dass die latente Skepsis an der Parteibasis bei freier Willensbildung zu einer manifesten Ablehnung geführt hätte. Die Stimmung war aber auch nicht überall und durchgehend ablehnend. Vielfach kooperierten Sozialdemokraten und Kommunisten in den Stadt- und Gemeindeverwaltungen, wenn es galt, die allgegenwärtige Not und das massenhafte Elend zu überwinden. Gleichzeitig hielten SPD und KPD in Sachsen vor Ort weiterhin gemeinsam öffentliche Versammlungen und Funktionärsbesprechungen ab (Walter 1993: 129ff.).

Selbst in der sächsischen Hochburg der Gegner einer Vereinigung, in Leipzig, fanden sich prominente Befürworter einer Vereinigung wie der frühere Ministerpräsident und nunmehrige Oberbürgermeister Erich

Zeigner (Arndt 1996: 86).[51] Im dortigen SPD-Bezirksvorstand tauschten Befürworter und Gegner eines Zusammenschlusses ausgesprochen offen die Argumente aus (o. V. 1945b). In Freital, der anderen besonders renitenten Kommune, war es ebenfalls so, dass dort vielschichtig argumentiert wurde und es eben keine festgefügte, geschlossene Ablehnungsfront gab. Buchwitz konnte dort auch wiederholt als Redner auftreten. An den Versammlungen nahmen etliche Sozialdemokraten teil, hörten interessiert zu und spendeten reichlich Beifall für das avisierte Ende des Bruderzwists mit den Kommunisten (Walter 1993: 130f.).

Dabei ist zu beachten, dass die SPD in der SBZ zwar ausgesprochen schnell mitgliederstark geworden war. Doch zahlreiche Neumitglieder kannten nicht die Vorkriegspartei aus eigenem Erleben (Klein 2010: 75; Kaden 1980: 239). Sie waren ideologisch entsprechend weniger gefestigt und hatten zumeist keine Vorstellung von einer funktionierenden pluralistischen Demokratie, sie hatten diese ja nie erlebt. Die Hintergründe der Konfrontation, in der sich SPD und KPD vor 1933 befunden hatten, waren ihnen nur schemenhaft bekannt. Dementsprechend waren sie oftmals nicht in der Lage, auf kommunistische Propaganda adäquat zu reagieren oder sowjetischem Druck standzuhalten. Die Tragweite der anstehenden Entscheidungen konnte ihnen daher kaum vollumfänglich bewusst sein. Ungeachtet dessen prägten sie aber das Bild der SPD in der SBZ. Eine feindliche Haltung nahmen sie gegenüber der KPD somit überwiegend nicht ein, aber eine Euphorie für eine Vereinigung war beileibe nicht oder nicht mehr zu erkennen.

Der Zentralausschuss nahm unterdessen eine zunehmend distanzierte Position ein. Grotewohl hatte schon im September seinen Führungsanspruch formuliert. Anfang November skizzierte er eine politische Linie, die den gesamtdeutschen Anspruch nochmals sehr pointiert unterstrich. Dabei war er weder bereit, Oder und Neiße als neue Ostgrenze Deutschlands zu akzeptieren, noch hielt er eine Politik für zielführend, die auf eine Zone beschränkt blieb. Aus dieser Perspektive heraus schlug er eine Vereinigung mit der KPD aus, zumindest, soweit diese sich nur auf eine Zone bezog und nicht über einen Reichsparteitag legitimiert würde (Gniffke

51 Zeigner wurde in seiner Funktion als Oberbürgermeister freilich schon im Sommer 1945 unter Druck gesetzt, weil er ehrenamtlich einige nationalsozialistischen Wohlfahrtsorganisationen mit juristischen Ausarbeitungen unterstützt haben soll (Gast 1996: 64f.).

1966: 105; Overesch 1992; 381). Während gerade Grotewohl sich immer stärker von einer Fusion abwandte, forderte Buchwitz im November 1945 an der Seite von Matern nun entgegen der allgemeinen Stimmungslage in der SPD eine rasche Vereinigung ein (Buchwitz/Matern 1945; Rudolph 1998: 179; Grebing u. a. 1992: 31). Die Aktionsausschüsse in den sächsischen Kreisen wurden von beiden gezielt angesprochen, ja gleichsam wieder reaktiviert, um gemeinsame Kreiskonferenzen von SPD und KPD abzuhalten (Staritz 1994: 116).

Buchwitz war zu diesem Zeitpunkt einer der wenigen Spitzenfunktionäre der SPD, der eine Vereinigung überhaupt noch offensiv und weiterhin entschlossen einforderte. Auch ihm war aber nicht entgangen, dass sich die Stimmung drehte. In einem Rundschreiben an die Parteigliederungen Mitte Oktober konstatierte er »mannigfaltige Schwierigkeiten« in der Zusammenarbeit (Buchwitz 1945e). Seine Autorität als Landesvorsitzender einsetzend, forderte er aber zugleich eine Weiterführung beziehungsweise Wiederaufnahme des Dialogs vor Ort und kündigte eine gemeinsame Konferenz von SPD und KPD auf Landesebene an.

In Moskau hatte die sowjetische Führung in der Zwischenzeit versucht, Lehren aus den Parlamentswahlen in der Tschechoslowakei, in Ungarn und Österreich zu ziehen. Stets hatten die Kommunisten, trotz massiver Unterstützung von sowjetischer Seite, das Nachsehen. Besonders schockierend war das Wahlergebnis in Österreich, das ja wegen seiner Geschichte und wegen des dortigen Viermächtestatus einige Parallelen zu Deutschland aufwies. Erwartet worden war ein Zweikampf zwischen SPÖ und KPÖ, am Ende erreichte die sozialdemokratische SPÖ fast 20-mal so viele Mandate wie die kommunistische KPÖ (Leonhard 2007: 78). Die Existenz einer eigenständigen sozialdemokratischen Partei war Stalin fortan ein Dorn im Auge. Für die SBZ in Deutschland bestand ein besonderer Handlungsdruck. Im Januar 1946 wurden in Hessen erstmals im Nachkriegsdeutschland wieder Wahlen abgehalten, deren Ergebnis den Trends aus Osteuropa und Österreich entsprach: Die Ergebnisse auf kommunaler Ebene sahen die SPD als klaren Wahlsieger und die KPD als klaren Verlierer. Über kurz oder lang würde in allen Besatzungszonen gewählt werden. Nunmehr sollte ein Debakel der Kommunisten im sowjetischen Einflussbereich um jeden Preis vermieden werden, nicht zuletzt um die noch bestehenden gesamtdeutschen Ansprüche der sowjetischen Seite besser geltend zu machen. Umgekehrt argumentierten nun zahlreiche

Sozialdemokraten. Ende 1945 sahen die Sozialdemokraten des Zentralausschusses die Chance, durch ein deutliches Wählervotum den schon im September proklamierten Führungsanspruch zu untermauern, der sich ja sowohl auf die gesamtdeutsche SPD als auch in Hinblick auf einen etwaigen Zusammenschluss mit der KPD erstreckte (Klein 1999: 123).

Eine umfassende Orientierung auf die sozialdemokratische Basis als auch auf die verschiedenen Organisationsebenen der Partei war im Spätherbst 1945 Teil des kommunistischen Vorgehens, der Vereinigungskampagne wieder Schwung zu verleihen (Staritz 1994: 120; Müller 1987: 191). Die wieder beginnende Ausdifferenzierung der sozialdemokratischen Partei und der Zustrom zahlreicher neuer, organisationsunerfahrener, politisch eben nicht sonderlich gefestigter Mitglieder bot den mit starkem hauptamtlichen Apparat ausgestatteten Kommunisten die Möglichkeit, verschiedentlich Einfluss auf die innerparteilichen Debatten der SPD zu nehmen. Zugleich stand die Führung der SPD vor der Herausforderung, Kommunikation und organisatorische Abstimmungsprozesse besser zu koordinieren, ja in einigen Teilen immer noch aufzubauen. Parallel zu diesen lokalen Aktivitäten der KPD drang die kommunistische Führung darauf, den Gesprächsfaden zum SPD-Zentralausschuss wieder aufzunehmen. Dazu wurde vorgeschlagen, eine Aussprache zwischen SPD und KPD unter Einbezug der Landesverbände vorzunehmen, vordergründig um gemeinsame Aktionsprogramme zu diskutieren (Gniffke 1966: 119).

An dieser wegen der Teilnehmerzahl als Sechzigerkonferenz bezeichneten Zusammenkunft kurz vor Weihnachten 1945 nahm Buchwitz als Vertreter Sachsens teil. Während die KPD dort eine Grundsatzerklärung zur zügigen Herstellung der Parteieinheit vorlegte, setzte die SPD-Seite dem einen Zehnpunktekatalog entgegen und verwies unter anderem auf die von Grotewohl vorgegebene Grundsatzposition, wonach nur ein gesamtdeutscher Parteitag die Frage der Vereinigung klären könne. Außerdem beklagten sich die SPD-Vertreter über die massive Bevorteilung der KPD und die Repressionen, denen sich einige SPD-Mitglieder bereits ausgesetzt sahen.[52] Aus Sicht der SPD hatte die KPD im Juni 1945 die Chance für eine gemeinsame Partei erst einmal vertan und forderte nunmehr eine Vereinigung zur Unzeit.

52 Ein stenographisches Protokoll ist in Gabert/Kusch/Malycha 1990 abgelegt.

Buchwitz meldete sich in der Tagung ebenfalls zu Wort und hob hervor, dass die ideologischen Differenzen weiterhin groß wären, dass das aber einer praktischen Zusammenarbeit nicht entgegenstehen müsste. Referenz dafür sei seine gute Zusammenarbeit mit Matern in Sachsen (Gebert/Krusch/Malycha 1990: 112f.). Interessant war seine Differenzierung zwischen der sowjetischen Besatzungsmacht und der kommunistischen Partei. Buchwitz sprach sich dagegen aus, die KPD für die Haltung der Sowjets in Verantwortung zu nehmen (ebd.: 113). Darin unterschied er sich von der öffentlichen Meinung, die dies ebenso sah und die in der SPD breit geteilt wurde (Malycha 1998a: 103). Buchwitz versuchte, die Diskussion um einen Zusammenschluss von SPD und KPD als innerdeutsche Angelegenheit einzuordnen und blendete die außenpolitischen Ziele aus, die die Sowjetunion damit verfolgte. Sein Wortbeitrag war somit erkennbar an die zögerlichen Genossen der eigenen Partei adressiert, deren Haltung immer stärker ablehnend ausgestaltet war.

Am Ende des ersten Tags kam es zu einer längeren Unterredung der SMAD mit der SPD-Führung (Müller 1996: 174; Leonhard 2006: 24; Malycha 1997: 13; Staritz 1994: 116). Die sowjetischen Offiziere bestanden darauf, dass die sozialdemokratische Seite sich auf keine Position festlegte, die einen Zusammenschluss beider Parteien an Bedingungen knüpfte, welche die Fusion dadurch faktisch ausschließen würden (mit Verweis auf skandinavische und britische Quellen: SPD-Vorstand 1946a). Damit wurde ein völliges Scheitern der Konferenz abgewendet. Vor dem Hintergrund der veränderten Stimmungslage in der SPD wurde aber auch kein wirkliches Ergebnis erreicht. Die eigentlich strittigen Punkte wurden nämlich kurzerhand ausgeklammert und fanden keinen Niederschlag mehr in der Abschlusserklärung. Die kommunistische Seite, deren Entwurf Grundlage der Übereinkunft wurde, signalisierte den Sozialdemokraten so in vielen Punkten ein Entgegenkommen. Aus dem kommunistischen Entwurf wurde vor allem die Forderung nach einer schnellen Vereinigung herausgenommen. Um der Forderung der SPD nach einer Vereinigung erst nach Entscheidung durch einen Reichsparteitag zu genügen, wurden die Verfahrenswege, wie man zu einer Parteieinheit gelangen könnte, ausgeklammert. Freilich, die Dokumente enthielten zu diesen beiden Punkten keine Aussagen, weder eine Zustimmung noch eine Ablehnung ließ sich daraus ableiten. Deshalb ließ sich ohne ergänzende Informationen leicht herauslesen, dass die Vereinigung als solche nicht mehr infrage gestellt wurde. Die aus der Dynamik der Besprechung herrührenden Zugeständnisse mussten also erörtert werden, brauchten ergänzende Informationen oder bedurften einer kontextuellen Einordnung, damit sie über den Kreis der Teilnehmer hinaus verstanden wurden. Beide Seiten mussten also die verabschiedeten Dokumente um Interpretationen ergänzen.

Die beteiligten Sozialdemokraten wähnten sich bis zur Sechzigerkonferenz im Glauben, dass eine Vereinigung beider Parteien möglich blieb und dass man die trennenden Punkte der Vorkriegszeit überwinden könne. Allerdings rückte eine wirkliche schnelle Fusion hin zu einer Einheitspartei aus SPD und KPD aus ihrer Sicht in immer weitere Ferne und war gegenüber anderen Entscheidungen zweitrangig. So hatten auch die meisten Spitzenvertreter der SPD die Ergebnisse der Konferenz verstanden und sahen darin letztlich eine Annäherung an die SPD in den Westzonen. Dort hatte sich die SPD deutlich schneller konsolidiert als die KPD, die ihrerseits ohne Hilfestellung der sowjetischen Alliierten größte Schwierigkeiten hatte, wieder einen schlagkräftigen Apparat aufzubauen. Man darf dabei eben nicht vergessen, dass sich im Widerstand und in der Emigration die Reihen der Kommunisten weitaus stärker gelichtet hatten als die der Sozialdemokraten, die Grundlagen für den Organisationsaufbau waren entsprechend unterschiedlich. Die kommunistischen Exilanten konzentrierten sich zudem fast vollständig auf den Aufbau der Partei in der SBZ.

In der SBZ verfügte die KPD über ein gut organisiertes Netzwerk geschulter Kader, welche die Moskauer Exilzeit gemeinsam verbracht hatten. Sie waren aufeinander eingespielt, traten inhaltlich kohärent auf und führten keine langwierigen Streitigkeiten über den weiteren Weg, sondern folgten ihrer engeren Führung beziehungsweise insbesondere den sowjetischen Vorgaben. Die Kommunisten bildeten somit auf Ebene ihrer Entscheidungsträger einen recht festgefahrenen, monolithischen Block. Bei den Sozialdemokraten sah das grundlegend anders aus. Die Positionen gingen weit auseinander. Zu den Delegierten der Sechzigerkonferenz zählten eben gleichermaßen Treiber der Vereinigung wie Buchwitz als auch deren Gegner wie Trabalski. Dazwischen lavierten Grotewohl und mit ihm der Zentralausschuss.

Entsprechend waren die beiden Parteien unterschiedlich gut darin, über die Ergebnisse der Konferenz eine Deutungshoheit zu gewinnen. Auf SPD-Seite glaubte man zunächst größtenteils, dass die Konferenzerklärungen nur so zu verstehen waren, dass damit die Haltung der SPD akzeptiert wurde, wonach eine Vereinigung nur über einen Reichsparteitag möglich wäre, und somit ein auf eine Zone beschränktes Vorgehen ausgeschlossen blieb. Immerhin war ja die Position der SPD nicht ausdrücklich zurückgewiesen worden. Auch deswegen unterließ man es, die Parteigliederungen über die Ergebnisse der Konferenz in irgendeiner Form zu instruieren. Eine eigene Kommunikation gegenüber den Parteigliederungen nahm der Zentralausschuss kurz vor Weihnachten daher nicht mehr auf, er hielt diese nach dem Verlauf der Beratungen für entbehrlich. Die Folge war, dass die »Verwirrung [...] groß und eine Kettenreaktion von verheerendem Ausmaß die Folge war« (Bouvier 1998: 89).

Mit dem Verweis darauf, dass lediglich ein Reichsparteitag über eine Vereinigung befinden könne, versuchte der Zentralausschuss zwar, in dieser Phase die Hürden zu erhöhen und so vor allem Zeit zu gewinnen. Damit lag das Gremium sogar auf der Linie der SPD-Führung in den Westzonen. Allerdings ging das aus der Erklärung der Sechzigerkonferenz eben nicht explizit hervor. Und auch die Gegenposition stammte aus den eigenen Reihen, nämlich beispielsweise von Otto Buchwitz. Er verstand die Beschlüsse der Sechzigerkonferenz als Grundsatzentscheidung für einen schnellen Zusammenschluss und ließ das der sächsischen Parteibasis auch umgehend über das Zentralorgan mitteilen (Buchwitz 1945f.). Er nahm nicht ganz zu Unrecht an, dass das Junktim mit der Forderung nach einem Reichsparteitag die Vereinigung unter den gegebenen deutschlandpolitischen Rahmenbedingungen letztlich verhindern würde, und plädierte stattdessen dann für einen Zusammenschluss auf zonaler Ebene (Buchwitz 1946a; Hoffmann 2009: 244). Buchwitz unterlief somit nicht die niedergeschriebene Einigung der Sechzigerkonferenz, wohl aber die eigentliche Haltung der SPD-Seite.

Die Vorrangstellung, welche die kommunistische Seite auf dem Zeitungsmarkt besaß, spielte diese in den kommenden Wochen aus, schnitt dadurch die Sozialdemokraten an der Basis von weitergehenden Informationen ab oder unterband im Zusammenspiel mit der SMAD die Berichterstattung über die örtlich aufkommenden Forderungen nach einer Urabstimmung (Müller 1987: 195). Versuche, die Beschlüsse der Konferenz über die SPD-Zeitungen zu verbreiten und in Hinblick auf die vom Zentralausschuss als vorrangig erachtete gesamtdeutsche Einigung auszudeuten, wurden durch die SMAD ebenfalls weitgehend unterbunden (Gniffke

1966: 129; Malycha 1997: 14; Staritz 1994: 125; Overesch 1992: 394). Differenzierende Nachrichten in den nicht-kommunistischen Zeitungen wurden von den Zensoren ebenfalls nicht zugelassen. In den sozialdemokratischen Zeitungen ging zudem die Angst vor Verhaftungen um. In Sachsen bezichtigte man beispielsweise im Januar 1946 den Geschäftsführer der Parteizeitung *Volksstimme*, Otto Schrenk, nicht weiter ausgeführter Verfehlungen und nahm diesen kurzerhand fest (o. V. o. J.a).

Auf KPD-Seite deutete man die Beschlüsse als Grundsatzentscheidung für eine rasche Fusion und hielt die von der SPD-Führung aufgeworfenen grundlegenden Fragen für marginale Verfahrensdetails. Entsprechend kommunizierte man in die Gliederungen und in die Öffentlichkeit. Die Verwirrung bei der SPD-Basis nutzte die KPD-Seite nun, um diese zu instrumentalisieren. Dazu bediente sich die KPD direkt zum Jahreswechsel 1945/46 der Betriebsgruppen von KPD und SPD, um darüber betriebliche Resolutionen für einen Zusammenschluss zu erwirken. Es sollte der Eindruck erweckt werden, dass nach der grundsätzlichen Einigung auf zonaler Ebene die Basis dies nun nachvollzog und darauf drängte, die bestehenden Hindernisse kurzzeitig zu überwinden. Gerade hinsichtlich der Betriebsgruppen zeigte sich in dieser Phase eine strukturelle Unterlegenheit der Sozialdemokraten gegenüber dem konzertierten Zusammenspiel von kommunistischer Partei und sowjetischer Intervention. So hatten die sowjetischen Kommandanturen Ende 1945 verlangt, dass auch die Sozialdemokraten Betriebsgruppen bilden sollten (Walter 1993: 31). Die KPD versuchte, deren Entwicklung zuvor schon zu fördern (Müller 1995: 2338). Im Zuge der anstehenden Gewerkschaftswahlen forderte der SPD-Zentralausschuss im November die Gliederungen der Partei auf, flächendeckend Betriebsgruppen zu gründen (Vollmerhaus 1945). Ganz wohl war dem zuständigen Sekretär im Zentralausschuss bei dieser Entscheidung nicht, weshalb er seine Genossen aufforderte, »auf absolute Parteidisziplin« (ebd.) tunlichst zu achten. Das gelang freilich nicht. Mit diesem kaum in die Arbeit der SPD organisch eingebundenen Element und seinen zahlreichen ungelernten neuen Sozialdemokraten, die keine Organisations- oder Parteierfahrung aus der Zeit vor 1933 mitbrachten, hatten die gut instruierten kommunistischen Pendants nun leichtes Spiel. Sie legten vorgefertigte Resolutionen vor, überrumpelten so die Sozialdemokraten, forderten sie zu Kundgebungen auf und suggerierten ihnen, dass dies nun im antifaschistischen Kampf zwingend erforderlich sei. Argumentativ konnten die Sozialdemokraten dem wenig entgegensetzen, zumal ihnen medial und durch die kommunistische Seite suggeriert wurde, dass die sozialdemokratische Parteiführung ebenfalls für ein Zusammengehen plädiere.

Parallel konzentrierte sich die kommunistische Seite auf die Gewerkschaften. Sozialdemokratische Funktionsträger wurden etwa in die Verwaltungen der Kammern weggelobt, und die für ihre Nachfolge ausgesuchten Personen blockierte die SMAD . Mit den Sozialdemokraten hatte sich die KPD auf eine paritätische Wahl der Delegiertenversammlungen verständigt. Die sozialdemokratische Seite wollte darüber verhindern, dass die parteiübergreifende Einheitsgewerkschaft FDGB parteipolitisch majorisiert würde. Doch auf kommunistischer Seite hielt man sich nicht an die Absprachen. Kommunistische Funktionsträger gaben öffentlich die Weisung aus, möglichst nur kommunistische Delegierte zu wählen, behinderten den Wahlkampf der SPD-Kandidaten oder begingen sogar Wahlfälschung. Dadurch entstand bis Anfang Februar 1946 ein kommunistisches Übergewicht in den Gewerkschaftsführungen (Leonhard 2006: 29f.; Gniffke 1966: 145; Leonhard 1994: 20; Grebing u. a. 1992: 34; Müller 2015: 67; Schmeitzner/Dohnt 2002: 184ff.). Dies entzog den Sozialdemokraten den Zugriff auf eine wichtige traditionelle Vor- und Umfeldorganisation, die gerade auf die Betriebe hätte einwirken können. Gleichzeitig konnte die KPD dadurch aus einer Position der Stärke heraus der SPD erneut die Parität in den Gewerkschaften anbieten. Mit diesem Angebot lockte man die Funktionäre der SPD.

Gerade in Sachsen hatte es zwischen SPD und KPD heftige Auseinandersetzungen bei den Delegiertenwahlen für den Kongress des FDGB gegeben. Buchwitz trieb insoweit berechtigterweise die Sorge um, dass bei einer fortbestehenden Konkurrenz mit der KPD die SPD strukturell unterlegen bleiben könnte. In Sachsen konnte er auch bereits erleben, dass die Kommunisten im Zugriff auf administrative Positionen Vorteile gegenüber der SPD sicherten. Er sprach sich vor diesem Hintergrund für die verbindliche Parität zwischen Sozialdemokraten und Kommunisten aus (Sywottek 1973: 88). Wegen der besonderen Lage in Sachsen erschien seine Position plausibel und lag sogar im machtpolitischen Interesse der SPD, allerdings nützte sie letztlich den Kommunisten weitaus mehr. Bis zum Zusammenschluss beider Parteien waren die Sozialdemokraten nämlich unvermindert zahlreicher als die Kommunisten. In den alten sozialdemokratischen Hochburgen wie Leipzig waren die Sozialdemokraten sogar deutlich überlegen. Selbst die einstigen kommunistischen Bastionen in den Betrieben des mitteldeutschen Chemiedreiecks im benachbarten Sachsen-Anhalt neigten bei den ersten Betriebsratswahlen nach 1945 den Sozialdemokraten zu (Brandt 1976: 196). Hier wirkte sich zulasten von Buchwitz aus, dass der sächsische Landesvorsitzende von den örtlichen Verhältnissen recht weit entfernt war. Bezirke und Unterbezirke waren in der Mitgliederbetreuung und der Organisationspolitik weitaus näher an den Verhältnissen dran. Er wusste hingegen wenig über die örtlichen Umstände, dafür war ihm die Benachteiligung in den staatlichen Strukturen wesentlich bewusster.

Außerdem betrieb Buchwitz keine kraftvolle Organisationspolitik. Beseelt von der Vorstellung der Arbeitereinheit und getragen von der Vorstellung des guten Miteinanders von KPD und SPD, kümmerte sich Buchwitz nicht darum, der SPD ein eigenes Organisationsgepräge zu verschaffen. Jede Bestrebung in diese Richtung wäre freilich nur möglich gewesen, wenn unter den gegebenen Herrschaftsbedingungen zugleich die Abgrenzung zur KPD forciert worden wäre. Genau das aber wollte Buchwitz aus tiefster Überzeugung heraus nicht. Damit manövrierte er den sächsischen Landesverband Stück für Stück in eine faktische Abhängigkeit von der KPD.

In den knapp vier Wochen nach der ersten Sechzigerkonferenz war die Verunsicherung in der SPD der sowjetischen Zone erheblich gewachsen. In Anbetracht der von kommunistischer wie sowjetischer Seite gesteuerten medialen Berichterstattung sowie der kommunistischen Agitation und in Ermangelung von eigener parteiinterner Kommunikation sahen nicht wenige SPD-Mitglieder die Entscheidungen der Sechzigerkonferenz als Eingeständnis einer Preisgabe aller vorherigen Prinzipien an die Kommunisten (Bouvier 1996: 54). Andere betrachteten die Entscheidung gar als Signal für einen forcierten Zusammenschluss und sahen sich durch diese veranlasst, örtlich die Vereinigung beider Parteien einzuleiten (Richter 1995: 2524; Overesch 1992: 402ff.).

Mitte Januar 1946 bekräftigte der Zentralausschuss daher nochmals, dass er einer Vereinigung nur im gesamtstaatlichen Rahmen zustimmen wollte und diese aus seiner Sicht nur nach Beschlussfassung eines Reichsparteitags möglich wäre. Zugleich hielt der Zentralausschuss ein Zusammengehen mit der KPD vor den abzuhaltenden Wahlen für ausgeschlossen. Der Parteiausschuss bestätigte diese Entscheidung am 25. Januar.[53] Mit diesen Entschließungen erteilte man auf Seiten des Zentralausschusses auch einem vorherigen Zusammenschluss in den Ländern eine deutliche Absage. Weil in der Zwischenzeit die SPD in den Westzonen eine Zusammenarbeit mit den Kommunisten immer stärker ausschloss, hatte der Zentralausschuss einen Zusammenschluss mit der KPD faktisch abgelehnt. Die gegenteilige Interpretation der Beschlüsse der Sechzigerkonferenz sollte mit dieser Klarstellung aus der Welt geschaffen werden.

Die SPD erreichte aber trotz der Beratungen im Zentralausschuss und im Parteiausschuss keineswegs Geschlossenheit. Buchwitz, der der Sitzung des Parteiausschusses aus gesundheitlichen Gründen nicht beiwohnen konnte, forderte Otto Grotewohl auf, den Weg für eine aus seiner Sicht historisch gebotene Entscheidung freizumachen (Buchwitz 1946b).

Die SPD war nun klar in der Defensive, obwohl sie bis dato klar über Vorteile verfügt hatte. In freien Wahlen würde sich die Überlegenheit der SPD gegenüber der KPD endgültig belegen lassen. Auf einen baldigen Wahltermin hoffte daher der Zentralausschuss. Er sah sich darin in Übereinstimmung mit der SPD im Westen. Dieses Argument wurde von dort aus auch Buchwitz übermittelt. Der führende Vertreter der SPD in den Westzonen, Kurt Schumacher, nahm telegraphisch mit seinem früheren Reichstagskollegen Buchwitz Kontakt auf (Wendel 1996: 64; s. a. SPD-Vorstand 1946b). Buchwitz wollte das jedoch nicht einleuchten. Warum sollten SPD und KPD miteinander um Wähler wetteifern, wenn es doch gemeinsam viel leichter ginge?

Die SMAD griff ihrerseits immer stärker in die Debatten ein. Sie hatte seit der Sechzigerkonferenz die KPD bestärkt, die Kampagne für die Parteieinheit mit den Sozialdemokraten zu forcieren, und ging selbst dazu über, direkten Einfluss auf die führenden Vertreter der SPD zu nehmen. Der sowjetische Militärkommandant Shukow machte in den folgenden Wochen Otto Grotewohl klar, dass eine deutschlandweite Vereinigung ausgeschlossen sei - und zwar als Folge der unvereinbaren Positionen zwischen Zentralausschuss und West-SPD. Gleichzeitig sagte Shukow Grotewohl eine zentrale Position in der vereinten Partei und der künftigen

53 Die Entschließungen des Zentralausschusses und des Parteiausschussses der SPD sind zu finden unter BArch-SAPMO, Bestand Sozialdemokratische Partei Deutschlands, DY 28/4

Regierung zu (Caracciolo 1988: 311; Applebaum 2014: 261; Leonhard 2006: 26). Die sowjetische Militärführung wies Anfang Februar dann auch die lokalen Kommandanten an, auf einen Vereinigungsprozess aktiv Einfluss zu nehmen (Merseburger 1996: 283; Müller 1995: 2340; Applebaum 2014: 261), in etlichen Fällen waren diese schon längst tätig geworden. Renitente örtliche Parteiführer der SPD, insbesondere solche, die mit Kritik an der kommunistischen Vereinigungskampagne nicht sparten, wurden bereits seit November 1945 verhaftet oder massiv bedroht (Malycha/Winters 2000: 32; Gniffke 1966: 131; Malycha 1997: 12; Malycha 1998a: 103; Hurwitz 1990: 59).

Die SPD in der SBZ, die im Herbst 1945 noch einen doppelten Führungsanspruch artikuliert hatte – Führung der gesamtdeutschen Partei wie auch Führung in einer vereinten Arbeiterpartei – gab zum Jahresbeginn 1946 das Heft des Handelns aus der Hand. Sie war zugleich in ihren Bewegungsspielräumen erheblich limitiert. Dem Zentralausschuss gelang es nicht mehr, die eigene Position zum Ausdruck zu bringen, sie den Orientierung suchenden Mitgliedern zu vermitteln oder gar darüber zum Widerstand aktiv aufzurufen. In den Landesverbänden und Bezirken herrschte deswegen Konfusion. Eine irgendwie geartete Form der strukturierten, parteiinternen Willensbildung war kaum noch möglich, geschweige denn eine argumentative Auseinandersetzung mit der von kommunistischer Seite entfachten Einheitskampagne.

Kurt Schumacher sah sich in seinen Einschätzungen bestätigt. Er riet den Genossen vom Zentralausschuss daher, die Partei aufzulösen, statt sich letztlich einem gewaltsamen Zusammenschluss zu beugen. Auf die Vorsitzenden des Zentralausschusses machte die Unterredung mit Schumacher partiell Eindruck. Auch die Berichte aus den Bezirken über die mittlerweile massiven sowjetischen Repressionen schüchterten die zuvor noch kraftstrotzenden und selbstbewussten Zentralausschussmitglieder zusätzlich ein (Malycha/Winters 2009: 32).

Der Apostel der Einheit erreicht sein Ziel

Am 10./11.2.1946 musste sich eine erweiterte Sitzung des Zentralausschusses mit der schwierigen Situation befassen. Grotewohl zögerte trotz der sowjetischen Avancen und Drohungen weiterhin, wohingegen insbesondere Buchwitz energisch auf einen Vollzug der Vereinigung mit der KPD noch vor dem 1. Mai drängte. Der Druck der sowjetischen Seite war groß, dessen waren sich die Gegner einer Vereinigung bewusst. Trotzdem stimmte eine Mehrheit im Zentralausschuss zunächst gegen die Vereinigung mit der KPD. Buchwitz war seinerseits entschlossen, in dieser Situation seinen Landesverband notfalls vom Zentralausschuss zu lösen und in Sachsen eine separate Fusion herbeizuführen. Carl Moltmann und Heinrich Hoffmann kündigten dies ebenso für ihre Landesverbände in Mecklenburg und Thüringen an. Alle drei hatten sich einige Tage zuvor abgesprochen, diesen Schritt zu gehen, wenn der Zentralausschuss sich nicht gefügig zeigte.

Der Zentralausschuss musste in der weiteren Beratung schmerzlich zur Kenntnis nehmen, dass er selbst keine eigenständige Legitimationsbasis besaß. Die Landesverbände und Bezirke hatten sich wieder über Parteitage konstituiert und verfügten über gewählte Gremien. Der Zentralausschuss hingegen war im Wesentlichen unverändert eine zusammengewürfelte Ansammlung früherer Funktionsträger, die sich größtenteils im Mai/Juni 1945 in Berlin zusammengefunden hatten. Er hatte sich noch nicht einmal aus den Landesverbänden oder Bezirken heraus gebildet und wurde auch nicht organisatorisch von diesen getragen. Keines seiner Mitglieder musste sich für diese Funktion bis dato einer Wahl stellen oder besaß ein Delegationsmandat einer nachgelagerten Ebene.[54] Seine

54 Das war übrigens ein fundamentaler Unterschied zur SPD in den Westzonen. Kurt Schumacher übernahm erst die Funktion des hannoverschen Ortsvereinsvorsitzenden und anschließend die des Bezirksvorsitzenden im Hannover. Von dieser demokratisch legitimierten Basis ausgehend erhielt er dann Mandate der übrigen Bezirke übertragen, bis er im Mai 1946 dann offiziell zum Parteivorsitzenden gewählt wurde.

Akzeptanz basierte also auf der bloßen Duldung durch die ihm unterstellten Gliederungen in der SBZ.

Doch so schwach die Legitimationsgrundlage des Zentralausschusses war, so fraglich war auch die Position, die Buchwitz für seinen Landesverband vorbrachte. Zwar war Buchwitz mit großer Mehrheit zum Vorsitzenden gewählt worden und somit ohne Zweifel legitimer Vertreter der sächsischen SPD. Eine Entscheidung oder Mehrheit für oder gegen eine Vereinigung mit der KPD hatte es aber unterdessen in seinem Landesverband bis dato nicht gegeben, dessen war er sich auch bewusst (Gniffke 1966: 140). Mitte Januar 1946 hatten in Übereinstimmung mit dem Zentralausschuss die Vereinigungsgegner im Landesvorstand gar eine Mehrheit zustande gebracht, die eine Urabstimmung zur Bedingung für einen zonenbezogenen Zusammenschluss erklärte beziehungsweise abermals eine Vereinigung mit der KPD nur nach vorherigem Beschluss durch einen Reichsparteitag aller vier Zonen für möglich erachtete (Schmeitzner 2001: 60; Dohnt 1996: 119; Zimmermann 1984: 133). Die Position des Landesvorsitzenden Buchwitz war damit unterminiert.

Eine Urabstimmung, die seit Anfang Januar vom Zentralausschuss ebenfalls in die Debatte eingebracht wurde (Caracciolo 1988: 309), lehnte Buchwitz in geradezu dialektischer Form ab. Buchwitz konstatierte einen höheren Willen der Arbeiterklasse, der sich nicht in einer solchen Abstimmung ausdrücken könne, schon allein deswegen, weil der SPD nach 1945 derart viele neue Mitglieder zugeströmt seien, die keine Bindung an die alte SPD hätten (Buchwitz 1945g; Buchwitz 1956a: 99; Hoffmann 2009: 244) beziehungsweise seien diese durch zwölf Jahre Nationalsozialismus »politischer Verdummung« anheimgefallen (Buchwitz 1946b). Ein negativer Ausgang eines solchen Votums hielt Buchwitz daher für einen Verrat an einer historischen Mission (Buchwitz 1946a; Caracciolo 1988: 309f.). Hierin blitzte ein wenig die Haltung des alten Parteisekretärs auf, der allen eruptiven Ausbrüchen der Parteibasis oder der Gesellschaft widerstehen müsse, weil ein höheres, letztlich historisch determiniertes Ziel angestrebt werde. Widersprüchlich wurde diese Haltung aber dahin gehend, dass von KPD-Seite im Einvernehmen mit Buchwitz im Januar 1946 eine Massenveranstaltung bewusst organisiert wurde, um den Willen der Arbeiterschaft zu demonstrieren. Diese Konferenz der 3.000 sollte darlegen, dass es einen breiten Willen zur Einheit gab. Allerdings war das Ganze eine ziemliche Schimäre, denn die Teilnehmer solcher und ähnlicher Diskussionsrunden, Versammlungen oder Demonstrationen wurden eigens dafür angeworben, insbesondere durch die sowjetische Besatzungsmacht, was Buchwitz durchaus geläufig war (Caracciolo 1988: 307). Zu den Anreizen für die Teilnahme gehörten auch »Brot- und Wurstpakete« (Wend 1991: 234), was im Hungerwinter 1946 ausgesprochen verlockend war. Dass die Konferenz der 3.000 kaum eine akzeptable Legitimation hatte, wird auch an einer Reihe anderer Aspekte deutlich. Zimmermann (1984: 128) erwähnte zwar je 1.000 geplante Delegierte von SPD und KPD, die aus den Betrieben entsandt werden sollten. Die angebliche Wahl von Delegierten auf betrieblicher Ebene war für sich betrachtet schon schwierig, da der SPD diese Organisationsform ja bis dato fremd war und sie zudem gegen das der Partei zugrunde liegende Territorialprinzip verstieß. Und der zeitliche Vorlauf war so kurz, dass sich Wahlen kaum in geordneter Form abhalten ließen, die Parteisekretäre sollten daher nach einem bestimmten Schlüssel Teilnehmer einfach direkt rekrutieren (Rudolph 1998: 180). Auf die offenkundig fehlende Möglichkeit, gemäß demokratischen Standards Delegierte zu entsenden, wies der Leipziger Bezirksvorstand hin und meldete deswegen keinerlei Delegierte (Böhme 1996: 34f.; Schmeitzner/Dohnt 2002: 191) beziehungsweise legte dar, dass der Anlass der Konferenz gar nicht im Vorfeld bekannt gegeben worden war (Simowitsch 2007: 204). Dass dennoch Teilnehmer aus Leipzig teilnahmen, war nun beileibe kein Beleg für eine hohe Akzeptanz der Vereinigung. Die anwesenden Leipziger Sozialdemokraten wurden letztlich von den örtlichen Kommunisten »organisiert« (Hurwitz 1990: 79) und stammten aus einem kommunistisch unterwanderten Ortsverein, beziehungsweise folgten sie Befehlen des sowjetischen Stadtkommandanten (Schmeitzner/Dohnt 2002: 192). Von einer demokratischen Konferenz kann nicht die Rede sein. Schließlich nahmen mehr Personen teil, als eigentlich Delegierte gewählt werden sollten und die Legitimation der Mandate war vielfach fragwürdig. Im Ergebnis handelte es sich somit eher um eine Demonstration.

Unter die Teilnehmer mischten sich auch einige Kritiker der Vereinigung, darunter der Leipziger Bezirksvorsitzende Trabalski, der es sich trotz seiner begründeten formalen Einwände gegen die Versammlung nicht nehmen lassen wollte, das Wort zu ergreifen. Die Regie der Veranstaltung ließ seinen Beitrag aber erst gar nicht zu (Trabalski 1991: 211). Andere Redner wurden durch kommunistische Störer behindert, ihre kritischen

Beiträge vorzubringen (Schmeitzer/Dohnt 2002: 192). Es fehlte insofern ziemlich jedes diskursive Element, das eine Konferenz sonst ausmachte.

Der Landesvorstand der SPD, der im direkten Nachgang tagte und zuvor der Versammlung beigewohnt hatte, versuchte, die Wirkung jener danach medial breit ausgeschlachteten Veranstaltung umgehend zu relativieren. Die taktischen Fehler, die der Zentralausschuss nach der Sechzigerkonferenz begangen hatte, wollte die sächsische Landesvorstandsmehrheit jedenfalls nicht wiederholen.

Begünstigend kam hinzu, dass Buchwitz im direkten Zusammenhang mit dem Sitzungsverlauf einen Herzinfarkt erlitten hatte und in den entscheidenden Wochen somit auszufallen drohte. Umgehend verfasste man von Seiten des verbliebenen Landesvorstands in einem Rundschreiben Anweisungen an die Gliederungen (Kaden 1946; Wend 1991: 234; Schmeitzner/Dohnt 2002: 193f.): Diese sollten sich jedweden Ersuchens der KPD zur gemeinsamen Beratung über Organisationsfragen widersetzen. Deutlich hob man hervor, dass eine schnelle Vereinigung abgelehnt werde und man, bezogen auf eine künftige Zusammenarbeit, erst einmal Richtlinien erarbeiten werde.

Im Unterbezirk Dresden fand kurz danach, am 20. Januar, eine Konferenz statt, die in Abwesenheit des erkrankten Buchwitz über die Lage beriet (o. V. 1946a). Arno Hennig führte dort in die Materie ein, gab zunächst an, die Vereinigung grundsätzlich zu wollen, und zwar so schnell wie möglich. Hennig redete ein wenig verklausuliert. Die zumindest anfängliche Anwesenheit sowjetischer Militärs kann wohl vorausgesetzt werden. Deswegen liest sich Hennigs Referat im entsprechenden Bericht nur auf den ersten Blick hin wie eine Unterstützung des Kurses von Buchwitz. Wenn man aber genauer hinschaut, fallen mannigfache Kritikpunkte in Richtung der KPD auf, und eine Ablehnung des Zusammengehens wird erkennbar. Unmissverständlich betonte Hennig nämlich, dass die SPD »alles selber geschaffen« habe, »keine Seite hat uns dabei unterstützt« (ebd.). Wer hingegen massive Unterstützung bekommen hatte, bleibt unerwähnt, aber alle Anwesenden wussten natürlich, dass er damit die Kommunisten meinte. Ähnlich war seine Argumentation, wenn er für ein solidarisches Miteinander in den Betrieben plädierte, also genau dort, wo Kommunisten die Sozialdemokraten in Hinblick auf die Einheitsdebatte zu jener Zeit massiv unter Druck setzten. Hennig formulierte mit direktem Bezug auf Buchwitz schließlich, dass er im Ergebnis ein langsameres

Tempo beim Zusammenschluss für erforderlich hielt. In der anschließenden Debatte tasteten sich die Redner Schritt für Schritt vor, wurde direkter mit ihren Aussagen, forderten mindestens verbindliche Zusagen der KPD, verlangten eine offene Debatte und erwogen eine Urabstimmung. Arno Wend und der 2. Bürgermeister Dresdens, Otto Wagner, wurden schließlich sehr deutlich. Wend befürchtete eine »neue geistige Unfreiheit«, die der Partei drohe. Wagner fühlte sich angesichts des Vorgehens der Kommunisten an deren unrühmliche Rolle in der Weimarer Zeit erinnert. Lediglich eine Wortmeldung verteidigte die Haltung von Buchwitz vorbehaltlos.

Beim nächsten Tagesordnungspunkt, es ging um aktuelle Fragen der Kommunalpolitik, wurde die Debatte indirekt fortgesetzt. Mehrere Redner beklagten die Benachteiligung der Sozialdemokraten in der Stadt und prangerten die Machtpolitik wie auch die Vorgehensweise der Kommunisten an. Die gesamte Veranstaltung war letztlich eine grundlegende Abrechnung mit der KPD und dem Vereinigungskurs. Was fehlte, waren weitergehende Konsequenzen, eindeutige Beschlüsse oder eine konzise Strategie, wie man weitermachen sollte. Ein Fluchtpunkt war das Beharren auf einen gesamtdeutschen Reichsparteitag oder das Abhalten einer Urabstimmung, um über diese Verfahrensfrage nicht nur Zeit zu gewinnen, sondern auch ein unüberwindliches formales Hindernis aufzubauen. In diesem Sinne votierte auch die Dresdner Unterbezirkskonferenz, und so ähnlich positionierten sich auch etliche Ortsgruppen der SPD.

Darüber hinaus überlegten im kleinen Kreis Hennig, Haufe, Wend und Trabalski, Buchwitz zu stürzen (Dohnt 1996: 122; Bouvier 1996: 167; Buchwitz 1956a: 128) und ihn durch Trabalski zu ersetzen (Zimmermann 1984: 133). Dieses Unterfangen scheiterte in dreierlei Hinsicht: Zunächst einmal war fraglich, ob Buchwitz vor dem Hintergrund seiner arg ramponierten Gesundheit das Amt würde überhaupt noch lange weiter ausfüllen können. Insoweit wäre ein Sturz gar nicht mehr nötig geworden, der Vorsitz wäre dann an Haufe gefallen. Dann war der Versuch einer dezidierten Verschwörung daran gescheitert, dass Buchwitz' Tochter den Görlitzer Parteisekretär Max Rausch nach Reinsberg schickte, wo sich Buchwitz' Gegner versammelten und wegen der Anwesenheit des Buchwitzvertrauten Rausch nicht weiterkamen (Reichardt 1996: 41; Rausch 1976), wobei es an dieser Überlieferung Zweifel gibt (Simowitsch 2007: 203). Statt der Palastrevolte in Sachsen suchten Buchwitz' Gegner nun Unterstützung beim Berliner Zentralausschuss. Dorthin entsandten sie eine zweiköpfige Delegation, um Buchwitz von seinem Amt entbinden zu lassen. Dieser Schritt war aber an Verzweiflung schwerlich zu überbieten: Sowohl in Leipzig als auch in Chemnitz hatte man bis dahin die Autorität des Zentralausschusses weitgehend bestritten, nun unterwarf man sich dieser geradezu, um die demokratische Wahlentscheidung des Landesparteitags zu annullieren, also offen gegen die Statuten der Partei zu handeln, was wiederum der Zentralausschuss mit seiner unzureichenden Legitimation schwerlich tun konnte.

Selbst wenn dies gelungen wäre, die eigenständigen Handlungsspielräume der SPD waren durch die SMAD und ihre Ableger in den Ländern binnen weniger Wochen deutlich eingeschränkt worden. Die sowjetische Besatzungsmacht unterband das Vorhaben, den Vorstandsbeschluss für eine Urabstimmung umzusetzen. Sie untersagte die Verbreitung des Rundschreibens und achtete darauf, dass die sozialdemokratischen Zeitungen nicht darüber berichteten. Gleichzeitig erhöhten sie die Drohgebärden: Seit Anfang des Jahres 1946 nahmen Vertreter der Militärs nicht nur sporadisch, sondern sehr regelmäßig an den Zusammenkünften der SPD teil (o. V. 1946b).

Bei einer gemeinsamen Besprechung der sächsischen Landesvorstände von SPD und KPD Ende Januar 1946 tauchten die sowjetischen Beobachter dann sogar demonstrativ in Uniform auf und hielten ostentativ ihre Pistolen bereit. Hermann Matern nahm sich in jener Unterredung die sozialdemokratischen Vereinigungsgegner vor und gestaltete die Sitzung zu einem Tribunal um; der kaum genesene Buchwitz schwieg weitgehend und ließ dies mit seinen Genossen geschehen (Schmeitzner 2001: 66), die daraufhin der Bildung einer Arbeitsstruktur für die Vereinigung zustimmen mussten. Körperlich war Buchwitz durch seine zwei Wochen zuvor erlittene Herzattacke noch immer angeschlagen, signalisierte seinen Gegnern aber, dass sie weiter mit ihm rechnen mussten. Die konfrontative Sitzung hatte jedoch abermals Kraft gefordert und verursachte einen weiteren Herzinfarkt (Simowitsch 2007: 206).

Statt seiner intervenierten die Sowjets immer stärker. Besonders nach dem Chemnitzer SPD-Bezirksparteitag stieg deren Aktivitätsniveau an, nachdem dort ein deutliches Zeichen gegen die Vereinigung gesetzt worden war: Nach einem eher indifferenten Beitrag Grotewohls wählten die Delegierten den Vereinigungsgegner Hans Hermsdorf an Stelle des

Vereinigungsbefürworters Erich Mückenberger zum zweiten Vorsitzenden und ließen eine Resolution zugunsten eines Zusammenschlusses scheitern (Gericke 2015: 25; Schmeitzner/Dohnt 2002: 197f.). In der direkten Folge wurde auf sowjetisches Geheiß hin ein anstehender Leipziger SPD-Bezirksparteitag kurzerhand verboten und kritische Funktionäre wie der Leipziger Bezirkssekretär Rudolf Rothe ihres Amtes enthoben (Schmeitzner 2001: 67; Gohle 2009: 271). Der Präsident der Landesverwaltung, Rudolf Friedrichs, vermittelte den besonders widerspenstigen Leipziger Sozialdemokraten, dass sie bei weiterer Ablehnung mit massiven Repressionen durch die SMAD rechnen müssten (Richter/Schmeitzner 1999: 59), was die sowjetischen Offiziere in Einzelgesprächen den Leipziger Sozialdemokraten ihrerseits in aller Deutlichkeit bestätigten (Trabalski 1991: 213, s. a. Schmeitzner/Dohnt 2002: 179) und andernorts bereits praktizierten.

Die SMAD personalisierte zugleich die Einheitskampagne und setzte dazu auch Buchwitz ein. Anfang Februar 1946 wurde in der von der SMAD herausgegebenen Täglichen Rundschau ein Porträt über ihn veröffentlicht (o. V. 1946c). Darin erschien Buchwitz als Autorität der Sozialdemokratie, und sein Werben um die Einheit der Partei mit der KPD wurde in den Kontext seiner Vita gestellt.

Buchwitz war, kaum von den beiden Infarkten genesen, ab Anfang Februar auch wieder unterwegs, warb in Leipzig, der Hochburg der Vereinigungsgegner, für den Weg der Vereinigung. Nachdem ein erster Besuch von Buchwitz Ende November 1945 von der örtlichen Partei geradezu boykottiert worden war,[55] konnte Buchwitz dann Anfang Februar 1946 für den Zusammenschluss werben, dabei versprach er die Wahrung der Prinzipien innerparteilicher Demokratie in der neuen Organisation. Bei seinem Vortrag musste er sich zwar einiger Zwischenrufe und vernehmbaren Widerspruchs erwehren, er erhielt aber auch Beifall, zuweilen lebhaften, wie das Protokoll vermerkte (Buchwitz 1946a). Diese Mitgliederversammlung des Leipziger Unterbezirks verlief danach ausgesprochen günstig für ihn. Unterstützt von Oberbürgermeister Zeigner, forderte eine dort beschlossene Resolution nun eine rasche Vereinigung beider Parteien ein (o. V. 1946d; o. V. 1946e). Der vorherige Widerstand der Leipziger SPD war somit weitgehend gebrochen, auch wenn sich die Resolution nicht explizit zum besonders strittigen Verfahrensweg äußerte.

55 HStA Dresden, Aktions- und Arbeitsgemeinschaft der KPD und SPD, III/007.

Dennoch hatte Buchwitz damit immer noch nicht ein direktes Mandat des Landesvorstands für seinen angekündigten Alleingang beim Zentralausschuss wenige Tage später. Die mögliche Gefolgschaft gründete auf dem Druck, dem sich die Vereinigungsgegner ausgesetzt sahen. Dieser ging einher mit einer als unzureichend empfundenen Unterstützung durch die West-SPD. Der Vorschlag Schumachers, die Partei in der SBZ wegen der vorhandenen Bedrohungslage kurzerhand aufzulösen, war aus Sicht der Vereinigungsgegner kein probates Mittel, zumal Teile der Partei deutlich in Richtung eines Zusammenschlusses strebten oder sich nun dorthin gedrängt sahen. Das führte zu einer fatalistischen Position, die in der SPD vorherrschend wurde: Wenn überhaupt eine Möglichkeit bestanden hätte, sozialdemokratisches Gedankengut zu erhalten, dann nur noch in der Einheitspartei (Simowitsch 2007: 211). In der SPD verschoben sich die Gewichte somit in Richtung eines Zusammenschlusses.

Vor diesem Hintergrund zeigte die Drohung von Buchwitz und seinen beiden Mitstreitern nämlich Wirkung im Zentralausschuss, ungeachtet der tatsächlichen Akzeptanz in den Landesverbänden., Hinzu kam abermals der externe Druck: In der Nacht zwischen den Beratungstagen bestellte der Oberbefehlshaber der SMAD, Marshall Shukow, Grotewohl und einige weitere Vertreter des Zentralausschusses ein und vermittelte ihnen unmissverständlich, dass der Zusammenschluss beider Parteien ausdrücklicher Wunsch der Besatzungsmacht war (Overesch 1992: 379); Müller 2015: 63). Derart von den latenten Drohungen eingeschüchtert, schwenkte nun auch Grotewohl auf den Kurs der Vereinigung ein. Der Zentralausschuss sprach sich daraufhin mehrheitlich für eine zügige Vereinigung aus und schob die bislang so zentralen grundsätzlichen Verfahrensfragen zur Seite.

Der Weg zum Zusammengehen von SPD und KPD war damit frei. Das änderte nichts daran, dass im sächsischen Landesverband nach wie vor hinhaltender Widerstand geleistet wurde. In zahlreichen Landkreisen unterliefen die dortigen SPD-Organisationen die Vorbereitung zum Zusammenschluss und boykottierten gleichsam die mit den örtlichen KPD-Organisationen geplanten Aktionskomitees (Schmeitzner 2001: 73). Die Vereinigungsgegner hatten zudem eine Nische mit der innerparteilichen Bildungsarbeit aufgebaut, in der die zentralen Kurse zum Herzstück der Gegenagitation wurden. Auf Schloss Reinsberg und der benachbarten Burg Bieberstein lernten sozialdemokratische Funktionäre unter der

Ägide von Hennig und Wend. Dort ätzten und polemisierten die Referenten gegen einen orthodoxen Marxismus, lobten die Weimarer Verfassung, verteidigten vehement die damalige Haltung der SPD und hielten mit Kritik an den Kommunisten nicht hinterm Berg (Schmeitzner 2001: 59). Buchwitz stellten sie dabei ebenfalls kein gutes Zeugnis aus, sprachen ihm vor den Kursteilnehmern die Eignung zum Landesvorsitzenden ab (Walter 1993: 146). Ursprünglich sah man in Fortsetzung älterer Traditionen der Arbeiterbildung längere Kurse mit umfangreichen Bildungsinhalten vor. In der Eile, die durch die anstehende Vereinigung entstanden war, ging es jetzt um Multiplikatorenausbildung. So viele örtliche und regionale Bildungsobleute, Parteisekretäre und vor allem junge Parteimitglieder wie möglich sollten noch in den Genuss einer an sozialdemokratischen Idealen Weimarer Prägung ausgerichteten Bildungsarbeit kommen. Die Kuratoren der Bildungsarbeit setzten darauf, der neuen Organisation so notfalls ihren Stempel aufzudrücken.

Die Wirkung auf die Kursteilnehmer muss erheblich gewesen sein, weswegen Buchwitz, nach eigenen Worten täglich »in Versammlungen« weilen musste, um gegen die »Schwierigkeiten« anzureden, nachdem durch die zentrale Bildungsarbeit »heimtückisch gegen die Einheitsbestrebungen Minen gelegt wurden« (Buchwitz 1956a: 91). Die Landesparteischule genoss außerdem binnen kurzer Zeit eine beachtliche Wertschätzung in der Partei. Dem für die Bildungsarbeit zuständigen Kuratorium gelang es sogar, die eigene Stellung im Vereinigungsprozess zu behaupten. Landesvorstand und Landesparteitag gaben der Landesparteischule eine weitgehende Autonomie, sie wurde zunächst ungeschmälert in die SED integriert (Schmeitzner 2001: 73).

Auf Landesebene gelang es Buchwitz nun, eine ausreichende Zustimmung für die Bildung eines SED-Landesverbandes zu erreichen. Am 6./7. April 1946 und damit zwei Wochen vor der Vereinigung auf zonaler Ebene schlossen sich SPD und KPD in Sachsen zur SED zusammen. Der zeitlich zuerst abgehaltene Landesparteitag der SPD verlief indes unerwartet turbulent. Die Delegierten lehnten die Organisation der Partei über Betriebsgruppen entschieden ab und schrieben die in der Sozialdemokratie übliche territoriale Gliederung der Parteiorganisation als Bedingung für die Vereinigung fest. Ferner erteilten sie damit den von kommunistischer Seite bevorzugten Betriebsgruppen eine deutliche Absage (Dohnt 1996: 126). Die Vereinigungsgegner hatten sich seit Mitte Februar auf diese Frage konzentriert (Wend 1946; Popp 1946). Sie stellten so mit einem Male wieder die Vereinigung selbst infrage. Die Dynamik der Konferenz wurde jedoch rasch gebrochen, es fehlte an einem Anführer für einen wirklichen Aufstand. Die Parteiführung im Lande, soweit sie nicht schon geflohen war, teils überzeugt, teils eingeschüchtert, fügte sich ins Unausweichliche. Die Delegierten hatten somit keine wirkliche Wahl und stimmten schließlich zu, sie statteten daraufhin ihren Teil der Führung mit starken Ergebnissen bei der anschließenden Wahl des sozialdemokratischen Teils im neuen SED-Landessekretariat, also des engeren Vorstands, aus (Widera 2005: 276). Die SPD war gewohnt, bereitwillig Entscheidungen der Parteiführung zu tragen, zu ertragen und zu erdulden (Caracciolo 1988: 314; Staritz 1994: 126). Gerade die altgedienten Sozialdemokraten hatten in der Weimarer Zeit ein besonderes Maß an Geschlossenheit und Disziplin in Bezug auf gemeinsame Gegner gelernt. Das schloss eine Binnenpluralität ein, deren Konfliktpotenzial – wie in Breslau und Dresden in Bezug auf die Jungsozialisten 1931 deutlich zu vernehmen – in den Momenten besonderer historischer Relevanz nur begrenzt geduldet wurde. Wichtig war in solchen Phasen immer, dass die Partei einheitlich auftrat, sich die Gegner notfalls der Parteilinie fügten oder die Partei verließen. Diese Mechanismen waren 1946 noch vorhanden und wirkten nach. Der Parteiführung, die den Weg in die Vereinigung ging und sich trotz Zweifeln und Bedenken nicht wehrte, konnte man somit als Delegierter nicht die Unterstützung verweigern, sondern unter den gegebenen Umständen galt es, das Bestmögliche für die Sache herauszuholen, zumal sich das Ganze unter dem Druck der sowjetischen Militärs vollzog. Eine weiterhin ablehnende, gar auf einem Parteitag offen zur Schau gestellte Haltung, so die wohl berechtigte Befürchtung der Gegner der Vereinigung, würde Verfolgung, Lagerhaft, Deportation in die Sowjetunion oder Ähnliches zur Folge haben. Hieraus erklärt sich dann die Gefolgschaft der einfachen SPD-Mitglieder wie der mittleren Funktionärsschicht. Wie stark deren Bereitschaft zur Unterordnung am Ende war, wird daran deutlich, dass selbst Vereinigungsgegner wie Arno Haufe und Stanislaw Trabalski die Berliner Sozialdemokraten aufriefen, der Vereinigung in der dort angesetzten Urabstimmung zuzustimmen (Bandowski u. a. 1946).

Unabhängig vom fehlenden offenen Widerstand kam in Sachsen sicherlich hinzu, dass es in Gestalt von Buchwitz eben einen Anführer gab, der die Vereinigung klar wollte und der seinerseits auf dem anschließenden

Vereinigungsparteitag sogar recht versöhnlich die Hand jenen reichte, die dem Tempo des Zusammenschlusses skeptisch gegenübergestanden hatten.[56] Die potenziellen Gegenführer hingegen waren eingeschüchtert, verhaftet, zu zögerlich oder bereits geflohen. Sie fielen in dieser Situation aus oder akzeptierten notgedrungen das Unausweichliche. Buchwitz stieß wie bei seiner Einsetzung als Landesvorsitzender einmal mehr in ein machtpolitisches Vakuum, dessen Leere dieses Mal freilich eine Folge des Drucks und des Zwangs war.

Franz Walter (2002: 117) deutete die hohen Zustimmungsquoten auf den Landesparteitagen etwas anders, er wertete sie als Beleg für eine Grundsympathie, die in der Mitgliedschaft der SPD für ein Zusammengehen mit der KPD vorhanden gewesen sei. Gleichwohl verwies Walter im gleichen Atemzug auch darauf, dass die Parteiführung und die Mitglieder der SPD unter den gegebenen Umständen gar keinen wirklichen Diskurs in der Sache mehr führen konnten. Die Räume, in denen es die sozialdemokratische Partei gewohnt war, kontrovers zu diskutieren, waren gleichsam geschlossen, versiegelt und von sowjetischem Militär umstellt. Dieses Bild kann man sogar wörtlich nehmen: Bei einer Versammlung von SPD und KPD im Brandenburgischen im Februar 1946 etwa durfte niemand den Saal verlassen, ehe nicht eine Resolution zugunsten einer Parteieinheit verabschiedet wurde (Caracciolo 1988: 308; Grebing u. a. 1992: 33).

Die Vereinigungsgegner aus der SPD erlebten im Frühjahr 1946 verschiedentlich Repressionen. Der Chemnitzer Bürgermeister und frisch gewählte zweite Vorsitzende im Parteibezirk, Hans Hermsdorf, sowie Gustav Dahrendorf – immerhin einer der führenden Repräsentanten des Zentralausschusses und wie Buchwitz ebenfalls ehemaliger Häftling in Brandenburg – sahen sich deswegen veranlasst, in den Westen zu fliehen. Beider Schilderungen prägten in den folgenden Jahren die Charakterisierung des Prozesses als Zwangsvereinigung (Suckut 2000: 34; Grebing 1997: 25; Gericke 2015: 26; Müller 1987: 170), der, allen Differenzierungen und Nuancierungen im Detail zum Trotz, in der Forschung immer noch prägend für die Bewertung des Vorgangs ist (Jesse 2001: 85; Grebing 1998: 65; Weber 1998).[57]

---

56 Typoskript des Wortprotokolls des Parteitags, HStA Dresden, KPD-Bezirksleitung Sachsen und Kreisleitungen, I/A/012.

57 In den vergangenen Jahren hat sich verstärkt eine Haltung durchgesetzt, die den Begriff eher meidet oder sich kritisch mit ihm auseinandersetzt, dabei jedoch nicht

Die Exitoption, die Dahrendorf und Hermsdorf wählten, also der Partei treu zu bleiben und die SBZ zu verlassen, eröffnete sich für viele andere Parteimitglieder hingegen nicht. Dem standen einige Hindernisse im Weg. Die wirtschaftliche Lage war in den Westzonen zu diesem Zeitpunkt keineswegs besser als in der SBZ, im Gegenteil. In der SBZ existierten nämlich größere unzerstörte industrielle Kapazitäten als im Westen. Das so vorhandene Potenzial konnte bis 1947 zunächst auch besser aktiviert werden, weswegen die wirtschaftliche Dynamik im Osten anfangs höher war als im Westen (Abelshauser 2004: 113). Außerdem war die SBZ im Gegensatz zu den Westzonen in den ersten Nachkriegsjahren besser in der Lage, aus der Landwirtschaft heraus die eigene Bevölkerung zu versorgen (Steiner 2005: 178). Flucht und Vertreibung aus den früheren deutschen Siedlungsgebieten in Mittel- und Osteuropa sowie die Rückkehr der Kriegsgefangenen verschärften die Konkurrenz auf den ohnehin schon angespannten Märkten für Arbeit, Wohnen und Lebensmittel. Wer somit ein Auskommen besaß, war darauf angewiesen. Der Neuaufbau einer Existenz hatte für viele Vorrang vor der Entfaltung der politischen Arbeit.

Überdies war im Frühjahr 1946 die Langfristigkeit der Teilung Deutschlands vielen noch unvorstellbar. Die Aufhebung der Besatzungszonen oder die Wiederherstellung der Einheit des Landes, wie sie in Österreich zu beobachten war, schien keineswegs utopisch zu sein. Damit wäre wohl auch der Spuk der Einheitspartei vorbei gewesen, die SPD hätte wieder aktiv werden können. Es galt also nur ein paar Wochen, vielleicht wenige Monate, schlimmstenfalls wenige Jahre durchzuhalten. Wie sich aber hinterher herausstellte, war das eine Fehleinschätzung.

Wenn es also überhaupt noch eine Möglichkeit gab, politisch aktiv zu bleiben, so bestand diese Option aus Sicht vieler SPD-Mitglieder einstweilen lediglich darin, im Gewand der SED zu agieren. Für die traditionsgeprägten Sozialdemokraten in Sachsen kam noch hinzu, dass sie die Partei ja in erster Linie kulturell erlebt und erfahren hatten. Die Bindung existierte vielfach über den Sport, karitative Einrichtungen oder auch Konsumgenossenschaften. Deren Aufbau im unpolitischen Umfeld war von der Vereinigung zur SED weniger tangiert. Genau genommen war in diesem Zusammenhang die Vereinigung der Arbeiterschaft bereits vollzogen.

---

den repressiven Charakter des Vorgangs leugnet (Leonhard 2006: 48; siehe auch Rudolph 1998).

Unter anderen Vorzeichen als im Westen freilich überwand man auch im Osten die Trennung von Sport, Kultur und Freizeit in sozialdemokratische, bürgerliche oder kommunistische Sphären. Als Akt der Massenaktivierung wurden im Osten die bewusst vorgegebenen Entscheidungen der antifaschistischen Komitees oder Blöcke verstanden, sich überparteilich und überkonfessionell zu konstituieren (Walter 1993: 128).

Trotzdem hielten sich gerade in diesen Institutionen bis in die Anfangsjahrzehnte der DDR sozialdemokratische Netzwerke, die zuvor schon den Nationalsozialismus überstanden hatten. Vielfach leiteten in den alten Hochburgen der SPD nun organisationsbewährte Genossen sozialdemokratischer Prägung die Vereine, strukturierten so wieder die Lebenswelt des Alltags und sicherten die Solidargemeinschaft. Am bedeutendsten war dabei vielleicht das Kleingartenwesen. Zwar zerschlug die SMAD Anfang 1946 die alten Vereinigungen der Kleingärtner und überführte deren Eigentum an Grund und Boden in kommunalen Besitz. Bedingt durch die Versorgungslage erlangten die Kleingärtner jedoch rasch das Recht zurück, ihre eigenen Angelegenheiten wieder weitgehend selbst zu regeln (Leistner 2007: 235ff.). Die alten Strukturen entstanden also in neuem Gewande wieder.

Gerade Leipzig und Dresden waren Bastionen des Kleingartenwesens, in dem die Arbeiter seit Jahrzehnten etwas Selbstversorgung betrieben. Wer eine Parzelle bewirtschaftete, war in den Hungerjahren klar im Vorteil. Wer dort eine Laube besaß, verfügte zudem über eine Notunterkunft nach der Zerstörung von Haus und Wohnung während des Krieges. Dies für einen unsicheren Gang in den Westen aufzugeben, schied aus existenziellen Gründen aus, verbot sich geradezu in den Stunden größter Not.

Nicht wenige Sozialdemokraten fügten sich somit ohne innerliche Begeisterung, aber in Ermangelung von Alternativen. Viele hofften angesichts ihrer zahlenmäßigen Überlegenheit, die Kommunisten in der gemeinsamen Partei schon unter Kontrolle zu halten, das war ihnen ja in den lebensweltlichen Vereinigungen bis dahin auch geglückt.

Zusätzlich bot die SED opportunistische Karrieremöglichkeiten. Schon das massive Wachstum der Quellparteien führte zu einem erheblichen Bedarf an hauptamtlichen Funktionen auf allen Organisationsebenen (Müller 1995: 2349; Mählert 1998: 367f.), der nicht alleine mit altgedienten kommunistischen oder sozialdemokratischen Funktionären gedeckt werden konnte. So manchem neuen Sozialdemokraten eröffneten sich darüber Berufsmöglichkeiten. Der Zusammenschluss verstärkte diesen Effekt nochmals. Die SED galt nach der Ausschaltung der SPD als kommende führende Partei in der SBZ. Das lockte weitere Neumitglieder an. Die Zahl der Mitglieder nahm jedenfalls nach der Vereinigung insgesamt weiter zu (Böhme 1996: 30).

Wie stark die Lage aber differenziert werden muss, offenbarte eine Auswertung der Übertritte aus der SPD zur SED in Berlin-Friedrichshain. Als Folge des Viermächtestatus existierte die SPD in den Ostbezirken auch nach der Bildung der SED weiter, wohingegen die SED im Gegensatz zu den übrigen Westzonen auch in Westberlin aktiv werden durfte. Dadurch standen die SPD und die neue Einheitspartei in Berlin in direkter Konkurrenz zueinander, mithin konnten Sozialdemokraten ohne Weiteres in ihrer alten Partei bleiben. In Friedrichshain im sowjetischen Sektor traten in einigen Stadtteilen dennoch mehr als 70 % der Mitglieder zur SED über, in anderen waren es hingegen deutlich weniger als 50 % (Podewin 1993: 52). Die Bereitschaft zum faktischen Übertritt war dabei in Friedrichshain noch hoch, insgesamt tauschte im gesamten Berlin nämlich gerade jeder dritte Sozialdemokrat sein altes Parteibuch gegen eines der SED ein (Müller 1995: 2348; Suckut 2000: 36; Grebing u. a. 1992: 55; Müller 1990a: 471). Schon innerhalb einer Großstadt wie Berlin gab es selbst innerhalb eines Bezirks sehr unterschiedliche Einstellungen bezüglich der neuen Partei.

Für einen Teil der Sozialdemokraten war die Einheitspartei also zunächst durchaus eine Alternative zu ihrer bisherigen Partei, weswegen eben einige dann den Beitritt zur SED dem Verbleib in der SPD vorzogen. Diese begrenzte Zustimmung vieler einstiger Sozialdemokraten zur SED hielt wiederum nicht allzu lange an. Bei den Wahlen in Gesamtberlin erlebte die SED ein Debakel. Die SPD wurde klar zur stärksten Partei in der Stadt und war auch in den Ostbezirken erfolgreich, sie sicherte sich durchgängig die Bezirksbürgermeisterämter. Gleichzeitig setzte ein Aderlass in der SED ein. Bezogen auf die erwähnte Situation vom Friedrichshain, kehrten daraufhin rund 40 % der ehemaligen Sozialdemokraten bis 1948 der SED den Rücken (Podewin 1993: 53), wohingegen die SPD in allen Ostberliner Bezirken zusammen schon Ende 1947 immerhin 60 % der Mitgliederzahl vor der Vereinigung aufwies (Bouvier 1996: 63). Einige zogen es unterdessen vor, in keiner der beiden Parteien Mitglied zu werden beziehungsweise zu bleiben (Heimann 1995: 1651). Außerhalb Berlins gab es im sowjetischen besetzten Teil Deutschlands nur die Varianten, in die

SED überzuwechseln oder die Partei ganz zu verlassen. Im besonders renitenten Bezirk Leipzig verzichtete immerhin zwischen 25 und 35 Prozent der vorherigen SPD-Mitglieder auf eine Mitgliedschaft in der SED (Dohnt 1996: 131; Grebing u. a. 1992: 53), was im Umkehrschluss aber bedeutete, dass gut zwei Drittel der Sozialdemokraten zunächst den Weg in die SED gingen.

In der SED angelangt – Erfolg und Misserfolg der Organisation

Mit der Bildung der SED rückte Buchwitz in den neuen Parteivorstand ein. Der Parteivorstand, der einige Zeit später durch das Zentralkomitee abgelöst werden würde, war nicht das Machtzentrum der SED. Dieses war weitaus mehr das Sekretariat, aus dem heraus später das Politbüro entstand. Die Sekretariate waren auf allen Ebenen hauptamtlich besetzt und als solche in der Lage, die politische Richtung im Wesentlichen zu bestimmen (Malycha/Winters 2009: 42). Durch die Übernahme des Landesvorsitzes in Sachsen kam Buchwitz dort abermals in den Genuss einer solchen hauptamtlichen Anstellung.

Die einstige Anfangseuphorie für das gemeinsame Parteiprojekt war bei den Sozialdemokraten schon vor der Gründung verflogen, die ersten Monate in der neuen Partei waren nicht minder mühsam, frustrierend und von Rückschlägen gekennzeichnet: Die Parteiorganisationen ließen sich nämlich nicht ohne Weiteres zusammenführen. Teilweise verzögerte sich die Zusammenführung der einstigen SPD- und KPD-Basisorganisationen um Monate, tagten ehemalige Sozialdemokraten und Kommunisten weiterhin getrennt oder entschieden sich SED-Ortsverbände mit sozialdemokratischer Orientierung, die neuen Parteifreunde kommunistischer Herkunft einfach aus der Mitgliederkartei zu streichen (Hurwitz 1997: 131, 248; Malycha 2000: 232), um so die SPD im Gewand der SED fortzuführen. Selbst die Zusammenlegung der zentralen hauptamtlichen Apparate funktionierte nicht allumfassend. Die paritätische Besetzung der Sekretariate und Vorstände führte vielfach zu einem Arbeitsablauf, in der Probleme der praktischen Zusammenarbeit erst einmal mit Vertretern der eigenen Seite besprochen wurden. Die SED war in den ersten Monaten ihrer Existenz dadurch nicht sehr viel mehr als eine Art Arbeitsgemeinschaft aus zwei weiterhin recht getrennt agierenden Parteien. Die Kampagnenführung zu den anstehenden Wahlen lief daher nicht rund. Die SED galt zudem nun allgemein als Partei der Besatzungsmacht, sie hatte diesen Makel von der KPD ungebrochen geerbt, und diese war in Anbetracht der weiterhin laufenden Demontagen alles andere als populär (Bouvier 1996: 80; Malycha/Winters 2009: 48f.).

Hinzu kamen inhaltliche Konflikte, zu denen selbst Buchwitz beitrug. Seit der Konferenz der Siegermächte in Potsdam im Sommer 1945 stand fest, dass die Teilung Deutschlands mit einer Abtrennung der östlich von Oder und Lausitzer Neiße liegenden Gebiete verbunden sein würde. Dabei wurde die deutsche Bevölkerung aus diesen Gebieten vertrieben, soweit sie nicht schon in den letzten Kriegsmonaten vor der heranrückenden Roten Armee Richtung Westen geflohen war. Durch die Entscheidung der Siegermächte blieb aber in Bezug auf Deutschland als Ganzes völkerrechtlich offen, in welchen Grenzen Deutschland künftig existieren sollte. Der Streit um die Dauerhaftigkeit der Oder-Neiße-Grenze blieb in der Bundesrepublik bis zur Vollendung der Deutschen Einheit und der dann endgültigen Anerkennung der polnischen Westgrenze schwelend. 1946 war die Frage aber noch in Ost wie West hochgradig virulent. Kaum ein Politiker in den Westzonen hätte es gewagt, die Dauerhaftigkeit der Grenzziehung zu billigen. Es entsprach der Grundstimmung im Lande, die auch den Ostteil tangierte. Und auch Buchwitz war nicht bereit, sich mit der weitgehenden Abtrennung seiner schlesischen Heimat abzufinden. Offen prangerte er die Vertreibungen als »Mißhandlungen« an und sprach vom großen »Massensterben« (Hurwitz 1997: 46; Buchwitz 1946c). Allerdings war Buchwitz Realist, er hielt andere Grenzverläufe für unwahrscheinlich und hoffte bestenfalls auf eine Veränderung der sowjetischen Haltung, bis er sich im Laufe der Zeit mit der neuen Ostgrenze abfand (Buchwitz 1950b). Seine vergleichsweise differenzierte Haltung stellte die SED gleichwohl vor Probleme, war sie doch 1945/46 anschlussfähig an die Rhetorik im Westen, speziell an jene pointierte Haltung, die Kurt Schumacher in der Frage einnahm. Kritik an der von allen Alliierten konsentierten Deutschlandpolitik war aber gerade im sowjetischen Herrschaftsbereich verpönt. Schließlich mussten ja die Sowjetunion und die mit ihr verbundenen Länder in Mittel- und Osteuropa die Maßnahmen der Vertreibung exekutieren.

Aus der Not machte die SED kurzerhand eine Tugend. Buchwitz' Engagement für die Vertriebenen wurde in eine langfristige Linie seines Handelns gestellt (Lehmann 1946): Als Schlesier habe er besonderes Mitgefühl mit den Umsiedlern, wie diese im offiziellen Sprachgebrauch hießen.

Seine eigenen Erfahrungen mit der Emigration hätten dazu geführt, dass er wisse, wie man sich in der Fremde fühle. Und als ehemaliger Gewerkschafter sei er in der Bewältigung der Alltagsnöte erfahren. Freilich wurde seine Rolle als Anwalt der Vertriebenen in den folgenden Monaten von der SED nicht weiter intensiviert.

Buchwitz war in dieser Phase weiterhin als ein wichtiges Symbol der Parteieinheit unverzichtbar und galt als zuverlässig und treu zur Parteieinheit stehend. Die anderen ehemaligen sächsischen Sozialdemokraten hingegen wurden argwöhnisch von kommunistischer wie sowjetischer Seite beäugt. Mitte 1946 waren sie aber noch essenziell für die SED. Die Parität zwischen ehemaligen Sozialdemokraten und Kommunisten wurde noch sorgsam gepflegt, wenn es um die Symbolik bei der Besetzung von Parteiämtern ging. Die anstehenden Wahlen disziplinierten die Organisation. Bei der Vergabe von einflussreichen Positionen in den Verwaltungen wie im Parteiapparat freilich waren die ehemaligen Sozialdemokraten im Nachteil. Der Landesvorsitz, den Buchwitz innehatte, war eine der Ausnahmen. Allerdings war sein Gesundheitszustand eine latente Bedrohung, seine Ärzte hielten wegen seines schwachen Herzens ein baldiges Ableben durchaus für wahrscheinlich (Schmeitzner/Dohnt 2002: 277). Wenn Buchwitz nicht mehr zur Verfügung gestanden hätte, wäre etwa Arno Wend für die Nachfolge prädestiniert gewesen. Wend galt immer noch als Strippenzieher, der die Parteimitglieder gut kannte, Netzwerke zu organisieren verstand und als Leiter der personalpolitischen Abteilung der SED in der Landesleitung eine vergleichsweise einflussreiche Position innehatte. Doch Buchwitz erholte sich während einer Kur hinreichend.

So konnte er auf die Wahlergebnisse reagieren. Die Kommunalwahl und die Landtagswahl im Herbst 1946 stellten bei oberflächlicher Betrachtung des Ergebnisses einen großen Erfolg für die neue Partei dar. Rund 50 % der Stimmen entfielen in Sachsen bei beiden Wahlen auf die SED, wobei die Kommunalwahl der SED ein besseres Ergebnis einbrachte als die Landtagswahl. Der Einheitspartei gelang es, in etwa das gemeinsame Wahlergebnis von SPD und KPD am Ende der Weimarer Republik zu erreichen. Die soziale Zusammensetzung der einheitssozialistischen Wählerschaft erschien 1946 ebenfalls weitgehend deckungsgleich mit derjenigen, die SPD und KPD vor 1933 aktivieren konnten (Walter 2007). Regional bestätigte sich dieser Befund ebenfalls. Die einstigen lokalen Hochburgen der SPD wie Freital wählten die SED nun in einem Umfang wie zuvor SPD und KPD zusammen (Walter 2017: 299; Walter 1993: 138f.). Nur die absolute Mehrheit der Stimmen in ganz Sachsen wurde, wie seit dem Ende des Kaiserreichs eigentlich durchgängig, bei der Landtagswahl verpasst. Ähnlich stellte sich die Lage in den anderen Ländern dar. Positiv betrachtet, stellte die Parteigründung keinen Bruch zu vorherigen Wahlen dar. Eine Pleite, wie bei den Berliner Wahlen, war ausgeblieben. Trotz aller Friktionen und Vorbehalte und mancher lokaler Differenzierungen blieben die ehemaligen sozialdemokratischen Mitglieder und Wähler nun weitgehend der SED treu. Die Traditionslinien konnten nach über zwölf Jahren Unterbrechung durch den Nationalsozialismus wiederhergestellt und auf die SED transformiert werden. Negativ mussten jedoch die fast zehn Prozent ungültigen Stimmen aufstoßen sowie der Umstand, dass es eben nicht gelungen war, über das alte Stimmenpotenzial hinaus Wähler zu mobilisieren. Überdies blieben in den einstigen Hochburgen die Ergebnisse letztlich hinter den Erwartungen zurück (Walter 1993: 140). Buchwitz hatte Anfang 1946 ein Verfehlen der absoluten Mehrheit für die geeinte Arbeiterpartei im »Roten Sachsen« selbst noch als »Schande für uns nach der Vergangenheit« angesehen (Buchwitz 1946a) und damit die Messlatte für einen Erfolg entsprechend hoch gelegt. Noch stärker relativierte sich das Ergebnis vor dem Hintergrund der Ausgangslage, unter der die SED ihren Wahlkampf führte (Malycha/Winters 2009: 48; Jesse 2001: 89; Applebaum 2014: 262): Sie verfügte im Gegensatz zur bürgerlichen Konkurrenz über eine flächendeckende Parteiorganisation, erhielt nahezu unbegrenzt Papier zugeteilt, konnte auf Ressourcen ihrer polnischen Schwesterpartei zurückgreifen und bekam die volle Rückendeckung der Besatzungsmacht. Die sowjetische Besatzungsmacht hatte bei der Genehmigung von Kandidatenlisten im Vorfeld der Abstimmung zahlreiche Kandidaten von CDU und LDP wegen vorheriger NSDAP-Mitgliedschaften ausgesprochen kritisch behandelt, wohingegen über Mitglieder der SED in vergleichbaren Fällen überaus milde geurteilt wurde (Gniffke 1966: 209). Diese Benachteiligungen hatten in einigen Kommunen zur Folge, dass dort mitunter gar keine Listen der bürgerlichen Konkurrenz zugelassen waren (Hurwitz 1997: 71). Die dadurch heimatlosen Wähler konnten sich dann überhaupt erst bei der Landtagswahl zu ihrer Partei bekennen. Besonders frappant war daher der Unterschied der SED-Ergebnisse bei der Kommunal- und Landtagswahl. Trotz der Bevorzugung der SED und der Behinderungen im Wahlkampf, denen sich die politischen Wettbewerber ausgesetzt sahen, gelang es der SED nicht, ein besseres Ergebnis zu erzielen.

In Sachsen kam erschwerend hinzu, dass es Ende Juni 1946 einen Volksentscheid über die Enteignung gegeben hatte. Dieser brachte eine Dreiviertelmehrheit für umfängliche Enteignungs- und Verstaatlichungsmaßnahmen. Die damit verbundene Legitimation in der weitgehend freien Abstimmung rechnete sich die SED zu ihren Gunsten an. Das Landtagswahlergebnis blieb demgegenüber deutlich zurück. Das recht starke Ergebnis der LDP – die Liberalen erzielten in der SBZ insgesamt rund ein Viertel der Stimmen – wurde als deutliche Relativierung jenes Volksentscheids verstanden.

Buchwitz nahm im SED-Parteivorstand eine kritische Analyse der Wahlergebnisse vor (Bouvier 1996: 83; Hurwitz 1997: 148f.): Ihm war nicht entgangen, dass die SED gerade in den größeren Städten Sachsens vergleichsweise schwach abgeschnitten hatte, in Dresden und Leipzig war das Ergebnis von CDU und LDP zusammen stärker als das der SED. Bei kleinräumiger Betrachtung des Ergebnisses war zudem zu erkennen, welche Schwächen das SED-Ergebnis besaß. Vor allem die Arbeiterschaft stand offensichtlich keineswegs geschlossen hinter der SED. Besonders schmerzte Buchwitz das mäßige Abschneiden in den Gebieten der sächsischen Textilindustrie, seinem alten gewerkschaftlichen Tätigkeitsfeld. Missglückt war nach Buchwitz' Einschätzung aber auch die Ansprache der Vertriebenen und Flüchtlinge aus den ehemaligen deutschen Ostgebieten (Zimmermann 1984: 160f.), also jener Gruppe, für die Buchwitz aus SED-Sicht eine Identifikationsfigur abgeben sollte. Auch das war ein klarer Hinweis, wie belastet der Wahlerfolg war, schließlich hatte es in den Monaten zuvor eine von der sowjetischen Besatzungsmacht initiierte Umverteilung des Landbesitzes gegeben, die in ihrer Intention den Erwartungen von SPD und KPD entsprach und mit der man insbesondere die Vertriebenen binden wollte.

Ähnlich pointiert fassten die aus der SPD stammenden Landesvorsitzenden von Sachsen-Anhalt, Mecklenburg und Brandenburg, Bruno Böttge, Carl Moltmann und Friedrich Ebert, das Wahlergebnis zusammen. Sie sahen die Schuld bei der Besatzungspolitik, für welche die SED sich rechtfertigen müsste (Hurwitz 1997: 147; Malycha 1997: 21). Die ehemaligen Sozialdemokraten im Parteivorstand verband eine kritische Einschätzung des Wahlergebnisses, sie unterschieden sich aber bereits in Bezug auf die Bereitschaft, die SMAD zu kritisieren. Buchwitz sah zwar recht deutlich Strukturschwächen, verortete die Ursachen aber in der eigenen Partei. Hier setzte er seine Linie aus der Sechzigerkonferenz nahtlos fort.

Der Vorstand der sächsischen SED bemühte sich in den folgenden Monaten, das Wahlergebnis positiver auszudeuten, auch um eine kritische Diskussion über den Zustand der Partei zu verhindern. Buchwitz fürchtete nämlich, dass eine solche Debatte schnell die vorhandenen Gräben vertiefen würde (Hurwitz 1997: 150). Allzu viel musste man sich dabei gar nicht verbiegen, denn die SED war die tonangebende Partei im Lande und durch die Wahlen nun auch legitimiert. Die SED regierte im Land, stellte die ganz überwiegende Zahl der Bürgermeister und war die klar dominierende Partei in den Stadt- und Gemeinderäten (Richter/Schmeitzer 1999: 102; Suckut 2000: 43).

Nach den Landtagswahlen übernahm Buchwitz zusätzlich zum Landesvorsitz das Amt des Landtagspräsidenten. Sein Ko-Vorsitzender Wilhelm Koenen führte die SED-Fraktion. Der vorherige Präsident der Landesverwaltung, Rudolf Friedrichs, wurde Ministerpräsident einer Allparteienregierung.

Der Herbst 1946 markierte einen ersten Einschnitt in das gemeinsame Organisationsgefüge, das im Frühjahr beim Zusammenschluss noch verabredet worden war. Nach den Kommunal- und Landtagswahlen begannen die einstigen kommunistischen Kader, die einstigen Sozialdemokraten systematisch aus den Funktionsämtern zu drängen. Buchwitz war dabei nicht entgangen, dass die einst im Moskauer Exil gewesenen Kader weiterhin eine eigene verschworene Gemeinschaft bildeten und Sozialdemokraten und Kommunisten in der Partei eher koexistierten als kooperierten (Richter/Schmeitzner 1999: 103; Schmeitzner/Dohnt 2002: 279).

Erste personelle Veränderungen kündigten sich bereits kurz vor der Landtagswahl an. Arno Wend wurde beurlaubt, Arno Hennig aus der Partei ausgeschlossen (Richter/Schmeitzner 1999: 103; Malycha 1996b: 201). Beiden wurde vorgeworfen, in der Parteischule Kunstobjekte, Tafelsilber und andere Wertgegenstände unterschlagen zu haben. Sie hatten diese Hinterlassenschaften der früheren Schlossbesitzer eingemauert vorgefunden, nahmen die Bestände auf, verschickten Abschriften der Listen unter anderem an den Ministerpräsidenten sowie an den Landeskustos und verschlossen das Versteck wieder, um einen Abtransport in die Sowjetunion zu verhindern. Die Besatzungsmacht machte daraus den Vorwurf der Unterschlagung, dem sich Hennig durch Flucht in den Westen schließlich entzog, wohingegen Wend und ein weiterer Genosse, Fritz Heinicke, auch er ein Gegner der Vereinigung von SPD und KPD, zu 25 Jahren Lagerhaft verurteilt wurden (Bouvier 1996: 242; Schmeitzner 2001: 86; Malycha 1996b: 202; Walter 1993: 147). Die ganze Angelegenheit lieferte dem SED-Landesvorstand den Anlass dafür, das sozialdemokratische Bildungsrefugium in Reinsberg zu zerschlagen.

Für Buchwitz mochte das nur die Entledigung von kritischen Geistern gewesen sein, die er ohnehin nicht leiden konnte und die ihn ebenso wenig mochten. Allerdings war die ganze Angelegenheit für Buchwitz nicht minder heikel. Wend wie auch Hennig gaben zwischenzeitlich zu Protokoll, dass Buchwitz Kenntnis davon gehabt habe, dass die Objekte dort existierten und vor dem sowjetischen Zugriff versteckt wurden. Buchwitz habe nämlich mal in Reinsberg ein Essen genossen, das auf dem Meißner Porzellan aus dem Fund serviert worden sei (Malycha 1996b: 202; Simowitsch 2007: 221; Hurwitz 1997: 249).[58] Freilich glaubte man beiden nicht, so dass Buchwitz keinem größeren Risiko ausgesetzt war. Nachdem Hennig sich in den Westen abgesetzt hatte, wurde das als ein Schuldeingeständnis eingestuft, das Buchwitz entlastete. Wend widerrief obendrein Anfang 1947 seinen Vorwurf gegen Buchwitz. Die Vorkommnisse selbst wurden anschließend in der DDR-Geschichtsschreibung wieder und wieder angeführt (z. B. Rausch 1973; Zimmermann 1984: 160), um nachhaltig die Integrität der Einheitsgegner infrage zu stellen.

Organisatorisch veränderte sich die SED ebenfalls. Ende Oktober 1946 wurden in Sachsen die Bezirke aufgelöst (Richter/Schmeitzner 1999: 104; Müller 1995: 2350). Der Verzicht auf die in der SPD seit 1893 bestehenden Parteibezirke stellte einen ersten tiefen Einschnitt ins Organisationsgefüge dar, weitere folgten. Ab Ende 1946 wurden in der SED schrittweise nämlich die einst von den Sozialdemokraten ins gemeinsame Statut übernommenen Regelungen ausgehöhlt, umgedeutet oder in der politischen Praxis ignoriert (Malycha 1998b: 47; Hurwitz 1997: 403; Malycha 1997: 22; Malycha 2000: 254f.; Schmeitzner/Dohnt 2002: 291ff.): Die Mitgliedschaft war fortan primär über Betriebs- und nicht über Ortsgruppen organisiert.

58 Bemerkenswert ist in diesem Zusammenhang mal wieder der zweite Teil von Buchwitz' Erinnerung. Hierin gab er an, dass ihm Hennig und Wend »gebeichtet« hätten, was sie getan haben, er selbst verschwieg aber, dass diese auch ihn belasteten (Buchwitz 1956a: 201ff.).

Landesparteitage wurden nicht abgehalten, obwohl statuarisch vorgesehen. Eigentlich notwendigerweise geheim abzuhaltende Abstimmungen wurden durch Akklamationen ersetzt. Max Fechner und Walter Ulbricht erlangten die Ämter zweier stellvertretender Vorsitzender, ein Posten, der in der Satzung nicht vorgesehen war. Kreis- und Ortsvorstände wurden auf Beschluss der nächsthöheren Ebenen ausgetauscht und nicht mehr von der Basis gewählt. Die Landessekretariate, das Berliner Zentralsekretariat und auch die SMAD mischten sich sehr aktiv in die Personalauswahl der örtlichen und regionalen SED-Gliederungen ein. Dazu gehörte es, nach geeigneten Vorsitzenden für Kreis- oder Landesverbände zentral zu suchen oder die hauptamtlich tätigen Vorstandsmitglieder der Landesverbände nach Berlin zu holen, sie gleichsam wegzuloben, um darüber Platz für jüngere, oft besonders willfährige Funktionäre zu schaffen. Die SMAD unterstützte, indem sie die Wahl kritischer Funktionäre verhinderte, indem sie diese von Kandidaturen abhielt oder in den Versammlungen als ungeeignet verunglimpfte (Malycha 2000: 169):

In der Parteiorganisation der SED gerieten die früheren Sozialdemokraten ziemlich schnell ins Hintertreffen. Unter den Hauptamtlichen der Partei dominierten immer mehr ehemalige Kommunisten. Die zahlreichen Mitglieder, welche die Sozialdemokratie einbrachte, waren in der Masse doch nicht so organisationserfahren wie erhofft, zumal eben viele vor 1933 keine Bindung zur SPD hatten (Bouvier 1996: 61). Bei den hauptamtlich paritätisch besetzten Funktionen kam noch erschwerend hinzu, dass gerade hier die sozialdemokratischen Parts oftmals weniger geschult waren als ihre kommunistischen Pendants, so dass Letztere ihre Erfahrung fintenreich und geschickt ausspielten (Müller 1987: 204). Die Rotationen zwischen Berliner Zentrale und den Parteisekretariaten in den Ländern taten ein Übriges. Außerdem wuchs der repressive Druck auf die Sozialdemokraten, sich konform zur Parteilinie zu verhalten. Erste Mitglieder des Parteivorstands waren schon verhaftet worden, weil man ihnen Spionage, Sabotage oder Kooperation mit Faschisten vorwarf (Bouvier 1996: 71; Müller 1995: 2353; Müller 1987: 203; Schmeitzner/Dohnt 2002: 282f.).

Zwei Aspekte mussten Ende 1946/Anfang 1947 noch zusammenkommen, um in den Bannstrahl von Partei, staatlichen Institutionen und Besatzungsmacht zu gelangen. Die kritische Haltung zur Vereinigung von SPD und KPD musste zu diesem Zeitpunkt mit einem strafrechtlichen Vergehen verbunden sein. Eine bloße auf die politische Haltung abzielende Maßregelung genügte noch nicht. Darin zeigte sich die Fragilität des Projekts SED in jenen Monaten. Ein bloßer Angriff auf die sozialdemokratische Gesinnung hätte die noch zahlreich in der Partei verbliebenen Sozialdemokraten verschreckt und so die Konsolidierung der Partei und damit die spätere Staatswerdung gefährdet. Es brauchte somit weitergehender Verstöße gegen das Recht. Dass es sich hierbei um oftmals konstruierte Delikte handelte, offenbarte die gesamte Subversivität, mit der von sowjetischer wie kommunistischer Seite vorgegangen wurde, nämlich »ausgesprochen findig und phantasievoll« (Walter 1993: 146). Während kurzfristig die Legitimation für das repressive Vorgehen in der Konstruktion von Vergehen unterschiedlichster Art gesehen wurde, war es darüber langfristig möglich, die moralische Legitimation der Sozialdemokratie zu zerstören, die ja eine hohe Anziehungskraft vor der Vereinigung besessen hatte.

Eine neuerliche Spaltung liegt in der Luft

Die Zusammenarbeit der in der SED nun verbundenen Genossen kommunistischer und sozialdemokratischer Herkunft gestaltete sich also im Herbst 1946/Frühjahr 1947 ausgesprochen schwierig. In der sächsischen Landtagsfraktion und in der sächsischen Landesregierung etwa beäugten sich ehemalige Sozialdemokraten und Kommunisten misstrauisch. Zwischen Ministerpräsident Friedrichs und Innenminister Fischer entbrannte schließlich ein Machtkampf.

Friedrichs war in der Anfangszeit der Weimarer Republik Sozialdemokrat geworden und galt als nüchterner Jurist bürgerlicher Herkunft, welcher die Vereinigung seiner Partei mit der KPD zwar in letzter Konsequenz unterstützte, ihr aber verhältnismäßig indifferent gegenüberstand. Als Zeitzeuge des durch Reichsexekution erwirkten Sturzes der SPD/KPD-Landesregierung 1923 gehörte er durchaus zu jenen, die dem Gedanken einer Arbeitereinheit grundsätzlich zugeneigt waren, und trat zur Unterstützung von Buchwitz in dieser Frage schließlich 1945 auch der SPD wieder bei (Richter/Schmeitzner 1999: 54, 58). Für das Ostbüro der SPD galt er daher nicht unbedingt als Bezugspunkt, für einige von Verfolgung bedrohte ehemalige Sozialdemokraten in Sachsen hingegen schon (Richter/Schmeitzner 1999: 136).

Friedrichs hatte sich nämlich seinen eigenen Kopf bewahrt und war trotz der Sympathien für die Einheitspartei kein revolutionär gesinnter Politiker. Er plädierte für die Pflege einer sächsischen Identität und stand einer Aushöhlung bürgerlicher Freiheitsrechte im Zuge umfassender Sozialisierungen von Unternehmen ablehnend gegenüber. Maßnahmen zur Enteignung wollte er nur auf rechtsstaatlicher Grundlage exekutieren. Vorwürfe gegen Funktionsträger in der Landes- oder den Kommunalverwaltungen sollten auf juristisch sauberer Basis bewertet und nicht mittels Gerüchten entschieden oder präjudiziert werden. Willkürliche Maßnahmen waren mit Friedrichs' Amtsverständnis eindeutig nicht vereinbar. Darüber hinaus wollte Friedrichs keine Schritte unterstützen, welche die Teilung Deutschlands noch weiter vertiefen würde. In Hinblick auf die gesamtdeutschen Beratungen der Ministerpräsidenten lehnte Friedrichs daher ein vorsätzlich herbeigeführtes Scheitern der Verhandlungen ab.

Deshalb hegte man von sowjetischer Seite her Misstrauen gegen Friedrichs, bestellte ihn ein ums andere Mal ein, hielt ihn schließlich für den Kopf einer sozialdemokratischen Fraktionierung. Für die im Juni 1947 angesetzte Ministerpräsidentenkonferenz meldete er sich auf sowjetischen Wunsch hin vorsorglich krank (Richter/Schmeitzner 1999: 179; Thüsing 2010).

Friedrichs sammelte unterdessen emsig Material über seinen Stellvertreter im Amt, Innenminister Fischer. Der trieb frühzeitig eine entschlossene Personalpolitik zulasten der Sozialdemokraten voran (Gniffke 1966: 80, 245). Der verschlagene Geheimdienstmann galt als Typ, der nicht nur sprichwörtlich über Leichen ging. Skrupellose Straftäter engagierte er reihenweise für den Polizeidienst. Wenn er Besucher empfing, veranlasste er schon mal vorsichtshalber die Durchsuchung ihrer Garderobe, in der Hoffnung, etwas Belastendes darin zu finden (Gniffke 1966: 245). Auch Buchwitz stellte ein ums andere Mal fest, dass jemand seinen Schreibtisch durchwühlt haben musste, während er auf Reisen war. Als diesen jemand bezichtigte er im privaten Kreis seinen Nachbarn Fischer (Simowitsch 2007: 228). Dieser besaß dazu ein immenses Geltungsbedürfnis. Er legte großen Wert darauf, Kennzeichen von Dienstfahrzeugen zu benutzen, die in anderen Landesteilen den Parlamentspräsidenten vorbehalten waren (Reichardt 1996: 42). Als offenes Geheimnis galt, wie Fischer auf seinen eigenen Vorteil bedacht war; mutmaßlich nutzte er die Enteignungen, um sich selbst Kulturgüter zu sichern. Ebenso wurde allenthalben kolportiert, dass Fischer mit ihm untergebenen Polizistinnen sexuelle Affären einging. Das plötzliche spurlose Verschwinden einer seiner Liebschaften, nachdem diese schwanger geworden war, nährte die Gerüchteküche zusätzlich (Richter/Schmeitzner 1999: 151) und umgab Fischer mit einer Aura der gnadenlosen Skrupellosigkeit. Selbst seinen alten kommunistischen Parteifreunden in Deutschland war Fischer infolgedessen nicht ganz geheuer. Friedrichs hatte vor diesem Hintergrund offenkundig etwas gegen Fischer in der Hand, das er auszuspielen gedachte. Er informierte Buchwitz über die Existenz eines solchen Dossiers (Richter/Schmeitzner 1999: 209ff.).

Überdies sahen sich ehemalige Sozialdemokraten immer stärker Verhaftungen ausgesetzt. Zu Hunderten wanderten sie in Gefängnisse und

Internierungslager (Richter/Schmeitzner 1999: 104). Im Zusammenspiel von staatlicher Macht – Innenminister Fischer baute in Sachsen einen Herrschaftsapparat auf, der später Vorbild für die gesamte DDR wurde –, sowjetischer Besatzungspolitik und parteipolitischen Maßregelungen unterband man kritische Aussagen, schüchterte ehemalige Sozialdemokraten ein, bespitzelte sie umfänglich und drängte sie aus ihren Funktionen in der Partei oder aus den kommunalen Funktionen. Die Folgen waren in Sachsen unübersehbar: Mitgliederversammlungen und Kundgebungen der SED waren bald schlecht besucht, ganze Ortsgruppen boykottierten Kreiskonferenzen (Richter/Schmeitzner 1999: 105f.; Bouvier 1996: 147). In dem Maße, wie sich die Sozialdemokraten aus der SED zurückzogen, bildeten sich private Netzwerke, die den Organisationszusammenhang der SPD fortzuführen versuchten: Manche Mitglieder hofften dabei auf eine zeitnahe Wiedergründung der alten SPD, begannen gar, diese vorzubereiten, oder weigerten sich in Hinblick auf eine mögliche Wiederzulassung der SPD schlicht, die alten Parteibücher gegen die neuen SED-Bücher einzutauschen (Richter/Schmeitzner 1999: 106f.; Walter 1993: 149f; Malycha 2000: 237; Mählert 1998: 361; Schneitzner/Dohnt 2002: 281, 306). In Leipzig entwickelte sich aus einer Gruppe alter Sozialdemokraten, die sich dem Wiederaufbau des Volkshauses widmete, ein besonders enger Zusammenhang, der bis 1948 die Sozialdemokratie im Untergrund gewissermaßen fortführte (Grebing u. a. 1992: 43).

Die kommunalpolitischen Nischen, die von alten Sozialdemokraten rechter wie linker Prägung bis dato selbst im Mantel der SED noch im Geiste der Weimarer Sozialdemokratie bestellt wurden, gerieten ebenfalls unter Druck. Franz Walter zeichnete das für Freital exemplarisch nach: Nach der Flucht Hennigs blieben die Schlüsselfunktionen in der Kommunalpolitik der Stadt weiterhin in den Händen von Sozialdemokraten »aus altem Schrot und Korn« (Walter 2017: 300). Deren Handlungsspielräume begrenzte jedoch eine Reform der Kommunalverfassung, die Anfang 1947 etliche bis dahin kreisfreie Städte wie Freital unter die Kuratel der Landkreise stellte (Walter 2017: 302; Walter 1993: 153). Dort hatten wiederum vornehmlich ehemalige Kommunisten das Sagen, und ihr Gewicht in diesen und anderen exekutiven Ämtern nahm merklich zu, während das der ehemaligen Sozialdemokraten sank. Strukturell griff Sachsen damit einer Entwicklung vor, welche die SED dann ab 1948 in der gesamten SBZ beziehungsweise der DDR forcierte. Die kommunale Selbstverwaltung wurde bis 1952 weitgehend zugunsten einer Aufgabenerfüllung der zentralen Verwaltungsbehörden aufgegeben (Wollmann 1998: 150; Gniffke 1966: 306).

Der Zorn der ehemaligen Sozialdemokraten erreichte auch Buchwitz. Immer wieder wurde nun der selbst erklärte Einheitsapostel befragt, wann denn die alte SPD wiedergegründet werde (Malycha 1996b: 178). Kurioserweise diskutierte der Parteivorstand der SED in jener Zeit selbst über eine Wiederzulassung der SPD in der SBZ, um darüber in Hinblick auf mögliche deutschlandweite Wahlen eine gesamtdeutsche Zulassung der SED zu erwirken (Bouvier 1996: 90; Malycha 1996b: 179). Stalin selbst hatte die Führung der SED ausdrücklich zu diesem Schritt ermuntert (Richter/Schmeitzner 1999: 107; Hurwitz 1997: 199; Schmeitzner/Dohnt 2002: 309), was diese wiederum mit Unverständnis aufnahm. Schnelle Meinungswechsel des Moskauer Generalissimus war man auf kommunistischer Seite zwar gewöhnt, doch das Desaster der Berliner Wahlen, das mäßige Ergebnis der Landtagswahlen in den Ländern der sowjetischen Zone und die Anzeichen einer grundlegenden Legitimationskrise der SED waren unverkennbar große Herausforderungen für die Partei, die im Falle des Wiederentstehens der SPD noch verstärkt würden. Freilich folgte Stalin anderen Erwägungen. Im Frühjahr 1947 gab es durchaus die Möglichkeit, dass gesamtdeutsche Wahlen abgehalten werden könnten. Im Vorfeld der Moskauer Außenministerkonferenz sah es jedenfalls kurzzeitig danach aus, als wäre es möglich, die Weichen in diese Richtung zu stellen.

Im Parteivorstand der SED kreiste die Debatte daher auch weniger um die Folgen für die SBZ als mehr um die Chancen in den Westzonen und die Erwartung, darüber die SPD zu spalten (Hurwitz 1997: 191ff.). Gleichwohl gab es in der SED auch skeptischere Einschätzungen. Das vorhandene Protestpotenzial, das zu einem relevanten Teil noch in der SED wirkte, könnte eine wieder zugelassenen SPD zu einer »Partei der Meckerer« (zit. nach Malycha 2000: 239) werden lassen, wie im sächsischen Landesvorstand vorgetragen wurde.

Buchwitz registrierte sehr aufmerksam, wie es in der Organisation weiter gärte. Entsprechend unsicher war er in der Debatte um eine Wiederzulassung der SPD. Er fürchtete sich zwar offiziell nicht davor, denn er ging in sozialdemokratischer Tradition davon aus, die Arbeiterschaft im Dialog von den Vorzügen der SED zu überzeugen. Gegenseitig bestärkten sich die Funktionäre der SED darin, dass die SPD eine geringere Anziehungskraft habe als die SED. Doch gänzlich sicher waren sie sich nicht. Buchwitz fürchtete immerhin, dass »wahrscheinlich einige Unteroffiziere gehen« würden (zit. nach Malycha 2000: 240). Der erfahrene ehemalige SPD-Sekretär Buchwitz wusste, welche Folgen das für die Handlungsfähigkeit der SED gehabt hätte, denn jener ehrenamtliche Organisationskern gewährleistete ja einst die Stabilität der SPD.

Die mäßigen Wahlergebnisse vom Herbst sah Buchwitz ohnehin als Herausforderung an, die Kommunikationsfähigkeit der SED zu verbessern. In dem Zustand, in dem sich die SED im Frühjahr 1947 befand, war er überaus besorgt, dass Schumacher bei den »indifferenten Massen ungeheure Verheerungen anrichten« könnte, und verwies auf die schlechte Stimmungslage in der Bevölkerung (zit. nach Bouvier 1996: 92). SPD-Gruppen, die eine rasche Wiederzulassung ihrer alten Partei erhofften, gab es in Sachsen derweil einige, das war auch Buchwitz bekannt (Richter/Schmeitzner 1999: 107; Malycha 2000: 242). Im Landessekretariat äußerte er seine Sorgen hinsichtlich einer Wiederzulassung der SPD noch pointierter, sah er doch sein Werk der Einheitspartei als ernsthaft bedroht an (Hurwitz 1997: 252). Ganz spurlos wäre also auch aus Buchwitz' Sicht eine direkte Konkurrenz von SED und SPD nicht am Mitgliederstamm der SED vorbeigegangen.

Im Zuge größerer Verhaftungswellen waren mittlerweile Hunderte ehemalige Sozialdemokraten in Gefängnissen oder früheren Konzentrationslagern festgehalten worden. Zugleich spielte die Parität zwischen Sozialdemokraten und Kommunisten, die ja gerade Buchwitz als Errungenschaft der Einheit betrachtete, bei der Besetzung öffentlicher Positionen in Sachsen keine Rolle mehr. Oberbürgermeister oder Landräte sozialdemokratischer Herkunft flohen in den Westen oder wurden abgesetzt, verhaftet oder gar hingerichtet, wie der vogtländische Landrat Hans Semmler. An ihre Stellen traten zumeist ehemalige Kommunisten, die dadurch immer stärkeren Zugriff auf den mittleren Verwaltungsapparat erlangten. Erheblichen Unmut bei den ehemaligen Sozialdemokraten löste insbesondere die Absetzung des Zwickauer Polizeipräsidenten Kurt Krippner aus. Krippner hatte das Amt bereits vor 1933 inne und war 1947 der letzte Polizeipräsident Sachsens sozialdemokratischer Herkunft. Seine Entlassung signalisierte in besonderem Maße den kommunistischen Machtanspruch und verdeutlichte, dass alle Absprachen und Vereinbarungen offenkundig nichts mehr galten. Die Sozialdemokraten wurden machtpolitisch immer stärker marginalisiert, das war eindeutig zu erkennen. Buchwitz war deswegen sichtlich aufgebracht, von einer Parität bei Landrats- oder Polizeipräsidentenstellen könne längst nicht mehr gesprochen werden (Hurwitz 1997: 253). Vor diesem Hintergrund kündigte er bei weiteren Aktionen dieser Art seinen eigenen Abgang an (Schmeitzner 2003: 458; Richter/Schmeitzner 1999: 104).

Im ersten Halbjahr 1947 sprach einiges dafür, dass sich die SED wieder spalten könnte, indem die früheren Sozialdemokraten die gemeinsame Partei verlassen und, soweit es die Bedingungen zuließen, dann die SPD erneut gründen würden. Selbst Buchwitz kokettierte im Lichte der Absetzung Krippners mit dem Ende der SED, sprach von einem Scheitern und war massiv frustriert über nicht eingehaltene Absprachen. Besonders die Personalentscheidungen zulasten ehemaliger Sozialdemokraten stießen ihm bitter auf. Immerhin war die Parität für Buchwitz 1946 ein zentrales Argument für den Zusammenschluss. Ganz offen attackierte er dann in der Sekretariatssitzung der Landespartei die kommunistische Seite und hielt dieser vor, die Einheit der Partei zu gefährden (Richter/Schmeitzner 1999: 108; Malycha 1996b: 178, 181; Hurwitz 1997: 252; Schmeitzner/Dohnt 2002: 318): Buchwitz kritisierte in diesem Zusammenhang, wie schäbig man in der SED über die sozialdemokratischen Ahnväter Bebel, Scheidemann und Ebert redete. Er missbilligte die mannigfachen willkürlichen Verhaftungen. Er drohte schließlich laut und vernehmlich Konsequenzen an, stellte gar seinen Rücktritt von sämtlichen Ämtern in Aussicht, wenn sich nichts ändern würde. Mal wieder durch seine chronischen Herzbeschwerden geschwächt, neigte Buchwitz gar dem Pathos zu, er wollte als alter, kranker Mann doch nur den einen Wunsch erfüllt wissen, den Erfolg der Parteieinheit.

Sehr nüchtern indes erkannte er die Gefahren für die Partei. Buchwitz hätte mit seinem Rückzug aus der Parteispitze in Sachsen zu diesem Zeitpunkt trotz seiner eher isolierten Position auf Seiten der ehemaligen Sozialdemokraten wohl einen Prozess in Gang setzen können, der massive Folgen für die SED gehabt hätte. Doch außer dem vernehmlichen Grummeln folgten keine weitergehenden Schritte. Dabei hatte Buchwitz eine sehr hellsichtige Analyse der Situation vorgenommen: Die SED genoss wegen ihrer Nähe zur sowjetischen Besatzungsmacht kein gutes Ansehen in der Gesellschaft. Die ehemaligen Sozialdemokraten wie Buchwitz waren vor allem geduldet, wurden aber immer noch gebraucht.

Die deutliche Philippika von Buchwitz veranlasste die sozialdemokratischen Mitglieder des Landesvorstands, weitere Kritikpunkte hinzuzufügen. Eisig fiel hingegen die Reaktion der einstigen Kommunisten aus, lediglich Robert Bialek sprang Buchwitz bei, forderte eine Aufklärung der Vorwürfe ein (Richter/Schmeitzner 1999: 23).[59] In der Einschätzung von Beobachtern der damaligen Situation verhinderten abermals sehr persönliche Motive eine weitere Eskalation der Debatte. Buchwitz war durch die Haftzeit immer noch geschwächt. Die körperlichen Leiden brachen den Willen bereits hinreichend. Es fehlte Buchwitz schlicht an der nötigen Energie, das Werk wieder einzureißen, das er gut ein Jahr zuvor aufgebaut hatte. Allein die elfstündige Sitzung des Landessekretariats hatte ihm so zugesetzt, dass er einen Schlaganfall erlitt, der ihn für einige Zeit in der Bewegung einschränkte (Simowitsch 2007: 225). Während die körperlichen Leiden ihn von weitergehenden Entscheidungen abhielten, war auch seine eigene Eitelkeit in der Zwischenzeit recht ausgeprägt. Die Fusion hatte ihm ja zweifelsfrei Anerkennung eingebracht. Das Bedürfnis, als einer der Stammväter der Wiederherstellung der Parteieinheit zu gelten, war weit entwickelt, Buchwitz sonnte sich in gewisser Hinsicht in diesem Glanz (Richter/Schmeitzner 1999: 109). Was hätte es also gebracht, zu dieser Stunde die Sozialdemokratie wieder aus der SED herauszuführen? Anerkennung und Lob im Westen wären keinesfalls sicher gewesen, wie das Beispiel Gustav Dahrendorf zeigte. Dieser war ja ursprünglicher Vereinigungsbefürworter, floh aber noch vor dem Zusammenschluss zur SED im Frühjahr 1946 und blieb selbst nach seiner Flucht in den Westen im Bannstrahl Schumachers, weswegen ihm keine führende Rolle in der Partei mehr zukam (Merseburger 1996: 297). Absehbar war, dass jene, die bis 1947/48 gar bereitwillig den Weg in die SED gegangen waren, kaum mit mehr Sympathie rechnen konnten, wenn sie sich der westdeutschen SPD wieder andienten. Gefahren für Leib und Leben im Osten wären hingegen wahrscheinlich gewesen. Zur politischen Heldentat war Buchwitz aber nicht bereit, geschweige denn gesundheitlich in der Lage. Hinzu kamen noch die familiären Umstände: Die Ehefrau, einst im Reich

---

59 Bialek, einst in der Breslauer SAJ sozialisiert, danach über die Zwischenstation bei der SAP und der KPO nach 1945 zur KPD gelangt und schließlich im Aufbau der FDJ in Sachsen aktiv, verließ 1953 die DDR, arbeitete für das Ostbüro der SPD und wurde 1956 nach Ostberlin entführt, wo er unter nicht mehr abschließend zu klärenden Umständen verschwand.

zurückgelassen, als er im dänischen Exil war, war in Sachsen verwurzelt. Buchwitz' Tochter Edith war mit einem überzeugten Kommunisten verheiratet (Vesper 2009). Eine wirksame Planung einer Flucht war somit kaum möglich und wäre von der Familie wohl auch nicht gebilligt worden. Der fast 70-Jährige war zudem auf deren Hilfe angewiesen, viel zu angeschlagen war seine eigene Gesundheit. Anders als 1933 kam es jedenfalls nicht infrage, sich bei einer seiner Westreisen einfach abzusetzen. Um aber die Familie mitzunehmen, hätte man eine Flucht gründlich planen müssen. Doch das setzte Unterstützer voraus. Diese wären aber leicht aufgefallen. Schließlich lebte Buchwitz in Dresden auch in einem abgeschotteten Quartier, das mit Schlagbaum gesichert war und bei dem die wachhabenden Personen sicherlich akribisch Buch führten, wer in dem Haus ein und aus ging, und das außerdem von Innenminister Fischer wohl auch umfänglich mit Abhörmikrofonen versorgt war. Eine realistische Vorgehensweise, aus diesem goldenen Gefängnis auszubrechen, ließ sich also nur schwerlich entwickeln.

Selbst wenn Buchwitz 1947 am Zustand der SED verzweifelte und Bedenken hinsichtlich des Fortbestandes der von ihm mit gestifteten Parteieinheit hegte, Gedanken an eine Flucht in den Westen dürften kaum über ein Anfangsstadium hinaus gelangt sein. Ein Rückzug seiner Person aus Verantwortung wäre hingegen eher denkbar gewesen. Dies hätte sich mit seinem gesundheitlichen Zustand leicht begründen lassen. In der SED war das in den folgenden Jahren ein probates Mittel, um das Ausscheiden kritischer Geister geräuschlos zu organisieren. Doch auch diesen Schritt ging Buchwitz nicht. Hierbei darf nicht ganz ausgeblendet werden, dass Buchwitz materiell von der Politik abhängig war. Ein solides Salär erhielt er als Landtagspräsident Sachsens, dazu durfte er in Dresden ein von den sowjetischen Truppen konfisziertes Haus in guter Lage bewohnen (o. V. 1949a; o. V. 1949b; Gniffke 1966: 244; Troeger 1977: 905; Simowitsch 2007: 310). Seine Rentenbezüge wurden durch eine Regelung zugunsten der Opfer des Nationalsozialismus aufgestockt. Sein Gehalt von der Partei war noch üppiger, so dass Buchwitz die Rentenkasse anwies, seine Rente bis auf Weiteres an die Pionierorganisation der SED zu spenden.[60]

60 Die entsprechenden Unterlagen der Sozialversicherung sind zu finden unter BArch-SAPMO, NY 4095/1.

Buchwitz hätte also bei einem wie auch immer gearteten Bruch mit der SED viel zu verlieren gehabt. Nach den Entbehrungen während des Nationalsozialismus, den erlittenen Martyrien in der Haft und den zunehmenden Schwierigkeiten im Alter war das alles kaum verlockender als weiter im Dienst zu verbleiben.

Ähnlich wie Buchwitz schreckten auch die anderen sozialdemokratischen Funktionsträger zurück, sich aus der Arbeit in der Partei oder in den staatlichen wie kommunalen Verwaltungsstellen mit Aplomb zurückzuziehen und so der SED den Legitimationsmythos zu zerstören. Hier kam insbesondere die Sorge vor der SMAD hinzu, die zwar noch eine gewisse Zurückhaltung an den Tag legte, jedoch stets zu erkennen gab, dass sie gewillt war, notfalls einzugreifen, und dies ja auch immer wieder tat.

Buchwitz war zudem recht zufrieden, weil er einige Entscheidungen sodann als Entgegenkommen verstand. Die ehemaligen SPD-Bezirksvorsitzenden Trabalski und Friedel rückten ins Sekretariat des Landesverbands auf (Richter/Schmeitzner 1999: 110). Die Einbindung des kritischen Trabalski war überdies als Signal an diejenigen zu verstehen, die auf eine Neugründung der SPD hofften. Schließlich hatte die SPD in den Westzonen ein Rundschreiben in der sowjetischen Zone verbreiten lassen, in dem Trabalski als künftiger Funktionär einer SPD-Neugründung genannt wurde (Gniffke 1966: 229). Die SED signalisierte mit seiner Wahl nunmehr, dass die ehemaligen Sozialdemokraten weiterhin ihren Platz in der SED behalten sollten. Diese Entscheidung strahlte zudem auf die West-SPD aus, die in Gedankenspielen hinsichtlich eines Wiederaufbaus der SPD in der SBZ nicht mehr mit Trabalski plante (Schmeitzner/Dohnt 2002: 316).

Für den innerparteilichen Frieden in der sächsischen SED wurde vereinbart, dass Personalentscheidungen wie die Besetzung zentraler Stellen künftig im Sekretariat vorbesprochen werden sollten. Das Aufbäumen von Buchwitz hatte aus seiner Sicht also sichtbaren Erfolg. Unter dem Eindruck des unmittelbar drohenden Auseinanderbrechens der SED hatte Buchwitz dann doch noch eine vergleichsweise starke Position in der sächsischen Landesparteiführung. Bei Buchwitz hatte diese Episode somit den Eindruck hinterlassen, dass sich etwas ändern kann und er immer noch die Partei mitzugestalten vermochte.

Die sowjetische Besatzungsmacht griff unterdessen weiter in die innerparteilichen Wahlen ein, setzte unliebsame Kandidierende unter Druck oder verhaftete diese (Malycha/Winters 2009: 82). Obwohl solche Berichte schon eine besonders harte Gangart gegenüber ehemaligen Sozialdemokraten bezeugten, hatten einige Grundprinzipien aus der Zeit der Parteigründung immer noch Bestand. Parteivorstand und Zentralsekretariat gehörten weiterhin hälftig ehemalige Sozialdemokraten an (Bouvier 1999: 101). Einige von ihnen – Max Fechner, Erich Gniffke, Otto Meier, Helmut Lehmann und Käthe Kern – kamen im Gespräch miteinander überein, dass sie im Lichte der Konflikte handeln müssten, bis hin zur Erkenntnis, die Parteieinheit auch auf zonaler Ebene als gescheitert anzusehen (Bouvier 1999: 102f; Gniffke 1966: 307; Hurwitz 1997: 426).[61] Vorrangig zielten sie auf Ulbricht, den sie entmachten wollten. Ulbricht galt als wenig umgänglich, verstand keine Scherze und wies ein ums andere Mal renitente Sozialdemokraten in Besprechungen ruppig zurecht. Im Exil in Moskau hatte er sich einige eigenartige Sitten und Gebräuche angewöhnt, wie jene, dem eigenen Wortbeitrag als Erster Beifall zu spenden oder Sätze mit einem fragenden »Ja« zu beenden. Zahlreiche SED-Genossen verdrehten die Augen, wenn Ulbricht seine Reden holprig und falsch betonend mit seiner Fistelstimme und deutlichem sächsischen Akzent ablas (Gniffke 1966: 113). Dieser ausgesprochen unsympathische Zeitgenosse galt in der Frühphase der SED als Ballast für die Parteieinheit. Die Gruppe der sozialdemokratischen Dissidenten in der einheitssozialistischen Parteiführung warb daher um Unterstützung bei Friedrich Ebert junior und bedingt bei Otto Grotewohl. Über eine Kontaktaufnahme mit Buchwitz ist hingegen nichts bekannt, obwohl dieser ja zeitgleich in Sachsen das Wort führte. Schlüsselperson in diesem Zusammenhang war wohl Erich Gniffke. Gniffke und Grotewohl waren mit einer ähnlichen Haltung in die Vereinigung gegangen, Grotewohl sah die Parteibildung als »Experiment« an, dessen Ausgang abzuwarten wäre (nach Hurwitz 1997: 107). Während sich Grotewohl der kommunistischen Linie immer stärker annäherte, begann Gniffke mehr und mehr eine innere Distanz aufzubauen

61 Die Konsequenz, die Partei zu verlassen, zog aus diesem Kreis am Ende nur Gniffke. Fechner wirkte in zentraler exekutiver Stelle nach Gründung der DDR mit, bis er in Ungnade fiel und in den 1960ern rehabilitiert wurde. Lehmann, Meier und Kern blieben der Partei treu und besetzten schließlich Nischenpositionen als Präsident der Sozialversicherung, Leiter des Zentralen Archivwesens beziehungsweise Vorsitzende der Volkskammerfraktion des Demokratischen Frauenbundes Deutschlands, einer SED-treuen Massenorganisation.

und verließ schließlich SED und SBZ Ende 1948. Aus dem Kreis der genannten Personen war er am dichtesten an Buchwitz dran, stand mit ihm im wiederkehrenden Austausch und übernachtete regelmäßig in dessen Dresdener Wohnung. Eine Abkehr von der Einheitspartei hatte er in der Zeit offensichtlich nicht beobachtet. Umso bedeutender wäre also ein kritisches Wort von Buchwitz gewesen, dem Taten gefolgt wären. Doch während Ersteres immer wieder zu erkennen war, blieb Letzteres aus, beziehungsweise begnügte er sich mit den kosmetischen Veränderungen in Sachsen.

Buchwitz war eindeutig als Einheitsbefürworter hervorgetreten und verteidigte bei jeder sich bietenden Gelegenheit die Vereinigung. Aber er war und blieb ein vergleichsweise unabhängiger Geist in den Gremien der Partei. Im Gegensatz zu den einstigen Kommunisten sprach er dort meist frei, verwies auf die reale Lage im Land, bezeugte Mängel und kokettierte im späteren Verlauf immer wieder mit seiner sozialdemokratischen Sozialisation (Bouvier 1996: 105). Dennoch sah der Kreis der potenziellen Verschwörer in Buchwitz keinen passenden Bündnispartner mehr.

Anders lagen die Dinge in Sachsen. Unter nicht abschließend geklärten Umständen verstarb Ministerpräsident Friedrichs wenige Tage nach der politisch motivierten Krankschreibung. Ein Giftmord durch Fischer stand im Raum, diese These verbreitete sich jedenfalls in Dresden in Windeseile, auch Buchwitz war davon überzeugt (Richter/Schmeitzer 1999: 221). Friedrichs war offiziell einem Herzinfarkt erlegen, und die Fischer kompromittierende Sammlung war nicht mehr aufzufinden. Unklar ist, wer die Akten an sich nahm. Möglich erscheint, dass Buchwitz selbst sich dieser bemächtigte (dafür spricht die Darstellung bei Gniffke 1966: 246) oder aber Fischer. Ganz verschwunden sind die Konvolute jedoch nicht. Sie tauchten irgendwann im Zentralsekretariat in Berlin auf. Teile nahm Erich Gniffke dann in den Westen mit (Richter/Schmeitzner 1999: 216).

Buchwitz nahm jedenfalls Kontakt mit Grotewohl auf, um diesen über die Vorwürfe gegen Fischer zu informieren. Zugleich sollten die sowjetischen Militärs bewogen werden, Fischer abzuziehen (Richter/Schmeitzner 1999: 216). Die kurze Krankheit und der plötzliche Tod des Ministerpräsidenten im Juni 1947 stellten neuralgische Punkte dar. Immerhin war kurz zuvor die Münchener Ministerpräsidentenkonferenz gescheitert, nachdem die Regierungschefs der SBZ abgereist waren. Die Zeichen standen auf eine sich vertiefende Spaltung zwischen den Westzonen und der

SBZ. Gleichzeitig waren die Spannungen zwischen ehemaligen Sozialdemokraten und Kommunisten in der SED gewachsen.

Friedrichs hatte sich in Sachsen zum Ankerpunkt für die ehemaligen Sozialdemokraten entwickelt, jedenfalls weitaus stärker als Buchwitz. Friedrichs hatte in Bezug auf die Einheitsdebatte eine verhaltene Position eingenommen, obwohl er in den Gremien für ein Zusammengehen mit den Kommunisten plädiert hatte und daher gemeinhin als Einheitsbefürworter galt. Er war aber kein in den Strukturen, Programmatiken oder Methoden gefestigter Sozialdemokrat, sondern galt eher als ein bekennender Demokrat, der sich deswegen einst der SPD angeschlossen hatte. Sein Bezugsfeld war keine historische Mission der Einheit der Arbeiterparteien wie bei Buchwitz, sondern resultierte aus einer spezifisch sächsischen Sichtweise und reflektierte eben das Auseinanderbrechen der sächsischen SPD in den 1920er Jahren stärker als die für Buchwitz so zentralen wie existenziellen Erfahrungen der 1930er/1940er Jahre. Diese eigenständige Haltung bewahrte er sich auch innerhalb der SED und hielt eine gewisse Distanz zur Partei und zu den dort ablaufenden Debatten. Als Verwaltungsfachmann wurde er nach 1945 von der Besatzungsmacht aktiviert und kooperierte mit dieser danach weitgehend unkompliziert. Er bewährte sich in den direkten Nachkriegswochen und -monaten, erst kurzzeitig in der Dresdner Stadtverwaltung, anschließend in der sächsischen Landesverwaltung. Das wiederum brachte ihm große Anerkennung in der Bevölkerung ein. Friedrichs genoss wegen seiner vergleichsweise indifferenten Haltung zum Vereinigungsprozess von SPD und KPD ebenso das Vertrauen derer, die die Vereinigung ablehnten, wie jener, die sie kritisch stützten. Je weiter der Konflikt mit seinem Stellvertreter Fischer voranschritt, desto distanzierter wurde Friedrichs in Bezug auf die SED und desto stärker setzten die SED-Dissidenten sozialdemokratischer Herkunft auf ihn (Richter/Schmeitzner 1999: 136).

Buchwitz taucht ab

Der dann sehr plötzliche Tod von Friedrichs setzte zwei Prozesse in Gang, die in unterschiedliche Richtungen wiesen. Auf der einen Seite aktivierte dieser nochmals Widerspruch in der SED. Gerade in der SED in Dresden stellten ehemalige Sozialdemokraten vehement Fragen, sahen mit Sorgen, wie sich der Einflussbereich der kommunistischen Strömung in der Partei und den Staatsinstitutionen ausdehnte und wie sehr die originär sozialdemokratischen Traditionen in die Defensive gerieten. Das bot den Nährboden für neuerlichen Aufruhr, bedrohte die Parteieinheit und sprach für einen Exodus der Sozialdemokraten, was zu dieser Zeit der Legitimationsbasis der SED als Einheitspartei der Arbeiterbewegung noch Schaden hätte zufügen können. Auf der anderen Seite musste die Nachfolge von Friedrichs geregelt werden. Ein Aufstieg von Fischer an die Spitze der Regierung lag durchaus nahe, doch hätte das genau jene Spannungen verstärkt, die Mitte 1947 zu greifen waren (Richter/Schmeitzner 1999: 248f.). Fischer schied daher aus. Das Machtgleichgewicht sprach erneut für einen ehemaligen Sozialdemokraten als Ministerpräsidenten.

Der SED-Parteivorstand präsentierte dem sächsischen Landesvorstand unterdessen Max Seydewitz als Kandidaten für das Amt, der in der Nachkriegszeit bis dato überhaupt keine Rolle in der sächsischen Landespolitik gespielt hatte und 1947 noch nicht mal mehr im Land wohnte. Treibende Kraft der Auswahl war Wilhelm Koenen, der, folgt man den Erinnerungen von Seydewitz selbst, anscheinend keine großen Mühen hatte, Buchwitz zur Zustimmung zu bewegen (Seydewitz 1976: 340). Das überrascht, denn Buchwitz stand Seydewitz eigentlich ausgesprochen skeptisch gegenüber. Seydewitz war in der Weimarer Zeit eine schillernde Persönlichkeit der SPD-Linken, der die Tolerierung der Politik von Reichskanzler Brüning abgelehnt und deswegen offen mit der Fraktionsdisziplin gebrochen hatte. Nach dem darauffolgenden Ausschluss aus der SPD 1931 gehörte er der SAPD an und stieg 1933 zu deren Vorsitzenden auf. Im Exil schloss er sich dann den Revolutionären Sozialisten von Siegfried Aufhäuser an und ersuchte zwischendurch die neuerliche Aufnahme in die SPD, hatte unterdessen aber heimlich die Mitgliedschaft bei der KPD erlangt. Nach seiner Rückkehr nach Deutschland amtierte er als Intendant des Berliner

Rundfunks. Viele ehemalige Sozialdemokraten sahen in ihm einen »Einzelgänger« (Liebermann 1947a), der gleichermaßen als windig und eitel galt, beides Charaktereigenschaften, die Buchwitz überhaupt nicht goutierte. Der gelernte Buchdrucker Seydewitz kokettierte zudem mit seinem Intellekt, was Buchwitz nicht minder missfallen haben dürfte. Den Treuebruch mit der SPD-Reichstagsfraktion hatte Buchwitz 1931 ja überdies scharf gegeißelt und für die Revolutionären Sozialisten hatte er im Exil wahrlich keine Sympathien übriggehabt. Die Aktivitäten von Seydewitz im Exil wertete Buchwitz seinerzeit sogar ausdrücklich als kontraproduktive Zersplitterung des Widerstands (Buchwitz 1936a; Buchwitz 1935). Seydewitz konnte vor diesem Hintergrund eigentlich nicht der von Buchwitz gewünschte Kandidat sein. Ebenso wie die übrigen ehemaligen Sozialdemokraten im Landesvorstand der SED in Sachsen bevorzugte Buchwitz als Nachfolger Friedrichs den Leipziger Oberbürgermeister Erich Zeigner, jenen Ministerpräsidenten der 1923 durch die Reichsexekution gestürzten sächsischen SPD/KPD-Regierung (Richter/Schmeitzner 1999: 250). Das wäre konsequent gewesen und hätte zu Buchwitz' Erzählung von der Einheit der Arbeiterpartei auch gut gepasst. Unter Vorspiegelung falscher Tatsachen in Hinblick auf künftige Verwendungsmöglichkeiten wurde Zeigner zum Verzicht auf eine Kandidatur gedrängt (Thüsing 2010: 104; Richter/Schmeitzner 1999: 251). Doch der Wille im Kreis der ehemaligen Sozialdemokraten war groß, sich auf keinen Fall Seydewitz vor die Nase setzen lassen, und diesbezüglich kam es durchaus auf Buchwitz an. Dieser hatte ja wenige Monate zuvor gezeigt, dass sein Wort noch Gewicht hatte und die Drohungen, die er aussprach, letztlich Wirkung zeigten. Doch im unmittelbaren Vorfeld dieser Entscheidung wurde Buchwitz einstweilen aus dem Verkehr gezogen. Das SED-Landessekretariat entschied, ihn kurzerhand für sechs Wochen zur Kur zu schicken (Richter/Schmeitzner 1999: 252; Simowitsch 2007: 233).

Die Tage im Sommer 1947 verliefen dann für die sächsische SED turbulent. Wechselseitige Beleidigungen und Vorwürfe liefen in den Sitzungen des Landesvorstands quer über den Tisch und verschärften die Konflikte zwischen ehemaligen SPD- und KPD-Mitgliedern. Beide Seiten hielten sich gegenseitig vor, Fehler gemacht zu haben oder falsche Strategien zu verfolgen. Die im Frühjahr noch gekitteten Bruchlinien waren nicht nur wieder aufgebrochen, sondern hatten sich vertieft. Die Partei stand in Sachsen abermals vor der Spaltung. Die Reihen der einstigen

Sozialdemokraten waren in Hinblick auf die Friedrichs-Nachfolge jedenfalls geschlossen, konnten sich am Ende aber nicht gegen die Phalanx der einstigen Kommunisten durchsetzen, nicht zuletzt, weil Buchwitz abwesend war.

Die plötzliche Kur, auf welche Buchwitz während einer politisch zentralen Lage geschickt wurde, mutet seltsam an. Buchwitz hatte seit der Haftzeit eine labile Gesundheit, bekam in der Folge der Herzinsuffizienz schwerlich Luft und litt unter Herzrhythmusstörungen. Zwei Herzinfarkte und ein Schlaganfall waren wegen der anstrengenden politischen Debatten hinzugekommen. Allerdings war Buchwitz zäh, robust und agierte immer wieder mit Härte gegen seine körperlichen Leiden. Seine Biographen betonten ausgesprochen bewundernd, wie wenig Buchwitz Rücksicht auf sich selbst nahm, wenn es darum ging, in entscheidenden Sitzungen dabei zu sein. Längere Zeiten der Rekonvaleszenz gönnte er sich bis dato ebenfalls nicht. Warum blieb Buchwitz nun ausgerechnet in dieser Situation den Parteigremien fern? Warum akzeptierte er die offensichtlich arrangierte Auszeit? Buchwitz hatte noch im Frühjahr mit gewissem Erfolg für seine Überzeugungen gekämpft, nunmehr stand er mit einem Male passiv am Rand und fügte sich in eine Entscheidung, die anscheinend nicht die seine war (so angenommen bei Richter/Schmeitzner 1999: 252). Er kannte die belastenden Unterlagen gegen Fischer, teilte die kritischen Einschätzungen über ihn, hätte in seiner Position gegen Seydewitz sogar wieder die geschlossene Gefolgschaft seiner alten Genossen besessen. Durch den Kuraufenthalt ging Buchwitz der offenen Kontroverse aus dem Weg. Weder kämpfte er an diesem neuralgischen Punkt um den Kurs der SED, noch kündigte er der SED dann im Nachhinein die Treue auf.

Die Ursachen dieser Zurückhaltung lassen sich nur teilweise durch einen Brief rekonstruieren, den Kurt Liebermann, seines Zeichens Chef des Nachrichtenamtes der Dresdner Stadtverwaltung, Mitte Juli 1947 an den kurenden Buchwitz richtete (Liebermann 1947b). Aus diesem Schreiben geht zum einen hervor, dass man Buchwitz in den Tagen der Entscheidung grundlegend von Informationen zum Fortgang der Beratungen abschnitt. Offiziell wollte man ihn vor zu großer Aufregung bewahren, doch es kann nicht ausgeschlossen werden, dass man ihm vor allem als Akteur die Möglichkeit zur Reaktion nehmen wollte. Zum anderen wird aber auch ersichtlich, dass es Buchwitz war, der zuvor den Debatten im Landesvorstand eine besondere Schärfe verlieh. Liebermann ging jedenfalls davon aus, dass mit der Rückkehr von Buchwitz das zwischenzeitlich stillgelegte »Ringelreihen« wieder losginge.

Liebermann versuchte gleichzeitig, Buchwitz zu beruhigen, was den weiteren Verlauf der Beratungen anging. Koenen habe sich in den Beratungen konziliant verhalten und einige Vorwürfe bezüglich einer personellen Bevorzugung ehemaliger Kommunisten ausräumen können. Liebermanns Schilderung stand allerdings in ziemlichem Gegensatz zu dem, was aus den Sitzungen des Landesvorstands andernorts übermittelt wurde.

Koenen nutzte nämlich die Abwesenheit von Buchwitz, um ehemalige Sozialdemokraten frontal zu attackieren. Spionage war schon längst ein gängiger Vorwurf, aber auch die Autorenschaft oder Unterstützung von Resolutionen für Meinungsfreiheit oder Streikrecht war aus Koenens Sicht ausreichend, um missliebige Parteimitglieder ihrer Funktion zu entheben; auch freundschaftliche Kontakte zur SPD im Westen legitimierten Maßregelungen (Bouvier 1996: 95). In dieser Sitzung kamen darüber hinaus grundlegende Fragen auf (Hurwitz 1997: 255). Mit der Vereinigung von SPD und KPD war eben keine Verständigung über das Politikverständnis erfolgt, das diese beiden Strömungen massiv entzweite. Auf der einen Seite fochten Sozialdemokraten für Pluralismus, parlamentarische Demokratie und diskursiven Meinungsstreit. Auf der anderen Seite plädierten Kommunisten für eine straffe Parteiorganisation, die als demokratischer Zentralismus bezeichnet wurde, missbilligten abweichende Positionen, ordneten sich zentralen Vorgaben vorbehaltlos unter und akzeptierten zu dem Zweck auch Terror und Gewalt gegen Abweichler. Über allem schwebte zudem das Verhältnis zur Besatzungsmacht und zur künftigen Deutschlandpolitik.

An diesem Punkt hätte die Parteieinheit somit scheitern können. Doch es fehlte dafür der Anführer. Der innerparteilichen sozialdemokratischen Opposition, die in der frühen SED zweifelsohne noch vorhanden war, mangelte es an Trägern, an integrierenden Persönlichkeiten oder an Tribunen, die eine solche Revolte anführen könnten. In Ermangelung eines organisatorischen Zentrums konnte auch keine abschließende Strategie entwickelt werden: Sollte die SED verändert werden oder war nur ein Bruch eine zielführende Entscheidung?

Buchwitz hatte in den Wochen nach Friedrichs Tod versucht, dem Widerwillen der ehemaligen Sozialdemokraten eine Stimme zu geben, doch im entscheidenden Augenblick war er abwesend und wurde über den Verlauf der Beratungen unter Rücksichtnahme auf seine Gesundheit auch getäuscht. Mithin fielen die Entscheidungen, die der alte Parteisekretär Buchwitz danach akzeptierte, jedenfalls nicht mehr hinterfragte. Simowitsch sah Buchwitz in einem Schockzustand nach Dresden zurückkehren (Simowitsch 2007: 233), wo er dann in seiner Funktion als Landtagspräsident die Wahl von Seydewitz leitete.

Mit dessen Wahl fehlte dann den früheren Sozialdemokraten in Sachsen ein Bezugspunkt, den zuvor Friedrichs darstellte. Es mangelte an einem potenziellen Sprachrohr einer innerparteilichen Opposition. Buchwitz konnte diese Rolle unmöglich einnehmen, viel zu wenig war er in der Zwischenzeit von den ehemaligen Sozialdemokraten noch als einer der ihren akzeptiert worden. Sein plötzliches Fehlen in der Stunde einer Richtungsentscheidung dürfte diesen Eindruck dann gefestigt oder – wohlwollend interpretiert – verdeutlicht haben, dass Buchwitz aus gesundheitlichen Gründen nicht mehr hinreichend belastbar war.

Bis zum Sommer 1947 war die SED in Teilen der Organisation noch recht diskussionsfreudig, die Mitglieder hinterfragten in den Orts- oder Betriebsgruppen die Resolutionsentwürfe für die anstehenden Parteikonferenzen oder stimmten über Beschlüsse schon mal streitig ab (Müller 1995: 2350f.; Malycha 2000: 164). Die Parteibasis reagierte auch auf die wirtschaftlichen Umstände. Die wirtschaftliche Stagnation und die sich verschlechternde Ernährungslage bewegten die Gliederungen der Partei. Vergleichsweise kritisch setzte man sich in diesem Zusammenhang sogar mit der Politik der Besatzungsmacht auseinander (Hurwitz 1997: 56; Malycha 2000: 201). Insoweit lebte vor allem noch ein Rest des sozialdemokratischen Pluralismus und der Renitenz fort. Die Debatte um die Nachfolge von Friedrichs zeigte, dass derlei Kontroversen auch in den Gremien der Landesorganisationen ausgetragen wurden.

Der tiefe Graben zwischen ehemaligen Sozialdemokraten und ehemaligen Kommunisten hätte 1947 die SED spalten können. Die Parteiführung reagierte auf die Spannungen beim anstehenden Parteitag im Herbst 1947. Der ehemalige Sozialdemokrat Erich Gniffke feierte dort die Anziehungskraft der SED auf die Massen und beschwor die verankerte Parität zwischen den Quellströmungen (Bouvier 1996: 115). Allerdings spannte Gniffke in seinem Referat den Bogen bereits weiter, sprach einerseits von innerparteilicher Demokratie, forderte aber andererseits »Parteidisziplin«

ein und verlangte die Unterordnung der innerparteilichen Minderheit unter die Mehrheitsbeschlüsse (Malycha 2000: 268; Malycha/Winters 2009: 63; Gniffke 1966: 256). Der moskaugestählte Kommunist Walter Ulbricht deutete in diesem Zusammenhang beiläufig an, dass sich die Partei zu einer »Partei neuen Typs« wandeln solle (Bouvier 1996: 116). Diese Chiffre war ziemlich eindeutig und kündigte an, die Partei im kommunistischen Geiste umzugestalten.

Sicherlich gab es Bedarf, einige Organisationsprinzipien zu überprüfen, nachdem die Mitgliederentwicklung eigentlich sehr erfolgreich verlaufen war. Die Sozialdemokraten waren trotz regionaler Differenzierungen letztlich nicht massenhaft ausgetreten, und neue Eintritte ließen die Partei weiterwachsen. Dadurch änderte sich das Profil der SED. Nunmehr gab es zahlreiche Mitglieder, die keiner der Quellparteien zuzuordnen waren, mithin war es auf lange Sicht schwierig, die Parität zwischen Sozialdemokraten und Kommunisten aufrechtzuerhalten. Dieses funktional ja durchaus richtige Argument machte sich die kommunistische Seite zu eigen und forcierte eine Abkehr von der Parität, die bis 1950 vollzogen wurde.

Seit der Gründung der SED hatten sich zahlreiche Sozialdemokraten ohnehin schon aus der aktiven Parteiarbeit zurückgezogen. Von den sozialdemokratischen Delegierten des Gründungsparteitags 1946 wurden 1947 etliche nicht mehr delegiert, wie Gniffke resignativ feststellte (Gniffke 1966: 256). Die Zeichen, die der Parteitag ausgesandt hatte, verstanden viele ehemalige Sozialdemokraten, die zuvor der neuen Partei gewogen waren, nunmehr als eindeutige Gefahr. Eine freie Debatte über den Zustand und den Kurs der Partei bremsten die kommunistischen Funktionsträger geschickt aus. Man beeinflusste Redelisten in den Gremien und führte die Pflicht ein, sich im Vorfeld schriftlich zu Wort zu melden, dadurch wurden spontane Debatten von Beginn an verhindert und man stellte darüber sicher, dass kommunistische Wortmeldungen in den Aussprachen quantitativ deutlich überwogen (Hurwitz 1997: 386f., 424).

In der SED entwickelte sich in den Landesverbänden daraufhin eine äußerst kritische Nachlese des Parteitags. Unzufrieden waren vor allem die ehemaligen Sozialdemokraten, die sich über die stumpf abgelesenen Wortbeiträge ärgerten und denen außerdem die permanenten Huldigungen Stalins, die Bekenntnisse zur Sowjetunion oder zur Führungsrolle der KPdSU missfielen. Überdies ließ die straffe Parteitagsregie keine inhaltlichen Auseinandersetzungen zu. Auch der aus der Kur zurückgekehrte

Buchwitz bemängelte im sächsischen Landesvorstand, dass der Parteitag an den realen Verhältnissen in der SBZ vorbeigegangen sei und nur bedingt die innerparteilichen Debatten widergespiegelt habe (Malycha 2000: 269). Noch immer überwog also bei Buchwitz die Bereitschaft zur kontroversen Auseinandersetzung. Noch immer hielt er den innerparteilichen Pluralismus hoch und verteidigte somit genuine sozialdemokratische Organisationsprinzipien.

Die Partei neuen Typs und Buchwitz wieder mittendrin

All diese Dinge verschwanden in den folgenden Monaten aus der Parteiwirklichkeit. Unter dem Eindruck des sich vertiefenden Ost-West-Konflikts leitete der SED-Parteivorstand nämlich eine weitreichende Parteireform ein. Die Parteiführung witterte drei Feinde, welche die Partei von innen zu zersetzen drohten (Bouvier 1996: 117; Weber 1992: 275): Die Haltung der jugoslawischen Kommunisten, die sich von Stalin gelöst hatten, drohte erstens die Partei ideologisch von der Verbundenheit mit der Sowjetunion zu trennen. Das Ostbüro der SPD in den Westzonen betreibe zweitens eine Agententätigkeit, welche die SED von ihrer eigentlichen deutschlandpolitischen Mission zur Schaffung eines einheitlichen sozialistischen Staats abhalte. Drittens hätten Funktionsträger der Partei sich in ihren Ämtern korrumpieren lassen, so dass die SED in der Außenwahrnehmung Schaden erleide.

Letzteres war ein Argument, das vor allem auf die Stimmungslage in der Bevölkerung reagierte. Die ohnehin prekäre Versorgungslage hatte sich 1947 weiter massiv verschlechtert. Der Winter 1946/47 war bitterkalt. Die darauffolgende Ernte fiel dann wegen der Hitze im Sommer schlecht aus. In dieser Zeit taten sich die Bruchlinien zwischen Ost und West auf. Während in den westlichen Zonen die Reparationen schon 1946 zurückgefahren wurden, demontierten sowjetische Besatzungstruppen weiterhin in erheblichem Umfang Schienen und Fabriken und verlangten einen Tribut bei Waren. Als im Sommer 1947 die amerikanische Regierung ihrerseits Hilfen für den Wiederaufbau Europas ankündigte, die ab 1948 in Form des Marshallplans umgesetzt wurden, wies die sowjetische Seite eine amerikanische Offerte barsch zurück, auch den Osten Europas einzubeziehen, konnte aber zugleich kein vergleichbares Angebot offerieren. Im geteilten Deutschland waren die Unterschiede der wirtschaftlichen Lage besonders gut zu erkennen. Die eigentlich günstigen Voraussetzungen der ostdeutschen Wirtschaft konnten nicht genutzt werden. Die Ausrüstungsvorteile gegenüber dem Westen verminderten sich wegen der fortgesetzten Demontagen. Im Westen hingegen ergaben sich neue

Absatzmärkte und über den Handel war es zugleich möglich, die Versorgungslage zu verbessern.

Das führte zu einer verstärkten Ablehnung der sowjetischen Besatzungsmacht und der ihr zugerechneten SED. In dieser Situation hatte die so in der Kritik stehende Seite ein Interesse daran, andere Gründe zu popularisieren. Diebstahl, Korruption, persönliche Bereicherung oder Sabotage wurden für die schlechte Versorgungslage verantwortlich gemacht. Derartiges gaben kommunistische Parteien immer wieder vor, um die Schuld am Scheitern der von ihnen verantworteten Politik einem externen Gegner zuzuschreiben. In der SBZ gerieten am Ende der 1940er Jahre ehemalige Sozialdemokraten als vermeintliche Täter ins Visier der politisch motivierten Justiz, unabhängig davon, ob diese den Weg in die SED gegangen waren oder nicht. Was im Herbst 1946 mit Hennig und Wend begonnen hatte, fiel nun auf besonders fruchtbaren Boden. Den einstigen Sozialdemokraten schob man Schuld in die Schuhe.

Allerdings waren die Exempel, die man bis dato exekutierte, ausgesprochen langwierige Angelegenheiten. Das parteiinterne Maßregelungsverfahren gegen Wend zog sich zum Leidwesen der früheren Kommunisten über ein halbes Jahr hin (Malycha 1996b: 204). Diesbezüglich hatten die früheren Sozialdemokraten immer noch die Einhaltung von Regeln eingefordert, bestanden auf vorgeschriebenen Verfahrensabläufen, hinterfragten Argumentationsketten und waren bestrebt, angemessen auf Verfehlungen zu reagieren: so mit zeitlich begrenzten Funktionsverboten oder mit Versetzungen auf andere Positionen. Vor allem wollten sie Ausgrenzungen wegen Bagatelldelikten vermeiden. Aus Sicht eines mit dem Terror stalinscher Prägung vertrauten Kommunisten hatte das alles keine hinreichend abschreckende Wirkung. Daher waren aus deren Sicht diese Entscheidungswege nicht geeignet, der sich verschlechternden Stimmung in der Bevölkerung durch Dämonisierung eines subversiven Gegners zu begegnen und sie einzuhegen.

Schließlich kam ein Momentum dazu, das mit der noch unvollkommenen, aber sich mehr und mehr abzeichnenden deutschen Teilung wie auch mit der Existenz der SPD im Westen verbunden war. Immer wieder verschwanden in der SBZ ehemalige Sozialdemokraten in Haftanstalten, was seitens der SPD im Westen öffentlich thematisiert wurde und wiederum Unruhe in der SED und darüber hinaus auslöste (Klein 1999: 133). Ohne begleitende propagandistische Maßnahmen drohten die wilden

Verfolgungen zu einem Problem zu werden. Zur Legitimation des Vorgehens wurden daher angebliche oder reale Verbrechen einem »entlarvten« Täter zugeordnet.

Vor diesem Hintergrund und mit einem »Geständnis« eines Ostbüro-Agenten in der Tasche warnten im Juni/Juli 1948 Ulbricht und Grotewohl im Vorstand der SED eindringlich vor den Gefahren, die von den ehemaligen Sozialdemokraten ausgehen könnten (Malycha/Winters 2009: 83; Buschfort 1991: 39). Diese suchten bei kritischer Einstellung zur Entwicklung der SED naheliegenderweise Kontakt zu ihren Parteifreunden im Westen, wodurch sie zwangsläufig selbst Zuträger oder Verbindungspersonen des Ostbüros der SPD wurden. Das wiederum erleichterte es, sie der Spionage zu bezichtigen (Klein 1999: 139).

Das Ostbüro der SPD unterhielt tatsächlich ein Netz von Informationszuträgern in der SBZ. Über dieses berichteten ehemalige Sozialdemokraten dem Vorstand der SPD in den Westzonen. Allerdings war das persönliche Risiko einer aktiven Unterstützung des Ostbüros immens hoch, und die Informanten waren erstaunlich arglos, ja naiv in ihrer Vorgehensweise (Walter 1993: 150; Müller 2015: 70). Eine Kontaktanbahnung ging in den Jahren 1947/48 meist damit einher, die eigene Flucht in den Westen vorzubereiten und abzusichern. Ohnehin waren die geflohenen Sozialdemokraten zunächst die Hauptinformationsquelle (Buschfort 1991: 26ff.). Allerdings entwickelte sich die Organisation des Ostbüros weiter. Man strukturierte ihre Mitarbeiterschaft stärker im Sinne geheimdienstlicher Methoden um, so dass V-Leute zunehmend ein Doppelleben als vordergründig besonders eifrige SED-Aktivisten führten (Buschfort 1991: 30). Die abweichenden Positionen sollten also nicht mehr öffentlich zutage treten, um die Beständigkeit der Informationsquellen abzusichern.

Die Arbeit des Ostbüros hatte sich nochmals verändert, seitdem eine Wiedergründung der SPD in der SBZ praktisch ausgeschlossen war. Einen Antrag auf Wiederzulassung in der sowjetischen Zone wollte der Parteivorstand nicht stellen, weil die Voraussetzungen für eine freie Betätigung dort nicht gegeben waren (Hurwitz 1997: 196) und es keine Bereitschaft gab, am Ende ein Dasein in Form einer Blockpartei zu fristen, wie es die auf Linientreue getrimmten CDU und LDP taten (Richter 1995: 2529). Dementsprechend war es für die SED-Führung nun leichter möglich, eine offene Feindschaft der SPD zu begründen.

Als Konsequenz beschloss der SED-Parteivorstand sodann, eine »Säuberung« einzuleiten (Weber 1992: 275). Mit dieser Entscheidung wurde der Nexus zwischen Sozialdemokraten und Kriminalität unmittelbar hergestellt. War bis dato zumindest bei in prominenteren Funktionen befindlichen Sozialdemokraten das Zusammentreffen beider Merkmale Voraussetzung für disziplinierende Maßnahmen, genügte nun die Gesinnung, da diese eine Verbindung zur West-SPD wahrscheinlich werden ließ. Ehemalige Sozialdemokraten gerieten so unter Rechtfertigungsdruck.[62] Freilich war zu diesem Zeitpunkt der Prozess der bewussten Marginalisierung abweichender Positionen längst im Gange. Verhaftungen wegen Spionage oder angeblicher Korruption waren ja schon davor an der Tagesordnung. Tausende frühere Sozialdemokraten wurden von ihren hauptamtlichen Aufgaben in Verwaltungen und Partei entbunden (Richter 1995: 2548).

Auf kommunistischer Seite wurde die Erzählung wie folgt aufbereitet: Die Kommunisten hätten mit der Vereinigung zur SED die Lehren aus der Geschichte bereits gezogen und den einstigen Graben zur Sozialdemokratie überwunden. Diese belege schon eine hinreichende Distanz zu alten Methoden und Vorgehensweisen. Die Sozialdemokraten hingegen sollten in der Phase, in der das Ostbüro der West-SPD die Arbeit der SED untergrabe, nun ihrerseits darlegen, wie weit sie sich von der früheren Partei zu lösen gedenke. In diesem Zusammenhang wurde eine Linie gezogen von der passiven Haltung am Ende der Weimarer Republik zur mangelnden Bereitschaft der SPD im Westen, den Kommunisten die Hand zu reichen. Im Sommer 1948 brachten die Spitzen der SED diese Argumentation in die Gremien der Partei ein (z. B. Hurwitz 1997: 432f). Damit schufen sie eine ideologische Grundlage für das weitere Vorgehen. Damit wurde die im Kreis der kommunistischen Parteien 1947 bei der Bildung des Kominform-Büros festgelegte Linie auf die deutschen Verhältnisse übertragen. Ein imperialistisches und antidemokratisches Lager unter US-Führung habe sich gebildet, dem ein demokratisches und antiimperialistisches Lager unter sowjetischer Führung gegenüberstehe. Die Scheidung der Welt in eine solche Dichotomie erforderte es, sich verbindlich festzulegen. Ein Abweichen von der Linie der Sowjetunion bedeutete damit zwangsläufig eine Unterstützung der »imperialistischen, antidemokratischen« Kräfte.

---

62 Selbiges galt für Anhänger kommunistischer wie sozialistischer Strömungen verschiedenster Provenienz.

Anders formuliert, eine im sozialdemokratischen Sinne pluralistisch organisierte Partei oder Parteiströmung beging Verrat. Gleichzeitig wurde damit den zuvor vertretenen Thesen eines besonderen deutschen Wegs zum Sozialismus, die etwa der Alt-Kommunist Anton Ackermann vertreten hatte, eine Absage erteilt. Letzteres richtete sich insbesondere gegen die in Jugoslawien betriebenen Ansätze, war aber zugleich als grundlegende Abkehr von den zuvor propagierten nationalen Wegen zum Sozialismus zu verstehen, wie sie bis dato im sowjetischen Herrschaftsbereich propagiert worden waren.

Vor diesem Hintergrund war es möglich, das sozialdemokratische Erbe der SED offen infrage zu stellen, was wenige Monate zuvor noch zu Problemen für die Legitimation der Partei geführt hätte. Vor 1948 bedrohte eine Wiederzulassung der SPD das Monopol der SED auf die Traditionswahrung der Sozialdemokratie, was nichts daran änderte, dass man dennoch mit sozialdemokratischen Traditionen brach, Vereinbarungen aus der Zeit des Zusammenschlusses kurzerhand aufhob oder missachtete (Malycha 1998b). Doch die SED musste bis Ende 1947/Anfang 1948 ein gewisses Augenmaß walten lassen. Ende 1947 war dann die Gefahr einer Wiederzulassung der SPD auf dem Gebiet der sowjetischen Zone hingegen gebannt; die SPD hatte ihrerseits zudem kein Interesse mehr, eine Zulassung der SED im Westen hinnehmen zu müssen. Dadurch bestand keine Gefahr mehr, dass die SPD ihrerseits die Initiative ergreifen würde und in Konkurrenz zur SED treten könnte (Malycha 1996b: 186). Gleichzeitig verminderten sich die Hoffnungen auf eine gesamtdeutsche Perspektive für die SED. Die Zeichen standen mit der Währungsreform im Westen und der Blockade der westlichen Sektoren Berlins durch die Sowjets auf Teilung des Landes. Gesamtdeutsche Wahlen rückten in weite Ferne. Der Fokus der SED verlagerte sich auf Herrschaftssicherung in dem Gebiet, in dem sie agieren konnte.

Als im Sommer 1948 endgültig die Weichen für die Verfolgung der einstigen Sozialdemokraten gestellt wurden, war Buchwitz wiederum abwesend. Er war mit seiner Frau zu einer sechswöchigen Erholungsreise in die Sowjetunion eingeladen worden. Neben einer Kur im Sanatorium hatte Buchwitz Gelegenheit, sich in Moskau umzusehen, Fabriken zu besichtigen und sowjetische Funktionäre zu sprechen. Seine Erlebnisse fasste er zunächst in Form eines Tagebuches zusammen,[63] woraus er später umfängliche Reiseberichte fertigte (Buchwitz 1948c; Buchwitz 1948d). Die Millionenstadt mit den stalinistischen Prunkbauten hat bei Buchwitz den Eindruck einer prosperierenden, modernen Gesellschaft hinterlassen. Die Freundlichkeit, mit der ihn die Offiziellen empfingen, tat ein Übriges, um bei Buchwitz eine wahre Begeisterung für die Sowjetunion zu entflammen.

Als Buchwitz zurückkehrte, war die Parteiführung der SED im Wesentlichen auf die neue Linie eingeschwenkt. Die Scheidung der Welt in zwei Lager, hier die Einheit der Arbeiterklasse, dort der Monopolkapitalismus, trug Grotewohl besonders prononciert vor (Malycha 2000: 320; Müller 1990b: 497). Wer nicht für den Kurs der SED war, war dagegen, so lässt es sich auf den Punkt bringen, und entsprechend sollte fortan mit innerparteilicher Kritik umgegangen werden.

Buchwitz, frisch von der Überlegenheit des sowjetischen Kommunismus überwältigt, sollte zur Umsetzung dieser Haltung an die Spitze eines Gremiums treten, das im sozialdemokratischen Kosmos vollkommen ungewohnt war. Im September wurde die Zentrale Parteikontrollkommission geschaffen, welche »die Sauberkeit der Partei (…) sichern« (zit. nach Bouvier 1996: 117) sollte. Malycha/Winters (2009: 67) beschreiben dieses Gremium als Instrument der Disziplinierung. Als »Überorgane« klassifizierte Andreas Schmidt (2004: 505) die Kommissionen, die auf allen Parteiebenen in erheblichem Maße hauptamtliche Ressourcen banden. Analog zu ähnlichen Institutionen in anderen stalinistischen Parteien, verkörperten diese Kommissionen zusammen mit dem entstehenden Politbüro als zentralem Führungsorgan eine wesentliche organisatorische Maßnahme, um sich von den sozialdemokratischen Strukturen weg und zu den sowjetisch-kommunistischen Idealen der Partei neuen Typs hinzubewegen. Dadurch sollte jedwede innerparteiliche Opposition wirksam unterbunden werden (Malycha/Winters 2009.: 86). Lediglich der Rathenower Oberbürgermeister und frühere kurzzeitige SPD-Fraktionsvorsitzende im preußischen Landtag, Paul Szillat, hinterfragte im SED-Parteivorstand berechtigterweise, ob so nicht jedwede Meinungsverschiedenheit als Anlass für Diffamierungen genutzt werden könne (Bouvier 1996: 118; Hurwitz 1997: 443).

63 Die handschriftlichen Unterlagen sind hier zu finden: HStA Dresden, SED-BPA Dresden, Teilnachlass Otto Buchwitz, V.2.01.001.

Obwohl der Bruch mit den sozialdemokratischen Prinzipien der innerparteilichen Demokratie massiv war, verteidigten auch ehemalige Sozialdemokraten diese Veränderung. Otto Grotewohl etwa hatte sich binnen drei Jahren vom selbstbewussten Sozialdemokraten zum Anhänger Stalins gewandelt (Lemke 1999; Hurwitz 1997: 389; Müller 1990b: 497). Dass der opportunistisch eingestellte und eitle Grotewohl sich entsprechend positionierte, überrascht eher wenig. Die Haltung von Buchwitz hingegen verwundert. Immerhin hatte er, nicht einmal ein Jahr zuvor, die innerparteiliche Demokratie und Meinungsfreiheit recht vehement verteidigt (Malycha 2000: 246; Malycha/Winters 2009: 82). Ausbleibende Diskussionen in der Organisation schienen ihm noch im Frühjahr 1947 gar ein Problem für die Akzeptanz und Handlungsfähigkeit zu sein. Nunmehr nahm er eine gänzlich andere Position ein.

Buchwitz war von der Überlegenheit des sowjetischen Modells überzeugt und hatte diesbezüglich sehr frische Erfahrungen von seiner jüngsten Reise mitgebracht. Vor diesem Hintergrund beeindruckten ihn die Ausführungen von Walter Ulbricht. Dieser referierte, dass es zu erheblichen Mängeln in der Wirtschaft gekommen sei, die im Zusammenhang mit dem Ostbüro der SPD zu sehen seien. Mithin verhinderte die West-SPD eine erfolgreiche Entwicklung der ostdeutschen Wirtschaft.

Folglich war jedwede Bezugnahme auf die SPD ein Gefahrenpunkt für die Entwicklung der sowjetischen Zone (Malycha 1996b: 124). Weil im SED-Parteivorstand aber auch Alt-Kommunisten wie Anton Ackermann oder Fred Oelßner von nötiger Selbstkritik sprachen und eigene Fehler einräumten (Gniffke 1966: 341), erschien der Auftrag der Kontrollkommission nicht allein gegen ehemalige Sozialdemokraten gerichtet zu sein. Allerdings hatte der Parteivorsitzende Wilhelm Pieck recht deutlich zu verstehen gegeben, dass die ehemaligen Sozialdemokraten aus seiner Sicht ideologisch vielfach rückständig seien und mithin unter besonderer Beobachtung stünden (Hurwitz 1997: 445). Alles in allem dürfte diese Argumentation Buchwitz aber einigermaßen zufriedengestellt zu haben.

Soweit zuvor noch sorgsam versucht wurde, irgendeine Form von Geständnis mit mehr oder weniger Zwang zu erwirken oder Verschuldenstatbestände in durchaus abenteuerlicher Weise schlüssig zu konstruieren, trat nunmehr ein Generalverdacht an die Stelle einer zuvor vordergründig noch konsistenten Beweisführung. Erich Gniffke im Zentralsekretariat dämmerte, dass damit die Verfolgung vom ehemaligen Sozialdemokraten

Tür und Tor geöffnet wurde (Buschfort 1991: 39), weswegen er in den folgenden Monaten die Partei verließ und in den Westen überwechselte. Die Flucht des einstigen Zentralausschussrepräsentanten Gniffke wiederum diente dem SED-Machtapparat erst recht der Untermauerung des Agenten- und Sabotagetheorems (Malycha 1997: 34).

Für die Zentrale Parteikontrollkommission (ZPKK) wurde ein zweiköpfiger Vorsitz bestimmt. Bemerkenswert war zu diesem Zeitpunkt durchaus die Tatsache, dass trotz des entwickelten Generalverdachts, unter den man die ehemaligen Sozialdemokraten zunehmend stellte, die Parität zwischen Sozialdemokraten und Kommunisten bei bestimmten Spitzenämtern noch beibehalten wurde. Entsprechend mussten auch in der ZPKK ein ehemaliger Kommunist und ein ehemaliger Sozialdemokrat dieses Amt übernehmen. Für die kommunistische Seite fiel die Wahl auf Hermann Matern. Für die sozialdemokratische Seite übertrug man diese Aufgabe kurz darauf Otto Buchwitz. Im Zuge dessen gab er im Dezember 1948 den Landesvorsitz in Sachsen für die sozialdemokratische Seite an Erich Mückenberger ab (Malycha 1996b: 207; Zimmermann 1984: 170; Richter/Schmeitzner 1999: 261).[64]

Matern wurde zugetraut, die Aufgabe umfassend zu exekutieren. Buchwitz sollte dabei möglichst wenig stören und galt als sozialdemokratisches Feigenblatt. Seine Freundschaft zu Matern wie auch sein Alter kamen dabei zupass. Durch die neue Aufgabe war es außerdem möglich, ihn vom Landesvorsitz wegzuloben. Buchwitz wurde dabei vor vollendete Tatsachen gestellt. Man forderte ihn auf, die Funktion zu übernehmen, umschmeichelte ihn und drängte ihn zum Wechsel nach Berlin. Er selbst gab zu verstehen, dass er den Landesvorsitz altersbedingt ohnehin abgeben wolle, jedoch nicht unbedingt nach Berlin zu gehen gedachte und auch eigentlich keine Funktionen anstrebe (Schmeitzner/Dohnt 2002: 379). Doch der ehemalige Parteisekretär konnte sich der Entscheidung seiner Partei schlecht widersetzen, loyal und treu, wie er zur Organisation stand.

64 Auch Koenen schied aus. Auf ihn folgte Ernst Lohagen. Die Ablösung von Buchwitz lässt sich durchaus im Kontext mit der Ablösung anderer sozialdemokratischer Landesvorsitzender in anderen Landesverbänden sehen (Müller 1995: 2367), über welche die Parteiführung die alten sozialdemokratischen Vorsitzenden austauschte und durch jüngere und damit weniger eng an die SPD gebundene Funktionsträger ersetzte.

Buchwitz wurde eine durchaus zentrale Aufgabe in der sich entwickelnden stalinistischen Organisationsstruktur zugewiesen. Er hatte bei der Auswertung der Landtagswahlen 1946 im Gegensatz zu anderen ehemaligen Sozialdemokraten zu erkennen gegeben, dass er für die Deutung des Wahlergebnisses bereit war, die Fehler nicht extern, sondern vorwiegend intern zu suchen. Außerdem mäanderte er in seinen Argumenten immer wieder zwischen den Anforderungen an einen innerparteilichen Pluralismus und den Erfordernissen einer organisatorischen Geschlossenheit. Beides entsprach ja seiner Lebenserfahrung. Als altgedienter Sozialdemokrat kannte er die Debattenvielfalt und Vielschichtigkeit der alten Sozialdemokratie vor dem Ersten Weltkrieg. Als SPD-Parteisekretär hatte er aber auch erlebt, wie ausufernde, kontroverse Debatten den Erfolg der SPD gefährdeten. Im Exil hatte er erfahren, wie beschränkt eine sich offenen Diskussionen verweigernde Sozialdemokratie aussah. Gleichzeitig hatte er in der Haft gelernt, wie man eine klandestine Organisation mit hoher Geschlossenheit zum Nutzen der eigenen Leute betreiben konnte, mitunter musste. Gerade weil Buchwitz kein Mann tiefgreifender Debatten, sondern der praktischen politischen Aktion war, entschied er sich in der Abwägung beider Güter im Zweifel eher für die organisatorische Geschlossenheit und die Unterordnung unter eine Zielvorstellung. Insoweit traute man ihm im Gegensatz zu anderen ehemaligen Sozialdemokraten dann zu, den ideologischen Konstrukten von der Herstellung der Parteieinheit und -geschlossenheit zugänglich zu sein.

Um Buchwitz endgültig von der Notwendigkeit des Vorgehens zu überzeugen, unterlegte man die Spionagelegenden, die Grotewohl und mit besonderer Leidenschaft und Detaillierung Ulbricht verbreiteten, mit anschaulichem Material. Buchwitz fühlte sich ohnehin bestätigt, wenn seinen einstigen Gegenspielern, etwa Hennig, Haufe, Wend oder Trabalski, Vermögensdelikte vorgeworfen wurden, und empfand Genugtuung, wenn ausgerechnet diese dann ihn um Beistand baten. Die gesamtwirtschaftlichen Auswirkungen dürften ihm hingegen wenig geläufig gewesen sein. Diesbezüglich wurde ihm auf die Sprünge geholfen. Im Herbst 1948 – also nach der Einsetzung der Kommission, aber noch vor deren Konstituierung – hatte man ihm in Gestalt des Bergmanns Adolf Hennecke vorgespielt, zu welchen wirtschaftlichen Leistungen der Mensch im Sozialismus fähig sein könne. Buchwitz wurde Zeuge jener Schicht, in welcher Hennecke ein Vielfaches der Normvorgabe an Kohle förderte. Das hatte bei Buchwitz erkennbar Eindruck hinterlassen (Buchwitz 1956a: 233). Die ganze Schicht war freilich so präpariert worden, dass Hennecke diese Leistung schaffen konnte. Das Schmierentheater inszenierte man von sowjetischer Seite, um ein deutsches Pendant zur sowjetischen Stachanowbewegung zu schaffen, die das Ziel verfolgte, Produktivitätsfortschritte zu erzielen. Was Buchwitz von der sowjetischen Besatzungsmacht in Gestalt von Henneckes Wundertat demonstriert bekam, verband sich abermals mit der Legende von steter Wirtschaftsspionage und Wirtschaftssabotage, die der Erringung von Erfolgen, die mit denen des Westens vergleichbar waren, im Weg stünden. Buchwitz selbst stellte dann auch noch ein knappes Jahrzehnt später im zweiten Teil seiner Autobiographie genau jene Verbindung her.

Henneckes »Wundertat« bestärkte Buchwitz nachhaltig in der Überzeugung, dass andere Faktoren als die realen politisch-ökonomischen Verhältnisse die Entfaltung des Sozialismus bremsten. Er sah nun gerade in den Sozialdemokraten des Westens erbitterte Gegner, die es in der SED zu bekämpfen gelte. Entsprechendes legte er bei seinem Abschied als Landesvorsitzender im Dezember 1948 vor den Delegierten dar (Schmeitzner/Dohnt 2002: 380f.), und mit dieser inneren Einstellung übernahm er seine neue Funktion.

Die Zentrale Parteikontrollkommission ersetzte die Schiedsgerichte, die zuvor als unabhängige Organe auf der Ebene der Landesverbände konstituiert waren. Sie war hingegen nicht durch den Parteitag bestellt, sondern durch den Vorstand eingesetzt. Ihre Mitglieder gehörten diesem auch zugleich an, waren somit nicht unabhängig, wie es bei Schiedsgerichten üblich ist. Sie gingen auch nicht auf einen Antrag hin vor, sondern ermittelten eigeninitiativ. An Regeln war das Gremium sowieso nicht gebunden, was immer der Partei nutzen würde, war gestattet und wurde geradezu erwartet (Malycha/Winters 2009: 86; Mählert 1998: 373). Dazu gehörte nicht nur, dass die Kommission Strafen aussprach, sie musste einer späteren Rehabilitierung ausdrücklich zustimmen (Malycha 1996b: 206). Perfide und gegen ein grundlegendes Rechtsstaatsverständnis gerichtet stand eine Strafe somit nicht die abschließende Reaktion auf ein (vermeintliches) Fehlverhalten, sondern war Teil einer umfassenden Ächtung von Personen. Die Zentrale Parteikontrollkommission verfolgte eine gönnerhafte und somit willkürliche Praxis.

Die Zentrale Parteikontrollkommission konnte im Apparat der SED auf Vorarbeiten zurückgreifen. In der Abteilung Personalpolitik führte man das 1945 in der KPD begonnene Geschäft der systematischen Kaderdurchleuchtung fort. Angetrieben von der Vorstellung, von feindlichen Elementen durchsetzt zu sein, sammelten die Mitarbeiter seit 1947 verstärkt Material zu oppositionellen Gruppen innerhalb der SED (Klein 2002: 27ff; Klein 1999: 128). Die sowjetischen Militärs und die deutschen Behörden in der sowjetischen Zone hatten bis Ende 1948 zudem in erheblichem Maße das Informationsnetzwerk des Ostbüros weitgehend zerschlagen und massenhaft Personen verhaftet, die in Verdacht standen, dessen Zuträger zu sein (Buschfort 1991: 46f.; Grebing u. a. 1992: 46ff.). Parallel dazu strich man bereits Tausende Mitglieder aus der Mitgliederkartei der SED (Hurwitz 1997: 271).

Zwischen Ostsee und Erzgebirge begannen Überprüfungen aller Mitglieder. Stark im Visier waren dabei die einstigen Hochburgen der SPD, wozu ja auch Buchwitz' Landesverband zählte. Die Verfolgung der Leipziger Sozialdemokraten und die Zerschlagung ihrer verbliebenen informellen Strukturen galten sogar als Blaupausen (Malycha/Winters 2009: 84). Erzwungene Geständnisse oder denunziatorische Beschuldigungen waren dabei an der Tagesordnung. In der Argumentation kam es gar nicht darauf an, ein mögliches Fehlverhalten nachzuweisen oder zu belegen. Es genügte eine »geistige Mittäterschaft« (ebd.), was oftmals in abenteuerlicher Art und Weise hergeleitet wurde. Als verdächtig galt schon manch gesellige Zusammenkunft ehemaliger Sozialdemokraten. Die lebensweltliche Verankerung der Sozialdemokratie wurde dadurch noch stärker untergraben. Die Überführung der sozialdemokratischen Organisationslandschaft in parastaatliche Institutionen nach 1945 hatte die einstige Milieulandschaft bereits verändert, den Sozialdemokraten aber manche Nische auch nach Bildung der SED gesichert. Nunmehr standen Kegel- und Skatabende, sportliche und kulturelle Aktivitäten unter einem Generalverdacht und wurden aus den eigenen Reihen denunziert. Die eingeleitete Disziplinierung trocknete in kürzester Zeit die zivilgesellschaftliche Stärke der SPD aus und wirkte als solche nachhaltiger als der offene Terror in der Zeit des Nationalsozialismus. Die SED verlor darüber ihr sozialdemokratisches Vor- und Umfeld.

Andreas Malycha (1996b: 127) nimmt in Übereinstimmung mit der Selbstanalyse der SED-Führung an, dass die zahlreichen Austritte aus der SED im Jahr 1948 im Zusammenhang mit der sich abzeichnenden Organisationsveränderung zu sehen seien. Dem ist aber entgegenzuhalten, dass die sich immer stärker abzeichnende deutsche Teilung und schließlich die Blockade Westberlins durch die sowjetische Besatzungsmacht der SED nicht minder zugesetzt haben dürften, zumal die sehr große Zahl der Austritte für die Berliner Westbezirke zu verzeichnen war. Schließlich darf man auch nicht aus dem Blick verlieren, dass seit Gründung der SED etliche Schlüsselfiguren der einstigen SPD die SBZ verlassen hatten. Schöngeistige, begeisternde Redner wie Arno Hennig, erfahrene Parlamentarier wie Gustav Dahrendorf, tatkräftige Visionäre wie Hermann Brill hatten kurz vor oder kurz nach der Vereinigung zur SED dem Osten den Rücken gekehrt, ihnen schlossen sich enge Gefolgsleute umgehend an. Manch örtlicher Organisator des sozialdemokratischen Netzwerks zog ebenfalls Konsequenzen. Es fehlten dadurch immer häufiger jene, die in der Zeit des Nationalsozialismus die Parteimitglieder zusammengehalten hatten, die dem Durchhalten einen Sinn stifteten und so eine Perspektive schufen. Zurück blieb oftmals die zweite oder dritte Reihe, nicht minder tüchtig, doch vielleicht nicht ganz so zupackend oder begeisternd wie die nun in den Westen emigrierte Gruppe. Und gerade diese Riege stand nun den bereits durch erste kadersozialistische Indoktrinationen qualifizierten Neumitgliedern gegenüber, die keine emotionalen Bindungen an die alte Sozialdemokratie der Weimarer Zeit mehr hatten, denen man in den Parteischulungen eintrichterte, dass die SPD in jener Zeit versagt hätte und die keine Skrupel hatten, die alten Sozialdemokraten zu denunzieren.

Und jene, die ihr Leben oder ihre Überzeugungen retteten und in den Westen übersetzten, boten der Propaganda Anlass, deren Handeln in ein schlechtes Licht zu rücken. Sie wurden kurzerhand gleichgesetzt mit Kriegsverbrechern, Großgrundbesitzern und Kapitalisten, deren Existenz im Westen ja unübersehbar war und in deren Nähe sie sich begeben hatten. Eine solche Kumpanei der sozialdemokratischen Elite mit den Klassenfeinden war geeignet, einer kommunistischen Erzählung vom sozialdemokratischen Klassenverrat neue Nahrung zu geben.

Besonders ins Visier gerieten in Sachsen die zahlreichen Kommunalpolitiker, von denen etliche immer noch im sozialdemokratischen Geiste wirkten und denen die emsigen Instrukteure nicht vollumfänglich beikommen konnten, denn gerade im ländlichen Raum mangelte es an kommunistischen Kadern, gleichzeitig waren aber die ehemaligen Sozialdemokraten derart zahlreich, dass es nicht genügte, einzelne Funktionsträger zu entfernen (Bouvier 1996: 150). Allerdings boten die

Sozialdemokraten in kommunaler Verantwortung beste Voraussetzungen, um durch Verhaftungen und Disziplinierungen einen Beitrag zur Besänftigung der Bevölkerung zu leisten, denn den Kommunalpolitikern ließ sich besonders gut die Verantwortung für die schlechte Versorgungslage zuschieben (Malycha/Winters 2009: 85). Die alten Sozialdemokraten waren dadurch weiter auf dem Rückzug, und ihre mutmaßlich weiterhin hohe Akzeptanz in der Bevölkerung ließ sich so unterminieren.

Die Zentrale Parteikontrollkommission arbeitete mit viel Eigeninitiative und degradierte im Zuge dessen gerade etliche ehemalige Sozialdemokraten. Wer zuvor hauptamtlich für die SED einflussreich tätig war, wurde als Folge der Untersuchungen auf unwichtige Positionen verschoben. Manch Organisationssekretär der Partei war anschließend nur noch Pförtner der örtlichen Parteigeschäftsstelle (Walter 2017: 303). Wer als inaktiv galt, wurde ganz aus der Mitgliederliste gestrichen (Malycha 1996b: 128).

Ergänzend wurden Staats- und Parteiinstitutionen umfänglich genutzt, um missliebigen ehemaligen Sozialdemokraten anderweitig zu Leibe zu rücken. Der Versuch, eine SPD im Untergrund zu betreiben, führte Personen wie Arno Wend oder Arno Haufe gar ins Gefängnis (Richter/Schmeitzner 1999: 136). Auch Buchwitz konnte nicht entgangen sein, was mit ehemaligen Sozialdemokraten passierte. In seinem autobiographischen Werk von 1956 erinnerte er sich an ein Gespräch mit einem Vertreter der US-Regierung, das er 1948 in Berlin geführt hatte. Angesprochen auf die Strafanstalt in Bautzen, eine zentrale Haftanstalt für Regimegegner, war er der Überzeugung, dass die wegen angeblicher Spionage dort einsitzenden Personen berechtigterweise inhaftiert waren. Er gab ferner zu verstehen, dass diese durchaus zahlreich seien (Buchwitz 1956a: 236f). Buchwitz teilte demnach die parteioffizielle Einschätzung zur vermeintlichen massenhaften Spionage und Sabotage. Zugleich hegte er anhaltend Groll gegen jene, die sich 1945/46 gegen die Vereinigung ausgesprochen hatten. Denen gegenüber war er unvermindert feindlich gesinnt, wenngleich er sich auch wiederholt für verfolgte Parteifreunde eingesetzt hatte. Ihretwegen sprach er mit Erfolg gelegentlich bei den Sowjets vor (Simowitsch 2007: 235).

Praktisch war die Kontrollkommission ein effektives Instrument, um ehemalige Sozialdemokraten aus der Partei herauszudrängen. 200.000 bis 280.000 von ihnen, die 1946 den Weg in die SED gegangen waren, dürften bis zum Jahr 1954 vom Rauswurf aus der Partei betroffen gewesen sein (Grebing 2007: 138; Müller 1995: 2366; Müller 1990b: 500). Gleichzeitig schwand auch der Anteil jener, die schon vor 1933 in einer der beiden Quellparteien Mitglied waren. Bereits Ende 1949 traf das nur noch auf jeden sechsten zu (Mählert 1998: 357; Malycha 1997: 36).

Die Repressionen gegen ehemalige Sozialdemokraten beschränkten sich keineswegs auf eine parteirechtliche Disziplinierung: 20.000 verloren ihren Arbeitsplatz, 5.000 wurden inhaftiert und 100.000 sahen sich gezwungen, in den Westen zu fliehen (Weber 1990: 505). Die ehemaligen Sozialdemokraten waren angesichts ihrer Atomisierung und ihrer verhaltenen Opposition gegen die herrschende Politik eine vor allem latente Gefahr für den kommunistischen Machtanspruch (Klein 2010: 74), denn die Sozialdemokratie war bis zu ihrem Ende 1946 in der Bevölkerung akzeptierter als ihre kommunistischen Partner oder gar das einheitssozialistische Amalgam.

Indem Buchwitz bei der Verfolgung einstiger Sozialdemokraten an zentraler Stelle mitwirkte, wurde auch ein deutliches Zeichen an die Parteiorganisation ausgesendet. Ein möglicher Anlaufpunkt einer sowieso desorganisierten innerparteilichen Opposition wurde dadurch eindeutig vernehmlich auf die Seite der autoritären Strömung gezogen. Ein Bruch von Buchwitz mit der Partei in dieser Phase der Latenz hätte umgekehrt wohl zusätzlich gewirkt, hätte die Bruchlinien verstärkt und die Konsolidierung der Organisation empfindlich gestört.

Buchwitz trug die Einheit der Partei zuweilen wie eine Monstranz vor sich her. Gerade in der Zeit vor den verhängnisvollen Entscheidungen, die Partei zu transformieren, gab er immer wieder zu erkennen, wie kritisch er eigentlich die Partei einschätzte, wie sehr es ihm missfiel, dass die einstigen Kommunisten die ursprünglichen Verabredungen nicht einhielten. Er hatte zu seinem Leidwesen registriert, wie mit fortwährender Dauer ihrer Existenz sich seine alten Parteifreunde in der SED immer unwohler fühlten.

Buchwitz war durchaus gebildet, hatte in seinen Wanderjahren viel gelesen, besaß privat in Görlitz einst eine beachtliche Bibliothek, nutzte auch in Brandenburg intensiv die Gefängnisbücherei. Man kann daher nicht sagen, dass er von schlichtem Gemüte gewesen sei. Dafür waren auch seine Interventionen in den SED-Gremien zu scharfsinnig und zu klar in der Analyse. Allerdings war Buchwitz kein hintergründig analysierender Denker. Er betrachtete die Dinge erstaunlich oft mit fast schon naiver Begeisterung, letztlich war er leichtgläubig. Bei den inszenierten Massenprotesten zugunsten der Parteieinheit hinterfragte er nicht die Umstände. Die kleinen Gefälligkeiten der Besatzungsmacht wie der Kommunisten gefielen ihm, ohne dass er deren Motivation erfasste. Und Henneckes Taten demonstrierten ihm die Überlegenheit des sozialistischen Arbeiters. Letztlich waren das allesamt Instrumente kommunistischer Propaganda, die bei Buchwitz Wirkung hinterließen.

Es wirkt dennoch merkwürdig, wie leicht sich Buchwitz einspannen ließ, denn eigentlich hatte ihn das dänische Exil gelehrt, misstrauisch auch gegenüber den eigenen Leuten zu sein. Doch Buchwitz hielt die Kommunisten seit jener Zeit für klarer und direkter, misstraute ihnen ohnehin nie grundlegend, sondern hielt sie persönlich überwiegend für integer. Dementsprechend war er anfällig für die Inszenierung, die ihm geboten wurde. Und somit fiel es ihm leicht, auch die Argumentationsmuster zu glauben, die ihm sodann angeboten wurden. Auch wenn Buchwitz noch weitaus weniger angepasst redete und handelte als etwa Otto Grotewohl, war seine zwischenzeitliche Distanz zur SED wieder deutlich geringer geworden. Die vorgeführten Belege reichten ihm jedenfalls aus.

Die Stalinisierung der SED und von Buchwitz

Die Organisationswahlen der SED konnten bis 1950 genutzt werden, um auch ohne weitreichende Säuberungen etliche Sozialdemokraten aus den Vorständen zu entfernen. Die sich abzeichnende Aufgabe der Parität erleichterte dieses Vorgehen (Bouvier 1996: 122). 1951 spitzte sich die Überprüfung der Parteimitglieder nochmals zu. Alle Mitglieder der Partei hatten ihre vorherigen Parteibücher in neue einzutauschen. Voraussetzung dafür war eine erfolgreiche Überprüfung des ideologischen Standpunkts. Wer hierbei als Abweichler der offiziellen Parteilinie tituliert wurde, verlor seine Mitgliedschaft oder wurde in den Stand eines Kandidaten zurückgestuft (Walter 1993: 158). Unter Einschluss der Streichungen des Vorjahrs betraf das am Ende rund 150.000 Mitglieder der SED (Winkler 2005: 153; Stark 1997: 141). Darüber entledigte sich die SED etlicher altgedienter Sozialdemokraten, von denen nicht wenige das Verfahren als Zumutung empfanden und sich gar nicht erst den Überprüfungen stellten. Sie zogen sich ins Privatleben zurück und bestellten bestenfalls noch die eine oder andere Nische, etwa im Kleingartenwesen oder im Sportverein, wobei sie mehr oder weniger durch die Staatssicherheit und andere kritisch beäugt wurden. Die SED verlor darüber die Reste des alten sozialdemokratischen Organisationsgefüges aus der Weimarer Zeit.

Auch Buchwitz musste sich einer solchen Überprüfung unterziehen. Dabei kam ihm zugute, dass Herbert Warnke für ihn eine »Bürgerschaftserklärung« abgab. Warnke legte dar, dass Buchwitz als einer der wenigen Exilanten in Dänemark eine Zusammenarbeit mit Kommunisten nicht kategorisch ausgeschlossen hatte (Simowitsch 2007: 114; Warnke 1951). Bekanntlich war Buchwitz im Exil keineswegs auf eine enge Zusammenarbeit mit den Kommunisten erpicht, aber er hielt eben Kontakte, die andere gänzlich mieden. Darüber zerstritt er sich mit der örtlichen Exilleitung. All das gereichte ihm über ein Jahrzehnt später zum Vorteil.

Während man die ehemaligen, organisationsbewährten Sozialdemokraten aus der Partei herausdrängte, ihre Traditionen marginalisierte und mit Repressionen belegte, schulte und rekrutierte die SED neue junge

Kader. Besonders jene, die im Nationalsozialismus sozialisiert wurden, erwiesen sich als willige Objekte der Indoktrination. Sie waren autoritätshörig und wegen früherer Mitarbeit im BDM oder in der HJ oder gar einer Mitgliedschaft in der NSDAP überdies erpressbar (Walter 2017: 304). Aber auch manch opportunistisch denkender Sozialdemokrat arrangierte sich mit den Verhältnissen, schwor in den Parteitribunalen den alten Lehrsätzen und Überzeugungen ab und unterwarf sich den neuen Spielregeln. Der sich sozialistisch nennende Staat bot nämlich soziale Aufstiegschancen, gerade die Kinder und Enkel der durchaus belesenen Facharbeiterelite sozialdemokratischer Prägung konnten davon profitieren, soweit sie sich konform gaben. Auch im Falle von Buchwitz war das ja zu beobachten, sein Sohn, ein gelernter Textilarbeiter, konnte über ein nun mögliches Studium einen Ingenieursabschluss erwerben und zum Werksleiter aufsteigen (Berghänel 1962). Solche Erfahrungen trugen über den Generationenwechsel dazu bei, dass manch kritischer Sozialdemokrat alter Schule mit überaus linientreuen Kindern oder Enkeln konfrontiert war. Beim Familienfest kam die Nichte im FDJ-Hemd zu Besuch oder spionierte die Schwiegertochter für die Staatssicherheit (siehe anschaulich dazu auch Walter 1993: 165).

Gleichzeitig überführte die SED die über die Betriebswelt erlebte Kollektivität in ein System sozialer Sicherheiten und eignete sich im Range einer Staatskultur jene Ausdrucksformen der Arbeiterkultur an, die zuvor das Milieu zur Manifestation nutzte: Vom 1. Mai über den Internationalen Frauentag oder die Jugendweihe bis hin zum Arbeiterliedgut war der Staat aufs Engste damit verbunden (Walter 1993: 161). Die Begeisterung, die auch mancher Funktionär der alten SPD in Anbetracht der Aufmärsche von FDJ-Formationen aus Anlass der Gründung der DDR im Oktober 1949 verspürt haben will (o. V. 1956), dürfte echt gewesen. Was zuvor gegen den staatlichen Apparat gerichtete Ausdrucksformen gewesen waren, war nun Teil des Staates.

So veränderte sich die SED, gab den vorher postulierten Pluralismus zugunsten einer geschlossenen Kaderstruktur auf. Die Reaktionsfähigkeit auf sich verändernde gesellschaftliche Verhältnisse nahm dadurch ab. Das war einer der Gründe, warum der Volksaufstand 1953 die Parteioberen erschreckte und überraschte. Auf dem Weg dorthin ging der Prozess der Staatswerdung zur DDR in der sowjetischen Besatzungszone voran. Der Volksrat konstituiert sich 1949 als Provisorische Volkskammer, Wilhelm

Pieck wurde ins Amt des Staatspräsidenten gewählt und Otto Grotewohl übernahm das Amt des Ministerpräsidenten. Buchwitz nahm als Abgeordneter des Volksrats beziehungsweise der provisorischen Volkskammer teil. Als Abgeordneter knüpfte er an jene Arbeitsweise an, die er schon in der Weimarer Zeit praktiziert hatte. Orientiert an örtlichen Problemen, versuchte er praktische Abhilfe zu organisieren, jedenfalls vermittelt seine Darstellung der von ihm abgehaltenen Sprechstunden diesen Eindruck (Buchwitz 1956a: 261). Über die einzelnen Wähleraufträge führte er akribisch Buch, schrieb die Wünsche aus seinem Wahlkreis detailliert auf und fertigte Erledigungsvermerke dazu an (Zimmermann 1984: 179). Er verstand das Parlament als Transmissionsriemen, als Vermittler zwischen Regierung und Bevölkerung, nicht als Ort des Ringens um Mehrheiten und Argumente. In der Spätphase der DDR-Landtage skizzierte er in einem Schreiben an einen Parteifreund, wie er sich eine Sitzung vorstellte: bestellte Anfragen an die Regierung, Entschließungen zu allgemeinen politischen Themen, die außerhalb der Zuständigkeit des sächsischen Landtags lagen, und vorbereitete Redelisten (Simowitsch 2007: 240f.).

Buchwitz wirkte zum Zeitpunkt der DDR-Gründung längst nicht mehr in der Zentralen Parteikontrollkommission mit. Der mittlerweile über 70-Jährige litt neben seinen latenten Herzproblemen weiterhin massiv an Asthma und chronischer Bronchitis (Zimmermann 1984: 84), weswegen er kaum regelmäßig an den Sitzungen teilnehmen konnte. Ein Umzug nach Berlin Anfang 1949 sollte die Reisestrapazen verringern, doch Buchwitz fühlte sich in der Funktionärssiedlung von Niederschönhausen ausgesprochen unwohl und seine Gesundheit besserte sich kaum (Zimmermann 1984: 171). Mehr als drei Stunden tägliche Arbeit wollte der Arzt ihm nicht empfehlen. Ende April bat er Grotewohl mit Verweis auf seine stark beeinträchtigte Gesundheit, von den Aufgaben entbunden zu werden (Buchwitz 1949; Klein 2002: 102). Das Ersuchen wurde umgehend bewilligt. Schon im Mai kehrte er nach Dresden zurück. Buchwitz, einziger ehemaliger Sozialdemokrat im Kreise der Parteisäuberer, wurde bis dato vorrangig hinzugezogen, wenn ehemalige Sozialdemokraten im Visier der Ermittler standen. Dabei habe er sich sichtlich unwohl gefühlt. Insofern war der Gesundheitsstatus letztlich vorgeschoben, als es darum ging, sich aus der Kommission zurückzuziehen. Seine Tochter berichtete dies jedenfalls mehr als vier Jahrzehnte später (Reichardt 1996: 42; s. a. Simowitsch 2007: 238; Mählert 1998: 377).

Die SED verschärfte unterdessen den Kurs gegen die ehemaligen Sozialdemokraten nochmals. Auf dem Parteitag 1950 wurde »Sozialdemokratismus« zum offiziellen Kampfbegriff (Plener 2004a: 248). Es dürfte für einen ehemaligen Sozialdemokraten wie Buchwitz, der sich für die Einheit von Sozialdemokraten und Kommunisten engagiert hatte, schwer zu ertragen gewesen sein, wie mit seiner alten Partei abgerechnet wurde. Was bewegte ihn zu dieser Zeit, der SED weiterhin die Treue zu halten? Ideologisch wurde das Konstrukt von der feindseligen Haltung Schumachers vertieft und verschärft. Es war somit nach außen gerichtet, an die SPD in der Bundesrepublik adressiert, wirkte aber zugleich nach innen (Plener 2004a: 252f.).

Buchwitz hatte ab 1950 keine relevanten Funktionen mehr inne. Mit Gründung der DDR war er ursprünglich auserkoren worden, der Länderkammer vorzusitzen (Suckut 1991: 156). Das Amt ging aber schließlich an die CDU. Für Buchwitz blieb neben dem stellvertretenden Vorsitz in der Länderkammer nur das nebensächliche Amt des Alterspräsidenten in der Volkskammer. Die Aufgaben im sächsischen Landtagspräsidium waren durch die schrittweise Abschaffung der Länder bis 1952 ebenfalls immer unwichtiger geworden. Er blieb sonst nur noch Mitglied im Zentralkomitee, dem im Vergleich zum Politbüro oder zu den zentralen staatlichen Stellen eher eine akklamatorische Funktion zufiel (Malycha 1996b: 207). Buchwitz war angesichts seiner gesundheitlichen Verfassung somit nur noch Beobachter der weiteren Entwicklung von SED und DDR. Freilich, senil oder geistig abwesend war er nicht. Er meldete sich immer wieder zu Wort und wies auf Fehlentwicklungen in sehr deutlicher Klarheit hin.

Zu seinen Interventionen gehörten Bemühungen, ehemalige Sozialdemokraten aus den Gefängnisanstalten und Lagern freizubekommen. Mit diesem Anliegen hatte er einen gewissen Erfolg. Die SED sah zuweilen die Notwendigkeit, um sich darüber wirksam vom Vorwurf der besonderen Nähe zur Besatzungspartei abzugrenzen (Klein 1999: 125). Der Justizvollzug lag dem ehemaligen politischen Gefangenen Buchwitz ohnehin sehr am Herzen. Als sächsischer Landtagspräsident saß er dem Strafvollzugsausschuss vor, der immer wieder schlechte Haftbedingungen anprangerte und über den Buchwitz Veränderungen einforderte. Anders als in der Weimarer Republik hatte er als Abgeordneter aber keinen freien Zugang zu den Gefängnissen. Buchwitz kritisierte diesen Umstand und startete dazu 1951 eine entsprechende Initiative in der Volkskammer, die aber am Widerstand des SED-Politbüros scheiterte (Wuschik 2018: 128f.).

Als Walter Ulbricht auf dem Parteitag der SED 1952 den planvollen Aufbau des Sozialismus in der DDR als Planziel verkündete, stimmte Buchwitz in den Kreis der Huldigungen ein (Buchwitz 1956a: 275ff.; Hoffmann 2009: 531). Buchwitz lobte in diesem Zusammenhang abermals die Einheit der Partei und wandte sich an einer Stelle nochmals direkt an die SPD in der Bundesrepublik. Diese beschuldigte er des Verrats, weil sie 1946 einer Vereinigung mit der KPD nicht zugestimmt hatte, er bedauerte deren Anhänger zugleich, weil Sozialdemokraten, »von denen ich viele, viele kenne, die in der Arbeiterbewegung ergraut sind, weißes Haar bekommen haben« (Buchwitz 1956a: 278), nun enttäuscht feststellen würden, dass es in der DDR gelinge, die alten Ziele der Vergesellschaftung des Kapitals zu realisieren, während sie in der Bundesrepublik weiterhin im Kapitalismus feststeckten, am Ende gar eine Wiederkunft des Faschismus fürchten müssten. Daraus leitete er sogar die Forderung nach der Aufstellung von Streitkräften in der DDR zum Schutz vor der Bundesrepublik ab, zeitlich deutlich vor den Wiederbewaffnungsdebatten in West und Ost.

Buchwitz war in Anbetracht seiner eigenen Ausführungen auf dem Parteitag mittlerweile ideologisch auf den ersten Blick überwiegend vereinnahmt. So eindeutig sein Beitrag auf dem Parteitag war, so unberechenbar blieb Buchwitz in den Parteigremien. 1952 bemängelte er in einer Sitzung des Zentralkomitees die fehlende innerparteiliche Demokratie grundlegend und umfassend (Bouvier 1996: 106; Amos 2003: 148f.): Den Parteimitgliedern mangele es an innerer Überzeugungskraft. Der massive Austausch bei den Führungskräften habe zum Verlust von Bindungen geführt. Die eigentlichen Sorgen der Menschen gerieten aus dem Blick. Buchwitz kritisierte gar die Form, in der man mit den Verhaftungen umging. Sein Bezugspunkt war dabei die Partei, denn wenn die Folge die massenhafte Flucht in den Westen würde, sei die Partei diejenige, die das Nachsehen habe.

Das Zentralkomitee reagierte gleichgültig auf die scharfe Kritik. Einzig Grotewohl hob zu einer Art Gegenrede an, in der er sich geradezu lustig machte über »das etwas zu weiche Herz« (zit. nach Bouvier 1996: 107; ebenso Hoffmann 2009: 531) von Buchwitz.

Nach außen hin blieb Buchwitz unterdessen linienkonform. Er publizierte 1952/53 einige Namensbeiträge in Zeitungen der DDR. Diese Beiträge, teilweise Wiedergaben seiner Reden auf Parteikonferenzen, zielten auf die sozialdemokratische Arbeiterschaft in der Bundesrepublik. Buchwitz folgte in diesen Beiträgen der offiziellen Parteilinie, welche die Botschaften Stalins als Handreichung zum Frieden feierte und den sozialdemokratischen Führern im Westen Verrat vorwarf (Buchwitz 1952c; Buchwitz 1952d; Buchwitz 1953c; Buchwitz 1953d; Buchwitz 1953e). Gleichzeitig versuchte Buchwitz, die ihm aus der Zeit vor 1933 bekannten Funktionsträger in der bundesdeutschen SPD direkt anzusprechen, und forderte sie auf, sich politisch maximal von Adenauers Außenpolitik zu distanzieren (Buchwitz 1953f), doch diese Forderung perlte bei den Adressaten regelrecht ab. Man ignorierte den Renegaten aus Sachsen oder verbat sich bestenfalls von ihm derartige Appelle (Löbe 1953).

Buchwitz war in der Sache vom Kurs der SED überzeugt, engagierte sich für den Machterhalt der Partei und teilte die Kritik an Westdeutschland. Dennoch haderte er im Vorfeld des 17. Juni 1953 bereits mit dem Zustand der Parteiorganisation. Der Volksaufstand selbst verstärkte diese Einschätzung zunächst.

Last Man Standing: Buchwitz und der 17. Juni 1953

Der 17. Juni 1953 war das einschneidende Ereignis für die SED-Herrschaft in der DDR. Auf der DDR lasteten weiterhin hohe Reparationsleistungen. Mit den Entscheidungen des SED-Parteitags 1952 verband sich eine Steigerung der Produktionsleistungen. Gleichzeitig kehrten etliche gut ausgebildete Personen dem Staat den Rücken und flohen in die Bundesrepublik. Die gesteckten wirtschaftlichen Ziele ließen sich vor diesem Hintergrund nur erreichen, wenn die Arbeitsnormen angehoben würden. Kurzgefasst, es war mehr Arbeit für weniger Geld zu erledigen. Die Partei- und Staatsführung realisierte nicht, wie stark darüber der Unmut in der Bevölkerung wuchs, sie musste erst von sowjetischer Seite darauf hingewiesen werden. Die Intervention der Besatzungsmacht führte dann zu einem abrupten Richtungswechsel. Während einige Repressionen gelockert wurden und selbstkritisch die Lage reflektiert wurde, blieben jedoch ausgerechnet die Normerhöhungen bestehen. Insbesondere auf der Baustelle in der damaligen Stalinallee[65] in Berlin steigerte sich der Protest zu massiven Streikaktivitäten. Dies geriet zu einem Fanal. Schließlich legten die Arbeiter am 17. Juni 1953 überall in der Republik die Arbeit nieder. Protestzüge formierten sich. Gebäude von Partei- und Staatsinstitutionen wurden besetzt. Den Staatsorganen entglitt in kürzester Zeit die Kontrolle. Am Mittag verhängte die sowjetische Besatzungsmacht das Kriegsrecht und begann, den Aufstand niederzuschlagen.

Buchwitz gehörte zu den wenigen Spitzen der SED, die im Zusammenhang mit den Geschehnissen im Juni 1953 überhaupt noch handlungsfähig waren. Das Politbüro hatte die Stimmung im Land falsch eingeschätzt. Als der Staatsmacht die Lage außer Kontrolle geriet, begaben sich die engere Partei- und Staatsführung wie auch zahlreiche lokale Größen der SED größtenteils in die Obhut der sowjetischen Militärkommandanturen (Kramer 2009: 112, 114). Im Dresdner Stadtteil Niedersedlitz entschied sich die Werksleitung eines im Streik befindlichen Werkes, Buchwitz zu

65 heute Frankfurter Allee

fragen, ob er die aufgeregte Belegschaft beruhigen könnte. Buchwitz ließ sich nicht lange bitten und erschien vor Ort. Er hielt eine Rede, in der er sich zunächst hinter den parteioffiziellen Floskeln verschanzte, die auf die außenpolitische Lage verwiesen und der westdeutschen Regierung die Verantwortung zuschoben (Roth 1999: 200; Buchwitz 1953g). Trotz Johlen, Lärmen und etlicher Zwischenrufe der Arbeiter gelang es Buchwitz, die Streikenden ein Stück weit zu erreichen. Er überzeugte sie, eine Delegation zu wählen und Forderungen zu kanalisieren. Allerdings skizzierte er zugleich, welchen Schwierigkeiten sich die Arbeiter gegenübersahen, wenn sie auf ihren Forderungen allzu energisch beharrten. Schließlich würden die Sowjets solche Proteste sowieso nicht akzeptieren und seien speziell im Falle des bestreikten Sachsenwerks, einer sowjetischen Aktiengesellschaft[66], in besonderer Weise tangiert. Die Einschätzung von Buchwitz war keineswegs falsch, zumal die Besatzungsmacht in der Zwischenzeit schon dazu überging, in den Städten der DDR den Ausnahmezustand zu verhängen. Allerdings beruhigten Buchwitz' Worte die Massen nicht anhaltend, sondern hatten sogar gegenläufige Folgen, sie stachelten die Arbeiter buchstäblich auf, provozierten sie erst recht. Buchwitz sprach nämlich genau das an, was die Menschen in der DDR bewegte. Der Kommunismus sowjetischer Prägung, das Vorgehen der Besatzungsmacht, die schlechte Versorgungslage und die heraufgesetzten Arbeitsnormen waren in Teilen der Arbeiterschaft ebenso verhasst wie die Führungsriege der SED. Indem Buchwitz diese Aspekte ansprach, sie jedoch weitgehend als nicht verhandelbar deklarierte und dadurch den Forderungen der Streikenden Grenzen aufzeigte, bestärkte er diese erst recht in der Ablehnung jener Systembedingungen.

Die von den Arbeitern des Sachsenwerks gewählte Delegation wollte mit Buchwitz dennoch in Verhandlungen eintreten. Dieser lehnte eine sofortige Verhandlung ab, war aber bereit, am nächsten Tag beziehungsweise an einem anderen Ort das Gespräch fortzuführen. Zugleich machte er den Arbeitern abermals klar, welche Positionen von Beginn an aussichtslos waren, etwa Forderungen nach einem Rücktritt der Regierung.

66 Die sowjetischen Aktiengesellschaften (SAG) waren ein Instrument der Sowjetunion, um an der Stelle einer Demontage der Werke sich Ertragskraft und Kontrolle der weiterhin in Deutschland arbeitenden Unternehmen zu sichern.

Buchwitz' Haltung war durchaus bemerkenswert. Der einstige Gewerkschaftssekretär erkannte den Ernst der Lage, akzeptierte die Legitimität einiger Forderungen, war bereit, sich der Diskussion zu stellen, und hielt Verhandlungen für notwendig. Er war sich auch bewusst, in welch heikler Rolle sich Partei, Staat und Gesellschaft befanden. Die Arbeiter wollte er im Lichte des Eingreifens der Sowjets davon abhalten, sich in Gefahr zu begeben, hielt somit durchaus in gewisser Weise loyal zu ihnen, und diese waren ihm trotz all der Zwischenrufe noch gewogen, akzeptierten ihn, versicherten ein ums andere Mal, dass er nichts befürchten müsse (»Otto passiert nichts, [...] der gehört uns!«, Buchwitz 1953g). Doch sein Gemütszustand war über die Vorgänge getrübt. Der Staat, den er bejahte und der von Ulbricht verkündete Aufbau des Sozialismus, von dem er überzeugt war, standen ersichtlich zur Disposition. Die erreichte Autonomie der DDR gegenüber der Besatzungsmacht war bedroht. Alles, was die SED aus Buchwitz' Sicht aufgebaut hatte, wurde nun ausgerechnet durch die Arbeiterschaft gefährdet. Schwankend, den Tränen nahe, verließ er das Rednerpult, beschimpfte den Streikführer noch, weil dieser »Verrat an der Arbeiterklasse« (Roth 1999: 203) beginge. Buchwitz war in diesen Stunden hin- und hergerissen zwischen seiner Zuneigung für die Belange der Arbeiter und seiner Loyalität zur SED und ihrer Politik.

Die Streikenden wollten unterdessen nicht abwarten, forcierten den Protest, zogen Richtung Dresden, um ihren Forderungen Nachdruck zu verleihen. Die Verhängung des Ausnahmezustands durch die sowjetische Besatzungsmacht und das Eingreifen des sowjetischen Militärs unterbanden sowohl die Demonstrationen als auch jegliche Versuche, in einen konstruktiven Austausch zu kommen, den Buchwitz vorgeschlagen hatte. Dabei war Buchwitz durchaus willens, am Morgen des 18. Juni wieder ins Sachsenwerk zu fahren und den Dialog wieder aufzunehmen. Auch die dort versammelten Delegationen aus dem Werk und benachbarten Betrieben erwarteten Buchwitz zum Gespräch, schickten gar ein Auto, um ihn abzuholen. Die Kreisleitung der SED hielt ihn aber von dem Vorhaben ab (Roth 1999: 218).

Wenige Tage nach dem Aufstand schwärmten die Funktionäre der SED aus, um in den Betrieben vertrauensbildende Maßnahmen zu ergreifen. Auch Buchwitz suchte in den Wochen nach dem 17. Juni wiederholt das Gespräch mit den Beschäftigten in den Betrieben, bis er abermals seinem gesundheitlichen Zustand Tribut zollen und sich zur Behandlung seiner zahlreichen Leiden ins Krankenhaus begeben musste (Zimmermann 1984: 195f.; Buchwitz 1953h).

Die vorherige defensive Haltung seiner Parteifreunde war für Otto Buchwitz unbegreiflich. Auf einer Funktionärskonferenz in Dresden am 21. Juni 1953 drückte er seine ganze Verärgerung darüber aus (Roth 1999: 468) und wiederholte diese Kritik kurz darauf auch im ZK der SED. Buchwitz stellte zu seiner besonderen Verbitterung fest, dass es gerade die Jungen waren, die sich im Aufstand gegen die Partei gewandt hatten. Buchwitz sah die Ursachen in der mangelnden Fähigkeit der Parteiorganisation, auf die gesellschaftlichen Veränderungen flexibel zu reagieren. Inmitten einer aufziehenden Krise des Herrschaftsanspruchs hätte es die SED nicht verstanden, aktionsfähig zu sein (Malycha/Winters 2009: 117). Buchwitz hatte somit nicht nur eine begrenzte Sympathie für die Aufständischen, auch wenn er nicht mit deren Forderungen umfassend übereinstimmte, sondern sprach sich auch recht dezidiert gegen die Organisationsprinzipien aus, die er in den Jahren davor selbst befördert hatte. Er war sich obendrein vollkommen im Klaren darüber, dass nur die Anwesenheit der sowjetischen Truppen die Herrschaft der SED noch sicherte (Buchwitz 1953h).

Im Lichte der Fundamentalkritik, mit der Buchwitz über Politik, Praxis und Organisationskultur der SED herzog, verwundert abermals das Fehlen von Konsequenzen, die entweder Buchwitz hätte ziehen können oder welche die SED ihm gegenüber hätte veranlassen können. Weder sah sich Buchwitz genötigt, sich selbst von der SED zu lösen, noch überzog ihn die Partei mit disziplinarischen Maßnahmen. Vor dem Hintergrund, dass der 17. Juni anscheinend einen Aderlass hinsichtlich noch verbliebener Parteimitglieder sozialdemokratischer Herkunft auslöste, die ihre Parteibücher zahlreich zurückgaben (Wolle 1995: 2959), brauchte es schon eines besonderen Langmuts oder einer besonderen Überzeugung, um als ehemaliger Sozialdemokrat noch in der SED zu verbleiben, wenn man feststellen musste, dass das von der Partei vertretene Subjekt, also die Arbeiterschaft, sich gerade gegen diese Politik wandte. Dass Buchwitz keine persönlichen Konsequenzen zog, mochte verschiedene Ursachen haben. Vielleicht war es mangelnder Mut, vielleicht wollte Buchwitz nach sieben Jahren Zugehörigkeit die auch von ihm hergestellte Parteieinheit nicht mehr aufgeben, vielleicht sah er auch die Gelegenheit für eine Veränderung, denn in der Parteiführung verlor Ulbricht vorübergehend fast jegliche Unterstützung (Malycha/Winters 2009: 120). Doch Buchwitz war in Anbetracht seines begrenzten Verständnisses für die Aufständischen und vor dem Hintergrund seiner Kritik am Zustand der Partei eigentlich ein potenzielles, ja naheliegendes Opfer für Disziplinarmaßnahmen. Immerhin musste sich Justizminister Max Fechner dafür rechtfertigen, dass er von Strafandrohungen gegen die Streikenden Abstand nehmen wollte. Eine Verurteilung zu acht Jahren Zuchthaus und ein zwischenzeitlicher Ausschluss aus der SED waren dafür die Folgen. Ähnlich lagen die Dinge bei Rudolf Herrnstadt, dem Chefredakteur von »Neues Deutschland«, der sich schon vor dem 17. Juni kritisch mit der Lage auseinandersetzte und dafür seines Postens enthoben und aus der SED ausgeschlossen wurde. Fechner und Herrnstadt agierten mit ihrer Position jedoch öffentlich, was Buchwitz tunlichst unterließ. Insoweit bestand ein substanzieller Unterschied im Vorgehen, nicht jedoch in der Sache. Außerdem stand Buchwitz mit seiner Position keineswegs allein. Ähnlich argumentierten andere Repräsentanten der SED, so die Politbüromitglieder Kurt Hager und Anton Ackermann (Otto 2003: 23).

Allerdings besaß die Analyse, die Buchwitz zu den Umständen des 17. Juni vornahm, bereits einen Anknüpfungspunkt für die späteren parteioffiziellen Interpretationen. Buchwitz wähnte bei ehemaligen Sozialdemokraten die Urheber des Aufstands (Bouvier 1996: 299; Buchwitz 1953b), was durchaus plausibel erscheint, da sich die Schwerpunkte des Aufstands mit den alten Hochburgen der sozialdemokratischen Arbeiterbewegung deckten (Hertle/Wolle 2004: 51). In seiner Beschreibung sah Buchwitz aber die Verantwortung dafür bei der SED. Diese habe es sich zu einfach gemacht. Der Ausschluss der ehemaligen Sozialdemokraten aus der SED habe sie quasi in die Arme illegaler SPD-Strukturen getrieben. Eine kritische Auseinandersetzung mit den ehemaligen Genossen sei nach dem Ausschluss schlicht unterblieben. Buchwitz warf seiner neuen Partei vor, die betreffenden Personen aus den Augen verloren zu haben. Faktisch konterkarierte Buchwitz damit einmal mehr die Maßnahmen der Parteiführung der vorhergehenden fünf bis sechs Jahre.

Die Bewertung, die Buchwitz vornahm, verkannte mit Sicherheit die materiellen Grundlagen des Aufstands. Die wirtschaftlichen und sozialen Verhältnisse als Folgen der von der SED betriebenen Politik zu interpretieren und das evidente Freiheitsdefizit der DDR zu erkennen, vermochte Buchwitz nicht. Wohl erfasste er ausgesprochen hellsichtig und klug, dass die Legitimationskrise des Staates im Kern eine Krise des

SED-Machtapparats war. Die politische Führung, welche die SED in der DDR einnahm, gründete auf der sowjetischen Militärmacht, nicht auf innerer demokratischer Überzeugung. Der SED war es trotz all der Machtmittel nicht gelungen, die Begeisterung für den Aufbau des von ihr angestrebten Sozialismus auf die Bevölkerung zu übertragen oder sie dort zu entfachen.

Wenn Buchwitz seine Partei in diesem Punkt kritisierte, so tat er dies immer noch vor dem Hintergrund eines Verständnisses der Parteieinheit, das einen gewissen Binnenpluralismus als Voraussetzung für die Herausbildung einer Identifikation ansah. Immer wieder vertrat Buchwitz somit Grundprinzipien der sozialdemokratischen Organisationswirklichkeit der Vorkriegszeit. Die vielschichtigen Argumente an der Parteibasis wurden von Funktionären gebündelt, kanalisiert und in eine strukturierte Form eingehegt, eingebettet, eingebunden und vor allem rückgekoppelt. Buchwitz ging es mitnichten um ein modernes Volksparteikonzept, geschweige denn um eine demokratische Massenpartei. Seiner Vorstellung nach kam der Führung durchaus eine zentrale Aufgabe zu, wenn es um den Kurs der Partei ging. Aber ohne hinreichende Gefolgschaft war es utopisch, die Politik dann erfolgreich umzusetzen. Das war im Kern also eine Attacke auf die kommunistischen Prinzipien des demokratischen Zentralismus, welcher der Partei neuen Typs zugrunde lag, und somit letztlich Renegatentum in Reinkultur.

Die SED-Parteiführung griff aber auf eine ähnliche Analyse zurück, um den 17. Juni 1953 einzuordnen. Auch Ulbricht sah im Agieren von Sozialdemokraten die Ursache des Volksaufstands, aber nicht wegen mangelnder Diskursfähigkeit der SED mit ehemaligen oder potenziellen Sozialdemokraten, sondern wegen subversiven Handelns von »›Agenten‹ des Ostbüros« der SPD, die einen Staatsstreich durchführen wollten (Malycha/Winters 2009: 122). Wie schon 1947/48 wurde der »Sozialdemokratismus« nun zum Auslöser von Krisen. Anders als am Ende der 1940er Jahre diente dieses Konstrukt nun aber nicht mehr zur Beruhigung der Massen, denn die hatten ja sichtlich positiv auf die SPD Bezug genommen. Der Sündenbock, die West-SPD mit ihren heimlichen wie offenen Unterstützern im Osten, wurde abermals zur Maßregelung von Parteimitgliedern im Inneren der SED herangezogen. Die Herstellung der staatlichen Ordnung erledigten unterdessen sowjetische Panzer.

Buchwitz war es von daher möglich, die parteioffizielle Doktrin binnen kürzester Zeit zu übernehmen. In zahlreichen Betriebsbesuchen, die er im Sommer 1953 tätigte, ehe er zu einem länger geplanten Kuraufenthalt in die Sowjetunion aufbrach, betonte Buchwitz dann zwar weiterhin das Versagen der Staatsführung, weil diese unrealistische Ziele ausgegeben und es eine zu geringe Kommunikation in die Betriebe gegeben habe. Gleichzeitig legte er aber nunmehr Wert auf die Feststellung, dass die eigentlichen Auslöser für den Aufstand eben im Westen zu suchen seien (Liebscher 1953; o. V. 1953). Buchwitz hatte insoweit eine Position gefunden, seine doch grundlegende Kritik stellte letztlich nicht die SED-Herrschaft infrage, sondern forderte höchstens Veränderungen in der Kommunikation ein. Mit zeitlichem Abstand sinnierte er dann schließlich, ganz auf parteioffizieller Linie liegend, über den angeblichen faschistischen Charakter des Volksaufstands (Buchwitz 1956a: 282).

Entsprechend musste Buchwitz bei seiner Kritik weder Haft noch Disziplinierung fürchten, zumal er sich eben emsig daran machte, diese Deutung der Umstände in die Betriebe zu tragen.

Begünstigend kam für ihn persönlich hinzu, dass die SED die Geschichte der Arbeiterbewegung in jener Zeit zu popularisieren begann. So lag der Gründungsmythos der Partei ja ursprünglich in der Reaktion auf den Nationalsozialismus. Sozialdemokraten und Kommunisten hatten durch die gemeinsame Verfolgung die sie trennende Kluft überwunden und würden sich vereint einem neuerlichen Faschismus entschlossen entgegenstellen. Dieser Kitt war in den Phasen der SED-Gründung dominant, er hatte auch Buchwitz persönlich bewegt. Doch die sich verfestigende deutsche Teilung brachte es mit sich, dass die einstigen Sozialdemokraten in der DDR vorgeführt bekamen, wie sich der andere Teilstaat im Westen entwickelte. Ein neuerlicher Faschismus war das sicherlich nicht, mochten die Urteile hinsichtlich Kontinuitäten, »Restauration« oder Ähnlichem noch so scharf und entschieden in Ost wie West formuliert werden (zeitgenössisch vor allem Dirks 1950; differenzierend zurückweisend dann später etwa Kocka 1979). Sicherlich war die Bundesrepublik mehrheitlich antikommunistisch eingestellt. Das schloss auch eine politische Justiz ein, die mit dem Spionageverdacht oder wegen mutmaßlicher kommunistischer Gesinnung Aktivisten der politischen Linken mit Haft bestrafte. Im Vergleich zu dem, was auf der anderen Seite des Eisernen Vorhangs passierte, war das aber beileibe nicht abschreckend.

Was in dieser Phase zweifelsfrei zutage trat, war aber die soziale Marktwirtschaft und damit die kapitalistische Ordnung. Darin eingeschlossen war eine begrenzte Renaissance der einstigen Arbeiterkultur und der dazugehörigen Milieuinstitutionen. Begrenzt war diese in vierfacher Hinsicht.

Erstens, nicht in allen Feldern und Segmenten wurden die alten Organisationen und Einrichtungen wiederhergestellt. Die Gewerkschaften verzichteten auf die Wiederherstellung der weltanschaulichen Richtungsorganisationen, waren somit parteipolitisch formal neutral und verkörperten die Einheit der Arbeiterschaft, weitgehend unabhängig von der Weltanschauung. Der Sport blieb klassenübergreifend organisiert. Arbeiterkultur, wie sie bis in die 1920er Jahren betrieben wurde, entstand wegen des in den 1930er Jahren einsetzenden Erfolgs von Massenmedien wie Kino und Radio in nur noch bescheidenem Umfang und geriet dann mit dem Aufkommen des Fernsehens endgültig in der Defensive.

Zweitens retablierte sich das Milieu in Gebieten, die zuvor eben nicht die typischen Hochburgen der SPD darstellten. Begünstigend waren hierbei die Flucht aus ost- und mitteldeutschen Gebieten und die Rückkehr der Exilanten, die eine Durchmischung der Bevölkerung bewirkten. Die kulturellen Erfahrungen im Arbeitermilieu wurden dadurch auch aus der einen Region in eine andere übertragen. Gerade im Ruhrgebiet, vor 1933 beileibe keine Hochburg der SPD, entwickelte die Arbeiterschaft eine eigene Kultur und politische Praxis. Diese nahm zwar Anleihen an die Vorkriegszeit, doch sie war letztlich eine originäre Neuschöpfung. Die zuvor trennenden konfessionellen Gegensätze verloren für die Ansprache der Arbeiter in diesen Gebieten durch die Bildung der Einheitsgewerkschaft ihren Einfluss. Die Mitbestimmung in der Montanindustrie schuf ein neues Arrangement des Ausgleichs zwischen Kapital und Arbeit. Die Voraussetzungen für eine reformerische sozialdemokratische Politik waren dadurch günstig. Die Durchdringung der Gesellschaft vollzog sich vor dem Hintergrund der nun erlangten Fähigkeit, Probleme umfassend zu lösen. Das Milieu bot hier keine Parallelwelt zum Kapitalismus mehr an. Es ging darum, Probleme praktisch durch die vorhandenen Macht- und Einflusspositionen innerhalb des Kapitalismus zu bewältigen (illustrierend dazu: Kopp 2013). Ähnliches galt für die Bundesländer wie Niedersachsen, Hessen, Hamburg, Bremen oder Berlin. Die dort vorwiegend regierende SPD baute über ihre Reformpolitik ihre Machtposition aus und drängte – soweit vorhanden – die katholische Arbeiterbewegung zurück oder erreichte zuvor organisationsferne Bereiche. Bezogen auf ein traditionelles Organisationsverständnis, bedeutete das in letzter Konsequenz eine soziologische Ablösung von der alten parallelgesellschaftlichen Milieupartei, aus Sicht der SED ein Verrat am Arbeitercharakter der SPD – obwohl sie ja selbst die Arbeitertraditionen in die staatlichen Sphären integriert hatte, was wegen ihrer Bezugnahme auf die Arbeiterbewegung vor 1933 im Westen mitunter abschreckend wirkte.

Drittens fand eine stärkere Integration der Arbeiterschaft in die Gesellschaft statt. Die Arbeiterschaft partizipierte am wachsenden Wohlstand. Die Konsumgesellschaft bot Waren, Dienstleistungen und Freizeitangebote, welche die Selbstorganisation des Milieus zunehmend hinfällig werden ließen, auch wenn Institutionen wie die Bank für Gemeinwirtschaft, die Wohnungsbaugesellschaft Neue Heimat, die Versicherungsgruppe der Volksfürsorge, die Büchergilde Gutenberg oder die Einzelhandelskette Coop noch eine Weile als Teil des gewerkschaftlichen Unternehmensbereichs existierten.

Viertens rang auch die SPD mit sich, ob sie sich weiterhin als Milieupartei definieren oder ob sie einen stärker klassenübergreifenden Charakter annehmen sollte. Die Debatte darüber mündete am Ende in den Reformprozess der Partei ein, der im Godesberger Programm seinen symbolischen Höhepunkt fand.

In dieser Phase wollte sich die SED nun als Bewahrerin einer älteren Traditionslinie inszenieren. In Bezug auf die sozialen Verschiebungen in Westdeutschland war die Partei vergleichsweise sprachlos beziehungsweise entwickelte sie eher die These, dass sich die SPD zu ihrem eigenen Schaden korrumpieren ließ. Die eigenen Analysen fußten ohnehin eher auf der Annahme, dass der Klassencharakter der Bundesrepublik nur camoufliert und dessen Offenlegung die Arbeiterschaft zu revolutionären Taten bewegen würde. Der wahren Natur der Arbeiterschaft entsprach aus dieser Perspektive die Bewahrung des alten Milieus. Unter den Bedingungen kapitalistischer Wirtschaftsweise konnte das wiederum nur die Parteiwirklichkeit aus der Zeit vor dem Ersten Weltkrieg sein.

Die neue Rolle: Veteran der deutschen Arbeiterbewegung

Die SED bemühte sich daher, die Deutungshoheit über die Geschichte der Arbeiterbewegung von den Anfängen bis zu den Spaltungen zu erlangen. Das Politbüro hatte sich deshalb Anfang 1953 dafür entschieden, die Auseinandersetzung mit den wissenschaftlichen Grundlagen des Sozialismus stärker mit historischen Studien zu verbinden, und den Auftrag erteilt, eine Geschichte der Arbeiterbewegung abzufassen (Malycha/Winters 2009: 100).

Zeitgleich entstand ein begrenzter Personenkult um Walter Ulbricht, zu dem Bücher (Becher 1958) und Filme gehörten, die stark auf Ulbrichts Kindheit und Jugend im Kaiserreich abstellten.[67] Die DDR-Propaganda beschwor mit Bezugnahme auf die Geschichte das Arbeitermilieu und die Parteieinheit der Bebel-Zeit. Daraus leitete sie nach der Gründung der beiden deutschen Teilstaaten eine aus ihrer Sicht weitaus grundlegendere Legitimation ab, als sie aus der bloßen Negation des Faschismus möglich war.

Diesbezüglich konnte Buchwitz nun im Gegensatz zu anderen geltend machen, dass er Bebel noch persönlich begegnet war. Die hagiographische Darstellung betonte ja die Teilnahme am Parteitag 1912 ausführlich. Und die eng mit der SED verflochtene West-KPD veröffentliche 1951 eine Broschüre, in der Buchwitz als Gefolgsmann Bebels inszeniert wurde und die sich dezidiert an die westdeutschen Sozialdemokraten richtete (Buchwitz 1951b). Für die SED war Buchwitz nun der »Veteran der deutschen

---

67 Der 1953 Film »Baumeister des Sozialismus, Walter Ulbricht« gelangte als Folge des 17. Junis jedoch gar nicht erst in die Kinos (Frank 2001: 13ff.). Witze über ihn und die Lage im realen Sozialismus verbreiteten sich unterdessen in der Bundesrepublik und diffundierten in die DDR (Schmidt, H. 2004). Nach dem Scheitern dieser Personalisierung des Sozialismus besann man sich fortan eher auf den einstigen KPD-Vorsitzenden Ernst Thälmann, dem das DDR-Kino in den 1950er Jahren gleich zwei Filme widmete: »Ernst Thälmann – Sohn seiner Klasse« und »Ernst Thälmann – Führer seiner Klasse«.

Arbeiterbewegung«,[68] als solcher wurde er fortan auf Parteikonferenzen oder im Rundfunk vorgestellt. Umfänglich beantwortete Buchwitz auch Anfragen der parteioffiziellen Geschichtsforscher, die ihn zu Wegmarken wie dem Kapp-Putsch, zum dänischen Exil, zur Haftzeit oder eben zur Gründung der SED um Stellungnahmen baten. Buchwitz war im Unterschied zu den anderen ehemaligen Sozialdemokraten in der erweiterten SED-Führung in der Tat einer der wenigen, deren Wurzeln in der Sozialdemokratie des Kaiserreichs lagen. Die anderen SED-Funktionäre kommunistischer Herkunft waren in der Regel zu jung oder hatten wie Ulbricht und Franz Dahlem aus eigenem Erleben bestenfalls wenige Jahre noch die SPD in den Friedensjahren des Kaiserreiches erlebt. Wenn die Partei also einen Anknüpfungspunkt ins sozialdemokratische Milieu Westdeutschlands bewahren wollte und diesen über die gemeinsame Geschichte zu realisieren suchte, war es entscheidend, dass Personen, die aus Sicht der SED dorthin eine Brücke schlagen konnten, in den bisherigen Funktionen erhalten blieben.

Der ehemalige Sozialdemokrat Buchwitz diente außerdem als lebender Beweis einer erfolgreichen Hinwendung zum Kommunismus, der insoweit also die aus kommunistischer Sicht richtige Lehre aus der Geschichte gezogen habe (so auch Depkat 2007: 245). In diesem Sinne wurden zu Beginn der 1950er Jahre seine Lebenserinnerungen in den Parteischulungen kanonisiert (Zimmermann 1979b: 275). Auch das machte ihn in gewisser Hinsicht unangreifbar.

Buchwitz besaß noch einen anderen Vorteil. Er war nicht in hochrangige exekutive oder judikative Staatsfunktionen eingebunden. Deren Vertreter mussten ab 1951 nämlich fürchten, für Verbrechen in der DDR von der westdeutschen Justiz belangt und bei Betreten der Bundesrepublik verhaftet zu werden (o. V. 1970; o. V. 1966). Für Otto Grotewohl als Ministerpräsidenten oder Max Fechner als Justizminister galt das ebenso wie natürlich auch für Walter Ulbricht. Buchwitz hingegen war davon nicht betroffen. Dementsprechend konnte er weiterhin in die Bundesrepublik reisen, dort auch als Redner agitieren, sich in Wahlkämpfen für die KPD engagieren oder sich mit den wenigen Sozialdemokraten treffen, die ihm gegenüber noch aufgeschlossenen waren (Vesper 2009; Buchwitz 1956a: 237; Plener

68 Erstmals benutzte wohl das Neue Deutschland 1954 die Wendung von *dem* Veteranen der deutschen Arbeiterbewegung, o. V. 1954a.

2004b: 34; Pfefferkorn 1955). Seine Reden und Ansprachen gab die KPD dann als Broschüren heraus (Buchwitz 1951b; Buchwitz 1955c). Buchwitz fungierte zudem als Herausgeber der Sozialistischen Briefe, einer für die Westarbeit konzipierten Zeitschrift, die sich bewusst an sozialdemokratische Funktionäre in der Bundesrepublik richtete (Staadt 1993: 103). Regelmäßig wurde Buchwitz zudem herangezogen, wenn sich Delegationen in der DDR aufhielten, um diesen zu erläutern, warum er als gestandener Sozialdemokrat den Weg in die SED gegangen war (Buchwitz 1951c; Müller 1952; Buchwitz 1953i). Zwischen 1952 und 1956 sprach Buchwitz zudem regelmäßig Rundfunkkommentare, die an sozialdemokratische Hörer in Westdeutschland gerichtet waren und in denen er sich mit der aktuellen Situation der SPD auseinandersetzte.[69] Solange die SED einen gesamtdeutschen Anspruch erhob und sie in den Sozialdemokraten im Westen einen potenziellen Ankerpunkt sah, war ein ehemaliger Sozialdemokrat wie Buchwitz weiterhin nützlich.

Buchwitz war für die SED somit ein durchaus wichtiges Aushängeschild gegenüber dem Westen. Innerhalb der DDR stellten seine kritischen Interventionen keine Gefahr dar. Die alten Sozialdemokraten, die sich teilweise seinetwegen mit in die SED begeben hatten, waren aus der Partei gedrängt, marginalisiert, in den Westen geflohen und ins Gefängnis oder Arbeitslager gesteckt worden. Für diese war er schon geraume Zeit keine Bezugsperson mehr. Die neuen Sozialdemokraten, die 1945/46 hoffnungsvoll in die Partei geströmt waren und sich erst einmal an den alten Sozialdemokraten orientierten, brauchten ihn zu einem späteren Zeitpunkt nicht als Orientierungspunkt. Sie waren wahlweise ebenfalls aus der Partei entfernt worden oder wurden stärker durch den Herrschafts- und Machtapparat der SED in den folgenden Jahren sozialisiert und indoktriniert. Für diejenigen, die erst nach 1946 Mitglied der vereinigten SED geworden waren, stellte die Sozialdemokratie der Vorkriegszeit sowieso keinen Bezugsraum dar, sie galt ab 1948 sogar als feindliches Objekt. Hier hatte die kommunistische Erzählung der sozialdemokratischen Irrtümer zwischen 1914 und 1933 längst die sozialdemokratische Traditionslinie zerstört, für

69 Manuskripte sind unter BARch-SAPMO, Nachlass Otto Buchwitz, NY 4095/52 sowie HStA Dresden, SED-BPA Dresden, Teilnachlass Otto Buchwitz, V.2.01.011 zu finden; vereinzelte Beiträge hat es dann noch mal 1959 und 1960 gegeben, die entsprechenden Manuskripte finden sich bei AdsD, Depositum Max und Ruth Seydewitz, 1/MSAA000278.

die Buchwitz ja weitaus mehr stand als für die Bebelpartei, als deren Exponent er nunmehr dargestellt wurde. Kurzum, Buchwitz erreichte mit seiner Kritik niemanden mehr, war insoweit hinreichend isoliert. In der Parteiführung belächelte man daher seine kritischen Ausführungen ohnehin, ließ den Alten wüten, wenn er mal wieder Dinge hinterfragte. Seine Alleingänge in der Volkskammer nahm man hin und ließ ihn auflaufen. Gönnerhaft billigte man ihm eine eigene Meinung zu, wissend, dass diese sowieso keine Resonanz entfaltete.

Als Weggefährte Bebels, damit seine Bedeutung vor dem Ersten Weltkrieg überhöhend, hatte ihm die DDR-Propaganda die Rolle des Veteranen der deutschen Arbeiterbewegung zugewiesen, die ihn letztlich schützte und gegenüber Repressionen immunisierte. Buchwitz leistete aber auch seinen Beitrag, seine Loyalität zur SED unter Beweis zu stellen. Als ehemaliger schlesischer Sozialdemokrat konnte er zu einigen ehemaligen SPD-Parteifreunden Aussagen tätigen, wenn diese in den Bannstrahl der SED gerieten. Buchwitz legte dar, ob diese dem Nationalsozialismus widerstanden, in der Weimarer Zeit dem Alkohol verfielen oder als Gewerkschafter solidarisch agierten; auch Gegebenheiten aus der Exilzeit leitete er an die zuständigen Stellen in der Parteiführung weiter (z. B. Buchwitz 1953j). Oft konnte er sich aber nicht an die einzelnen Personen erinnern, nach denen er gefragt wurde, hatte mit vielen gar keinen persönlichen Kontakt gehabt. Letztlich war sein Handlungsfeld in der Weimarer Republik eben auf einen sehr begrenzten Raum beschränkt.

Buchwitz hatte sich seit 1945 aber auch immer wieder bei willkürlichen Verhaftungen für eine rechtskonforme Aufklärung der gegen die Beschuldigten erhobenen Vorwürfe eingesetzt (Gniffke 1966: 260), in der Tauwetterperiode erlaubte er sich, Amnestien für Fechner und andere zu erbitten. Selbst für seinen einstigen Widersacher Trabalski forderte er das ein (Bouvier 1996: 107). Besonders engagiert trat er für den ehemaligen sächsischen Polizeivizepräsidenten Ludwig Hoch ein, für dessen politische und soziale Rehabilitation er sich mit Nachdruck und Erfolg einsetzte (Buchwitz 1956c; Buchwitz 1956d; s. a. Bouvier 1996: 107). Buchwitz wollte im Falle Hochs um jeden Preis verhindern, dass dieser sich in den Westen absetzen würde. Seine Ankunft dort hätte der DDR wohl schweren Schaden zufügen können, denn Hoch konnte an seiner Person willkürliches Vorgehen der Staatsführung wie der sowjetischen Seite exemplarisch aufzeigen, gerade im Zusammenhang mit dem Ableben Friedrichs kannte er das belastende Material gegen Fischer (Bouvier 1996: 245; Schmeitzner/Dohnt 2002: 325).

1956 engagierte sich Buchwitz dann abermals für einen Strafvollzugsausschuss der Volkskammer. Buchwitz wurde einmal mehr beschwichtigt mit dem Hinweis, dass im real existenten Sozialismus nur noch »Faschisten und Militaristen« (Wuschik 2018: 130) inhaftiert seien. Sein Eintreten für einen zivilen Strafvollzug stellte eher ein randständiges Aufbäumen gegen die gesellschaftlichen Verhältnisse in der DDR dar. Ansonsten blieb Buchwitz ausgesprochen empfänglich für die propagandistischen Deutungen, die im Apparat des Zentralkomitees erdacht wurden. Die Strafverfahren wegen Spionage in der DDR, die im Stil stalinistischer Schauprozesse zu Beginn der 1950er Jahre inszeniert wurden, hinterließen bei Buchwitz Eindruck, jedenfalls gab er in der Folge seinerseits bereitwillig Beobachtungen über Parteifreunde weiter (Buchwitz 1953g), wobei seine Darstellungen recht oberflächlich ausfielen. Er fertigte kleine Charakterporträts an oder gab kritische Einschätzungen zu einzelnen Personen ab. Die Verschwörungstheorien, die die SED unterdessen aussandte, wurden von Buchwitz geglaubt und schon geraume Zeit von ihm auch gegenüber westdeutschen Delegationen weiterverbreitet (Buchwitz 1951c). Die hanebüchene Deutung, wonach der Aufstand vom 17. Juni 1953 von sozialdemokratischen Agenten aus dem Westen ausgelöst wurde, verinnerlichte Buchwitz mit der Zeit. Buchwitz distanzierte sich in der SED gleichzeitig immer stärker von seinen sozialdemokratischen Wurzeln. Bereitwillig gab er auf einer SED-Parteikonferenz zu Protokoll, dass der Sozialdemokratismus der Feind der Arbeiterschaft sei (Buchwitz 1954b). Darin verortete er Irrtümer der SPD in der Weimarer Zeit bei rechten Parteiführern und einer unzureichenden Übernahme des Marxismus-Leninismus. Das schloss eine bedingungslose Unterordnung unter die Führung der Sowjetunion ein. Ideologisch war Buchwitz im Verlauf der 1950er Jahre also sichtbar konvertiert. Er sprach die Lehrsätze kommunistischer Indoktrination öffentlich flüssig nach, verteidigte nach außen hin den Kurs der SED-Führung und ließ keinen Zweifel aufkommen, dass die DDR den Sozialismus aufbaute und in jedem Fall mit der kapitalistischen Ordnung konsequent gebrochen hatte. Zugleich war er überzeugt davon, dass die Bundesrepublik ein reaktionärer, militaristischer Staat war, in dem die Sozialdemokraten die gleichen Fehler wie in den 1920er Jahren begingen (siehe auch Buchwitz 1955c; Buchwitz 1953e). Sichtlich angewidert war er zudem, wenn er von einstigen nationalsozialistischen Schergen hörte, die ihn einst bedroht, malträtiert oder misshandelt hatten, und nun unbehelligt ihre Karriere in der Bundesrepublik fortsetzten (Buchwitz 1953a). Die Bundesrepublik war für ihn die negative Referenzfolie.

Buchwitz übernahm auf den Parteikonferenzen der SED immer wieder eine zentrale Rolle, wenn es darum ging, einen geläuterten Sozialdemokraten zu präsentieren. Dafür zollte ihm das Auditorium selbstredend stehende Ovationen, was wiederum Buchwitz davon überzeugen musste, auf dem richtigen Wege zu sein. Bedenkt man, welch matter Redner er im Reichstag war und welche Begeisterung ihm in der SED entgegensprang, wird deutlich, welche Wirkung das auf Buchwitz gehabt haben musste. Sicherlich, relevanten politischen Einfluss hatte er in den 1950ern kaum noch, aber man brachte ihm Wertschätzung entgegen, korrumpierte ihn jedoch auch in ganz subtiler Art und Weise. Neben den schon erwähnten Reisen in die Sowjetunion gehörten auch die zahlreichen Preise, mit denen sich die SED-Nomenklatur intern überhäufte. Es schmeichelte Buchwitz mit Sicherheit, mit welcher Hingabe ihm ab 1953 Karl-Marx-Orden, Leninpreis, Banner der Arbeit oder andere Auszeichnungen verliehen wurden. Dazu kam die Ehrenbürgerschaft der Stadt Dresden und die Ehrensenatorwürde der Technischen Universität Dresden.[70] Gerne aus Anlass seines Geburtstags, versehen mit einem netten Empfang in Dresden oder Berlin, im Beisein der Staats- und Parteiführung und begleitet von einer wohlwollenden Presseberichterstattung (exemplarisch Richter 1964), stand Buchwitz so immer wieder kurzzeitig im Mittelpunkt der Partei. Zu seinem 75. Geburtstag stellte man ihm zudem noch ein Wochenendhaus im Elbsandsteingebirge zur Verfügung (Buchwitz 1961a). Bei der Nutzung der materiellen Annehmlichkeiten blieb Buchwitz jedoch bescheiden: Preisgelder, die mit den Orden einhergingen, ließ er oftmals spenden. Für das Wochenendhaus zahlte er Nebenkosten und gab es einschließlich Mobiliar zurück, als es ihm gesundheitlich nicht mehr möglich war, dorthin zu fahren.

Unter Nutzung des ihm informell verliehenen Titels des Veteranen der Arbeiterbewegung adressierte Buchwitz im Gegenzug ein ums andere

---

70 Eine Aufstellung kommt auf 28 Auszeichnungen, die ihm zwischen 1953 und 1964 verliehen wurden: HStA Dresden, SED-BPA Dresden, Teilnachlass Otto Buchwitz, V.2.01.001.

Mal Botschaften an die sozialdemokratische Anhängerschaft in der Bundesrepublik, die aber meist ohne Resonanz blieben. Anfang 1955 versuchte die Nationale Front der DDR, der Zusammenschluss von SED und Blockparteien, auf die Meinungsbildung zu den Pariser Verträgen Einfluss zu nehmen, durch die unter anderem NATO-Beitritt und Westbindung der Bundesrepublik beschlossen wurden. Dazu wurden Repräsentanten verschiedener gesellschaftlicher Gruppen von fünf entsprechenden Exponenten der DDR angeschrieben. Buchwitz erhielt die Aufgabe, sich an SPD-Mitglieder zu wenden (Buchwitz 1955a). Doch die Reaktionen waren bescheiden. Gerade mal eine Handvoll Antworten erhielt er, die ihm sodann auch noch größtenteils mitteilten, dass sie gar nicht mehr in der SPD Mitglied seien. Eine Antwort, die es aber in sich hatte, erhielt er von Rolf Reventlow. Reventlow war damals Münchener Unterbezirksgeschäftsführer der SPD und hatte in den 40 Jahren davor einen prallen Erfahrungsschatz in der nationalen wie internationalen Arbeiterbewegung angehäuft. Dazu gehörten auch publizistische Arbeiten in Breslau und an der Seite von Max Seydewitz. Reventlow kannte insofern das Umfeld recht gut, in dem sich Buchwitz bewegte. Er konfrontierte Buchwitz nun mit früheren Verfehlungen, wahrscheinlich im Zusammenhang mit seiner Gewerkschaftstätigkeit und der damaligen Unterschlagung von Streikgeldern.[71] Buchwitz antwortete daraufhin ausweichend (Buchwitz 1955b). Er hielt Reventlow vor, er treibe ein ähnliches Spiel wie die Nationalsozialisten, die einst mit historischen Fehlern Otto Wels attackiert hatten. Eine solche Vorgehensweise hielt Buchwitz für unanständig und prahlte seinerseits wieder mit jener Akte, die Arno Hennig als homosexuell kompromittieren könnte, die er aber generöserweise nicht einzusetzen gedenke. Die Erwiderung von Buchwitz war zwar ausweichend, was die Vorwürfe von Reventlow anging, zeigt aber einige Dimensionen auf, die Buchwitz' Haltung in der Mitte der 1950er Jahren dokumentieren. Buchwitz war offensichtlich bewusst, dass es Material gegen ihn gab, das ihn belasten, in jedem Fall seine Rolle als großer Arbeiterfunktionär aus dem Kaiserreich untergraben könnte. In der SED war dieses freilich nicht

71 Das Schreiben von Reventlow selbst ist leider nicht mehr auffindbar. Buchwitz hat das Schreiben persönlich an sich genommen, so dass es im Antwortkonvolut der Nationalen Front nicht mehr vorhanden ist (o. V. 1955). Die Antwort von Buchwitz, die dort wiederum abgelegt ist, deutet aber darauf hin, dass es sich um diese Angelegenheit gehandelt haben musste.

bekannt, jedenfalls findet sich in den Archiven keinerlei Hinweis, dass seine unehrenhafte Entlassung beim Textilarbeiterverband näher aufbereitet wurde oder er damit konfrontiert worden wäre. Doch Buchwitz musste ja fortwährend fürchten, dass diesbezüglich etwas zutage treten könnte. Auch seine Emigrationszeit wurde nicht weiter hinterfragt, die Zuordnung zur Sieversgruppe und die Bürgschaft von Herbert Warnke genügten. Buchwitz selbst achtete seinerseits beim Abfassen der Lebensläufe, die er für seine Kaderakte in den 1950er Jahren regelmäßig anfertigen musste, darauf, die möglichen heiklen Punkte nicht mehr zu erwähnen. Auch Schriftstücke, die ihn diesbezüglich unter Druck hätten setzen können, wie das Schreiben von Reventlow, konnte er aus dem Weg schaffen (o. V. 1955). Im Gegenzug stattete man Buchwitz vorsichtshalber mit Material aus, mit dem er im Zweifel Personen im Westen bloßstellen konnte. Indem Buchwitz mit der Existenz von solchem Material kokettierte, bat er seinerseits um Zurückhaltung, was seine Person anging. Bedrohung und Abschreckung bildeten die Strategie.

So loyal er nach außen hin agierte, in den SED-Gremien beziehungsweise gegenüber dem Parteiapparat blieb er kritisch. Er plädierte dafür, Personalentscheidungen des Zentralkomitees zu überdenken, wenn der Eindruck entstand, dass ehemalige Sozialdemokraten marginalisiert würden (Buchwitz 1954c).

Buchwitz hob bei seinen Interventionen im Zentralkomitee dadurch wesentlich eher und gründlicher als andere hervor, wie sich die politische Stimmung im Lande veränderte. Im Nachgang des 20. Parteitags der KPdSU 1956, der die Entstalinisierung mit Chruschtschow Geheimrede einläutete, trug Buchwitz vor, welche Gefühle ihm Parteimitglieder geschildert hatten. Chruschtschow hatte in seiner Rede mit Stalins Personenkult abgerechnet und dabei Verbrechen gegen die Menschlichkeit hervorgehoben, für die Stalin Verantwortung trug. Buchwitz selbst war sprachlos, denn er verwies auf die Zeit des Nationalsozialismus, »damals waren wir Genossen es, die von den Faschisten gefoltert wurden. Was wir heute erfahren haben, da handelt es sich um Genossen, die von einem Genossen gefoltert worden sind. Da komme ich nicht drüber hinweg« (zit. nach Hoffmann 2009: 533). Für Buchwitz war die Gründungsurkunde der SED mit dem im Nationalsozialismus vergossenen Blut von Kommunisten und Sozialdemokraten geschrieben worden. Er hatte die Kommunisten im gemeinsamen Widerstand als anständige Menschen erlebt, die sein Leben gerettet hatten. Er hatte darüber die Bedenken und Zweifel verdrängt, die ihm seine sozialdemokratischen Parteifreunde bis dahin vorgetragen hatten. Es bereitete ihm keine Probleme, im zweiten Band seiner Erinnerungen die Weisheit Stalins zu loben beziehungsweise loben zu lassen. In jedem Falle verspürte Buchwitz unvermindert eine tiefe Dankbarkeit gegenüber der Sowjetunion für die Befreiung vom Faschismus, weswegen er deren Haltung gegenüber Deutschland idealisierte, wohingegen er die Haltung des Westens und hier insbesondere die westdeutsche Wiederbewaffnung kritisch einschätzte (Buchwitz 1955d). Mit der Geheimrede war mit einem Male eine Grundlage relativiert, die Buchwitz bewogen hatte, den Weg in die Einheitspartei zu gehen.

Nun erging es den früheren Kommunisten in keiner Hinsicht anders, ihnen wurde ein Teil des kommunistischen Glaubensbekenntnisses gleichsam vollständig entzogen. Doch zwischen ihnen und Buchwitz gab es einen wichtigen Unterschied. Buchwitz hatte ein politisches Leben vor der SED, das mit Hoffnungen und Leidenschaft verbunden und somit auch Bezugspunkt seines politischen Handelns war. Anhängern des Kommunismus fehlte solch ein Ankerpunkt. Wenn sie mit der SED nun gebrochen hätten, wäre damit die vollständige Opferung ihrer zentralen politischen Überzeugungen verbunden gewesen. Umso mehr stellte sich daher für Buchwitz abermals die Frage, wieso er dennoch in der SED verblieb.

Der Prozess der Entstalinisierung in der SED verlief durchaus anders als in der KPdSU. Bedingt durch die 1946 geschlossene Parteieinheit und das teilweise Bemühen in den ersten Jahren, die Sozialdemokraten einzubinden, sie emotional in die Organisation zu integrieren, war kein besonders ausgeprägter Stalinkult entstanden, auch eine Kanonisierung seines theoretischen Werkes war weitgehend unterblieben. Für Buchwitz dürften die praktischen Folgen der Auseinandersetzung mit dem Geheimplenum weitaus wichtiger gewesen sein. Die SED-Führung entschied sich, einige Tausend inhaftierte Gegner freizulassen. Darunter waren knapp 700 ehemalige Sozialdemokraten, denen man vorgeworfen hatte, dass sie fürs Ostbüro spioniert hätten (Malycha 1997: 49). Buchwitz hatte sich in den Jahren zuvor ja immer wieder für eine Rehabilitation eingesetzt. Dass seine Partei dem sodann umfassend nachkam, musste Buchwitz als Genugtuung vorgekommen sein. Insoweit erfüllte die SED seine Erwartungen. Das wog offensichtlich schwer genug und relativierte die verbitterte Verwunderung, die er verspürte und im Zentralkomitee zum Ausdruck brachte.

Buchwitz' Haltung in dieser Zeit hinterfragte unterdessen sein Exilgenosse in Dänemark, Walter Hammer. Hammer, der zunächst ebenfalls in der SBZ sesshaft wurde und in Brandenburg ein Forschungsinstitut zum politischen Exil während des Nationalsozialismus leitete, ging im Anschluss an die Schließung des Instituts 1950 nach Hamburg und setzte dort seine dokumentarische Arbeit fort. Hammer konnte nicht fassen, mit welcher Inbrunst und Überzeugung Buchwitz immer noch der SED angehörte. Hammer nahm das Erscheinen von Buchwitz zweitem Erinnerungsband zum Anlass, seinem alten Kampfgefährten zu schreiben.[72] Nach dem Austausch von Freundlichkeiten, aber auch dem Bemühen von Hammer, Einschätzungen von Buchwitz in Bezug auf Dahrendorf oder Kurt Heinig zu korrigieren – Ersteres erfolglos, Letzteres mit gewissem Erfolg –, fühlte sich Buchwitz schließlich herausgefordert, seine Haltung zu verteidigen (Buchwitz 1956b). Buchwitz stellte natürlich auf die Schaffung der Einheitspartei ab, hinsichtlich der er das Prager Manifest der Exil-SPD von 1934 als sozialdemokratische Legitimationsgrundlage betrachtete. Er beschränkte sich aber nicht darauf, sondern sah sich durch die Aufgaben der Gegenwart bestätigt. Er glaubte, in der DDR befinde sich der Aufbau des Sozialismus im Prozess der Verwirklichung – im Gegensatz zur Bundesrepublik. Seine eigene Erfüllung bestand darin, monatlich zwischen 150 und 200 Menschen zum persönlichen Gespräch zu empfangen, die um Unterstützung beim Volksvertreter Buchwitz baten. Hinzu kam eine konstante Zahl von Briefen, die ihn zur praktischen Hilfe veranlassten. In diesen Passagen erkannte man den früheren Gewerkschaftsfunktionär und Parteisekretär wieder. Verachtung indes ließ er für frühere Weggefährten wie Paul Löbe anklingen, von denen Buchwitz nunmehr überzeugt war, dass diese sich von den Nationalsozialisten hatten korrumpieren lassen. Wieder war das Gefühl des Verrats durch die früheren Freunde bei Buchwitz präsent. Gleichzeitig war erkennbar, dass Buchwitz längst die Lehrsätze glaubte, die man im ZK über die Deutung der Zeitläufte verbreitete. Deswegen rechtfertigte er gegenüber Hammer die Niederschlagung

72 Der Briefwechsel ist von Hammer verschiedentlich archiviert worden. In seinem eigenen beim Institut für Zeitgeschichte in München verwahrten Nachlass findet sich ebenso eine Version wie in der hier zitierten Personalakte aus den im Archiv der sozialen Demokratie verwahrten Beständen des Historischen Archivs der SPD. Der Briefwechsel wurde von Hammer mit der Vorbemerkung versehen, dass dieser erst nach dem Tode beider veröffentlicht werden sollte.

des ungarischen Aufstands als Abwehr faschistischer Kräfte, in deren Sog er auch Adenauer wirken sah.

Hammer überzeugten Buchwitz' Ausführungen nicht (Hammer 1957). Schmeichelnd titulierte er Buchwitz zunächst ebenfalls als »ehrwürdigen Veteran der Arbeiterbewegung«, um sodann Buchwitz mit einigen unangenehmen Fakten zu konfrontieren. Er erinnerte an die kommunistische Sozialfaschismusthese und den Hitler-Stalin-Pakt, beides Punkte, die Buchwitz im dänischen Exil noch auf Distanz zu den Kommunisten hielten. Die Schärfe, mit der Buchwitz sich über mangelnden Widerstand mancher Sozialdemokraten aufregte, wies Hammer ebenfalls energisch zurück. Derartiges Heldentum habe man nicht erwarten können, und die Indizien, an denen Buchwitz gar eine Korrumpierung durch die Nationalsozialisten festmachte, relativierte Hammer ebenfalls. Er erwähnte, dass von Seiten der Nationalsozialisten an bestimmten Stellen bewusst Unfrieden gesät worden sei, etwa durch Ehrenpensionen für Kommunisten und Sozialdemokraten. Auch die Witwe des KPD-Vorsitzenden Ernst Thälmann habe schließlich davon profitiert. Hammer traf erkennbar einige wunde Punkte. Buchwitz antwortete, gesundheitlich recht angeschlagen, nur arg verzögert und vor allem ausgesprochen schmallippig (Buchwitz 1957b). An einem inhaltlich kontroversen Meinungsaustausch über die Interpretation der Vergangenheit hatte er kein tieferes Interesse mehr, jedenfalls mochte er die Verbundenheit mit Hammer dadurch nicht belasten. Buchwitz hatte sich in der Zwischenzeit ein Weltbild zurechtgelegt, das er nun nicht mehr erschüttern wollte.

Dazu gehörte, dass er die wenig demokratischen Wahlen zur Volkskammer verteidigte. Die Arbeit des Gremiums lobte er, wiewohl diese allein in Akklamationen bestand. Seinen Bezugsrahmen bildeten hierbei der Parlamentarismus der Weimarer Republik und die zeitlich parallel geführten Debatten im westdeutschen Bundestag. Die langwierigen Beratungsabläufe und die wenig wirksamen Reden dort verglich er mit der Geschwindigkeit, in der die Volkskammer etwa in der Rentenpolitik agierte (Buchwitz 1958a; o. V. 1954b). Die Outputlegitimation rechtfertigte den Mangel an Demokratie, wobei Buchwitz diesen gar nicht empfand. Der Pluralismus mit einer zersplitterten Parteienlandschaft stand in seiner Betrachtung einer Einigung des Volkes entgegen und habe als solcher erst den Aufstieg des Faschismus ermöglicht (ebd.). Dieses Motiv hatte Buchwitz seit 1945 immer mal wieder anklingen lassen (z. B. Buchwitz

1947). Wenn man so will, übernahm Buchwitz für die DDR nonchalant die Staatsrechtslehre eines Carl Schmitt aus der Weimarer Zeit und krempelte diese kurzerhand auf links.

Ein letztes kritisches Wort von Buchwitz über den Zustand der SED vermerkte das Protokoll des ZK der SED im Jahr 1957. Buchwitz war sichtbar erregt, weil er in seiner Funktion im Roten Kreuz durch die Staatssicherheit offensichtlich überwacht wurde, allein weil er ein früherer Sozialdemokrat war, wie ihm der Verbindungsmann der Staatssicherheit freimütig mitteilte (Schmidt 1995: 2129). Buchwitz störte sich nun weniger an der Tatsache, dass Sozialdemokraten pauschal observiert wurden, sondern mehr hinsichtlich des Zeitpunkts. Für die Jahre nach der Parteibildung erachtete er solche Überwachungen sogar als durchaus zielführend, jedoch nicht nach zehn Jahren Parteieinheit und schon gar nicht bei ihm, dem Veteranen der deutschen Arbeiterbewegung.

Ab dem Frühjahr 1958 war Buchwitz gesundheitlich kaum noch in der Lage, Termine außerhalb Dresdens wahrzunehmen. Bei der Neuwahl des ZK der SED 1958 erwog Buchwitz daher, sich aus diesem Gremium zurückzuziehen. Walter Ulbricht persönlich entschied jedoch anders (Bezirksleitung Dresden 1958). Sein Nutzen für die Legitimation der SED-Herrschaft und ihres immer noch vorhandenen gesamtdeutschen Anspruchs wog hoch. Die gesundheitlichen Probleme waren unterdessen erheblich. Die Parteiführung bestand deswegen darauf, dass Buchwitz jährlich zur Kur reiste. Überdies wurde er von den besten Ärzten der DDR persönlich betreut (Buchwitz 1959e; Buchwitz 1958b).

Immer wieder zwang ihn sein Asthma außerdem zu Krankenhausaufenthalten (Zimmermann 1984: 209). Phasenweise konnte er noch nicht einmal mehr Treppen steigen, ohne Atemnot zu bekommen (Buchwitz 1958b; Buchwitz 1961a). Die Herzinsuffizienz sowie altersbedingte Schwächen kamen noch hinzu. Probleme bereitete ihm mit der Zeit auch das Lesen, weswegen er sich längere Texte vorlesen ließ (Buchwitz 1960a; Buchwitz 1960b). Körperlich war Buchwitz schwer angeschlagen und massiv auf Hilfe angewiesen. Die Fahrten nach Berlin, wenn die Volkskammer oder das ZK tagten, konnte er nur mit Unterstützung seiner Frau tätigen (Zimmermann 1984: 212). Im Dienstwagen des Alterspräsidenten der Volkskammer war sogar eine Halterung für eine Sauerstoffflasche angebracht (Simowitsch 2007: 246). Anfang 1964 wurden die Atemprobleme dann so stark, dass ihm sein Arzt ganz die Teilnahme an den Sitzungen untersagte (Buchwitz 1964).

Geistig waren hingegen keine größeren Ausfallerscheinungen festzustellen oder überliefert. Manche zeitliche Abläufe und Zusammenhänge ordnete er zwar nicht mehr ganz richtig ein, kleinere Fehler unterliefen ihm bei Fakten und Details.[73] Reger Schriftverkehr und lange Unterredungen sind im Nachlass dokumentiert, die von einem weiterhin beachtlichen Arbeitspensum zeugen. Zu historischen oder aktuellen Fragestellungen wurden ihm Dossiers mit Abschriften von Zeitungen oder Zeitungsausschnitten zusammengestellt, die er erkennbar bis in die 1960er Jahre hinein noch mit Anstreichungen, Anmerkungen sowie Paraphen versah und die als Grundlage für Redemanuskripte oder etliche Namensbeiträge dienten. Die Ausarbeitungen dazu redigierte er ebenfalls bis ins hohe Alter hinein noch eigenhändig, mit allerdings rückläufiger Intensität.

Buchwitz verbrachte seine letzten Lebensjahre in seiner Rolle als greiser[74] Veteran der deutschen Arbeiterbewegung. Die Themen seiner damit verbundenen Publikationen kreisten vor diesem Hintergrund um historische Themen, die zu seinen Lebenserinnerungen passten: die Niederschlagung des Kapp-Putsches unter besonderer Berücksichtigung der Görlitzer Situation, der Aufstieg der Nationalsozialisten und die mangelnde Arbeitereinheitsfront 1933, die Haftzeit, die Gründung der SED 1946, die Gründung der DDR 1949 und die Lage der westdeutschen SPD. Die SED stellte ihm dazu von Seiten des ZKs einen Mitarbeiter zur Seite, der Materialien sichtete und Textentwürfe fertigte, dessen Arbeitsweise Buchwitz jedoch als chaotisch empfand (Buchwitz 1957c). Seine in den zahlreichen Schriftstücken sichtbare Haltung wurde dabei immer engstirniger (exemplarisch: Buchwitz 1961b). Die offizielle Geschichtsauffassung der DDR

---

73 Er gab beispielsweise an, zeitgleich mit Wilhelm Pieck Parteisekretär gewesen zu sein (o. V. 1956), was nun ausgeschlossen werden kann, da Buchwitz ja erst nach 1918 in eine solche Funktion gelangte, als Pieck schon in der KPD war. Eine persönliche Bekanntschaft mit Wilhelm Liebknecht, die er gegenüber Ruth Seydewitz erwähnte (Buchwitz 1959a), ist eher unwahrscheinlich, zumal sie nur einmal von Buchwitz erwähnt wird. Ebenfalls irrte sich Buchwitz darin, den Bezirksvorsitz in Görlitz von Taubadel übernommen zu haben (Buchwitz 1959c), denn dieser wurde im Februar 1933 nochmals wiedergewählt (o. V. 1933a).

74 Tatsächlich wird Buchwitz immer wieder mal als solcher tituliert. Der Begriff erscheint aus heutiger Perspektive abwertend, war damals allerdings überaus wertschätzend gemeint.

übernahm er ohne Zweifel oder Differenzierungen beziehungsweise sehr deutlich entgegen seinen vor 1933 vertretenen Positionen: Rechte Führer in der SPD und opportunistische Gewerkschaftsfunktionäre hätten die Sozialdemokratie in der Weimarer Zeit auf den falschen Weg geführt und bestimmten das Geschehen in der Bundesrepublik weiterhin. Dort verhinderten sie die Arbeitereinheit, die in der DDR zu jener Neuordnung geführt habe, die 1918 ausgeblieben sei.

Kondensiert floss vieles davon in die biographische Darstellung ein, die Ruth Seydewitz dann anfertigte (Seydewitz 1961) und Buchwitz besonders stark schmeichelte. Zufrieden schrieb er Seydewitz, dass sie dazu beigetragen habe, »daß ich so leicht auch nicht vergessen sein werde, wenn ich im Krematorium gelandet bin« (Buchwitz 1960c).

Als Buchwitz am 09. Juli 1964 verstarb, wurde ihm beim Begräbnis die Ehre durch die gesamte Staats- und Parteiführung zuteil. Ulbricht, Ebert, Matern und nahezu alle anderen hochrangigen Funktionäre der Staats- und Parteiführung, mit Ausnahme des bereits schwer erkranken Grotewohl, hielten im Dresdner Hygienemuseum die Totenwache für ihn. SED-Chefideologe Kurt Hager hielt die Totenrede.[75] Die mediale Berichterstattung dazu war erheblich. Die Sächsische Zeitung brachte mehrere Tage lang ganzseitige Artikel auf der Titelseite. Alleine die Berichterstattung über sein Begräbnis (o. V. 1964b) war umfangreicher als der Nachruf auf den zeitgleich verstorbenen französischen Kommunistenführer Maurice Thorez, der immerhin eine der größten kommunistischen Parteien im Westen anführte.

Bis zu seinem Tod war Buchwitz in der DDR ein relevanter Zeitzeuge der Geschichte der Arbeiterbewegung, um sie im Sinne der SED zu instrumentalisieren. Nach seinem Tod hielt man in der DDR die Erinnerung an ihn wach, was anhand der Namen zahlreicher Straßen, Schulen, Kombinate oder Freizeitheime zum Ausdruck kam. Etliche hatten schon zu Lebzeiten seinen Namen erhalten. Andere bedrängten nach seinem Tod die Witwe, den Namen auch führen zu dürfen. Dahinter steckte vielfach übrigens das Motiv, im Fall von Versorgungslücken die Witwe um ein gutes Wort bei der Staats- und Parteiführung zu bitten. Als Ehrenbürger der Stadt Dresden erhielt er zudem ein Ehrengrab auf dem Heidefriedhof, das

75 Die entsprechenden Unterlagen sind in seiner Kaderakte abgelegt. BArch-SAPMO, DY 30/88695.

aus Anlass seines Sterbedatums in die Erinnerungskultur der Stadt eingebunden wurde (Landeshauptstadt Dresden 2021). Seinen 100. Geburtstag 1979 beging die Dresdner Bezirksleitung der SED mit einem festlichen Kolloquium in der Technischen Universität der Stadt. Danach verblasste das Gedenken an Buchwitz allmählich. Schon zum Ende der DDR war seine Person vielfach vergessen. Die volkseigenen Betriebe, landwirtschaftlichen Produktionsgenossenschaften oder Kollektive verschwanden nach der Wende von selbst. Die Otto-Buchwitz-Straßen oder -Schulen wurden ebenfalls weitgehend aus den Stadtbildern der neuen Länder getilgt. Doch sein Name diente nicht dazu, um darüber symbolisch den Systemwechsel zu vollziehen. Bestenfalls dort, wo alte Straßennamen zu seinen Gunsten einst verdrängt wurden, bemühte man sich um eine rasche Korrektur. Dies erfolgte nicht besonders eilig, zu unbekannt war Buchwitz Anfang der 1990er Jahre, zu unwichtig im Vergleich zu anderen seine Rolle in der DDR, und zu wenig war seine Vita wirklich belastet. Man konnte daher einfach abwarten, bis Oberschulen in Gymnasien umgewandelt wurden und ohnehin neue Namen brauchten oder Betriebe der Abwicklung unterlagen und mit ihnen der vorherige Ehrenname unterging. Wo dies nicht geschah, blieb Buchwitz bis heute als Namenspate erhalten. Sein Name ziert einen Platz in Görlitz, Straßen in Aschersleben, Bernsdorf, Oderwitz oder Mülsen, eine Schule in Eisenhüttenstadt und einen Sportplatz in Kreba-Neudorf.

Fazit

Buchwitz war bis 1940 kein Anhänger einer sozialdemokratisch-kommunistischen Arbeitereinheitsfront. Er rechtfertigte bis dato den Kurs der sozialdemokratischen Parteiführung, war dem Milieu seiner Partei tief verbunden. Seine unstete Erwerbsbiographie wurde durch Gewerkschaft und Partei abgesichert. Die Arbeiterbewegung hielt zu ihm trotz der Tatsache, dass er Geld unterschlagen hatte. Es war dabei keineswegs die bebelsche Parteieinheit des Kaiserreiches, sondern die Sozialdemokratie der Eberts und Scheidemanns wie auch diejenige von Wels, mithin der Weimarer Republik, der Buchwitz verbunden war. Eine rigide Ablehnung des kommunistischen Milieus gab es seinerseits jedoch nicht. Dafür waren die Kommunisten in Niederschlesien viel zu unbedeutend, dafür agierten sie letztlich zu unauffällig oder verblieben im gemeinsamen Milieu.

Das dänische Exil führte bei Buchwitz zu Überlegungen, ob und wie sich der Nationalsozialismus hätte verhindern lassen. Dazu gehörte Selbstkritik an der eigenen Partei wie auch an der KPD. Eine Wende zur Einheitspartei war damit aber nicht verbunden, eher bewegte er sich im Kontext sozialdemokratischer Exilpolitiken. Seine Bereitschaft für einen Neuanfang, der über die vorherige SPD hinausgriff, reichte dabei sicherlich schon weiter als die seiner in Dänemark sitzenden eher engstirnigen Genossen. Diese Haltung entsprach im Kern wohl eher den Vorstellungen, die so ähnlich im schwedischen oder englischen Exil entwickelt wurden. Eine besondere Reife erlangte diese Haltung bei Buchwitz aber nicht. Dafür waren die Verhältnisse im dänischen Exil nicht geeignet. Erst die Besetzung Dänemarks und der gefühlte Verrat durch den dominanten Führer der örtlichen Exil-Sozialdemokraten Richard Hansen wie durch die dänische Regierung verleiteten Buchwitz zu mehr Distanz gegenüber der Sozialdemokratie. Die gelebte Solidarität in der Brandenburger Haftanstalt öffnete ihn dann für die Idee einer sozialdemokratisch-kommunistischen Einheitspartei. Von dieser war er nach 1945 zutiefst überzeugt, ignorierte Widerspruch in den eigenen Reihen und nahm den Terror gegen diejenigen hin, die sich dem widersetzten. Er war in diesem Punkt von einer historischen Mission überzeugt. Er ließ sich selbst dann nicht davon abbringen, als ehemalige Mithäftlinge wie Dahrendorf sich davon längst distanzierten.

Buchwitz steht damit exemplarisch für einen durchaus nicht unwesentlichen Teil der sozialdemokratischen Funktionärsebene in der SBZ. In den Reihen der SPD gab es einige, auch altgediente Funktionäre, die einen Zusammenschluss mit der KPD anstrebten, erhofften und als historische Mission erwarteten. Doch gerade in Sachsen hatte die SPD auch einen besonderen Stolz, eine besondere Tradition und war strukturell weitaus stärker als die kommunistische Seite. Darin unterschied man sich von Thüringen oder Sachsen-Anhalt, wo die kommunistische Verankerung in der Bevölkerung breiter vorhanden war beziehungsweise die sozialdemokratischen Traditionslinien aus der Zeit vor 1933 nicht in gleichem Maße reaktiviert werden konnten. Dass mit Buchwitz gerade ein besonders linientreuer Sozialdemokrat der Weimarer Republik eine solche Position vertrat, beeindruckte damals gerade die in der Gesellschaft noch stark verankerte sächsische SPD, deren politische Aktions- oder Handlungsfähigkeit aber schon vor 1933 beschränkt und die 1945 weitgehend führungslos war. Insoweit strahlte die Entschlusskraft von Buchwitz hinsichtlich des Willens zur Vereinigung mit der KPD auf die Zweifler aus, erleichterte diesen den Gang in die neue Partei und hielt sie auch in der neuen Organisation, als die Grundlagen der neuen Parteieinheit ins Wanken gerieten.

Allerdings war Buchwitz in der Phase des Zusammenschlusses nicht unumstritten. In der sächsischen SPD war er zwar kein Unbekannter, wohl aber ein Fremder. Seine Autorität blieb dadurch und durch die Gründungsgeschichte des Landesverbands 1945 limitiert. In den sächsischen Bezirken gab es andere Erfahrungen und Vorgeschichten, jedoch keine Gegenspieler mit vergleichbarer Vita. Dadurch befand sich Buchwitz in Sachsen letztlich in einer Schlüsselposition, war innerparteilicher Treiber einer Entwicklung, bezüglich der aber der äußere Zwang durch die sowjetische Besatzungsmacht keineswegs unterschätzt werden darf. Eine wirkliche innerparteiliche Auseinandersetzung konnte nämlich nicht in den Bahnen geführt werden, die der demokratischen Tradition der SPD entsprochen hätten. Insofern wirkte Buchwitz sogar als Verstärker dieser Entwicklung. Den von den Kommunisten forcierten Druck über die Betriebe und Manifestationen, der in Sachsen in der Konferenz der 3.000 seinen Niederschlag fand, stützte er. Er stellte sich nicht den handstreichartigen Methoden im Nachgang der ersten Sechzigerkonferenz entgegen, mit denen die Parteiorganisation der SPD unterlaufen wurde und auf die auch der Zentralausschuss nur zögerlich reagierte. Vielmehr nährte er die Verwirrung, die zum Jahreswechsel 1945/46 eingetreten war und die den Widerstand unterminierte. Mit seinem forschen Auftreten, ohne hinreichende Legitimationsgrundlage notfalls den Landesverband Sachsen vom Zentralausschuss zu lösen und die Vereinigung mit der KPD dort separat voranzutreiben, trug er dazu bei, dass der schwankende Zentralausschuss auf den Vereinigungskurs einschwenkte.

Buchwitz trug dadurch dazu bei, dass die sächsische Entwicklung ein spezifisches Gepräge bekam. Hier war die Vereinigung auf der Funktionärsebene stark umstritten, wurde teils vehement abgelehnt, und zugleich war der oberste Repräsentant der Partei im Lande bekennender Befürworter eines solchen Bündnisses. Dadurch existierte in Sachsen ein besonderes Spannungsverhältnis, wie es Anfang 1946 sonst wohl nur noch in Groß-Berlin vorhanden war. Anders als in Berlin hatte Buchwitz aber keinen derartig exponierten Gegenspieler, wie es ihn dort mit Franz Neumann für den Bezirksvorsitzenden Hermann Harnisch gab. Buchwitz' Gegner verfügten weder über die Mittel noch über die Möglichkeiten, sich in vergleichbarer Art zur Wehr zu setzen. Diesbezüglich schützte die SMAD, sie schüchterte die Gegner teils offen, teils verdeckt ein.

Die Skeptiker, die Zweifler, die Bedenkenträger, aber auch die Gegner einer Vereinigung fügten sich dadurch schließlich größtenteils dem Unvermeidlichen. Sie taten das unter den Bedingungen des Zwangs und der Ausweglosigkeit. Sie folgten aber unter diesen Umständen gerade in besonderem Vertrauen auf ihre Führung, die ja in den Jahren des Nationalsozialismus standhaft geblieben war. Das wiederum war ein zentrales Argument, das für Buchwitz sprach und das auch in den Jahren nach der Vereinigung noch Gewicht hatte. Sie gingen daher am Ende bewusst mit Buchwitz zunächst den Weg in die SED, hofften aber darauf, den sozialdemokratischen Kern zu bewahren. Doch all die Versprechen der Parteieinheit, die Hoffnung auf sozialistische Pluralität, die volksparteiliche Verankerung und die lebendige Parteiorganisation blieben bestenfalls eine kurze Episode, die schon 1947/48 jäh enttäuscht wurden. Das genuin Sozialdemokratische wurde im Zuge der Konsolidierung der SED abgeschliffen, unkenntlich gemacht, verachtet und am Ende diffamiert.

Gerade vor diesem Hintergrund wurde die Person Buchwitz für die Konsolidierung der SED relevant. Er genoss ein gewisses Vertrauen und war in Sachsen nach der vollzogenen Parteieinheit zwischenzeitlich Flucht- und Bezugspunkt für ehemalige Sozialdemokraten, insbesondere nach dem

Tod von Ministerpräsident Friedrichs. Wenn Buchwitz sich von der SED in den folgenden Jahren losgelöst hätte, so wäre das durchaus von Relevanz gewesen. Er hätte die Legitimation der Partei in der Konsolidierungsphase der SED infrage stellen können, mit möglicherweise weitreichenden Folgen für die weitere Genese der SED.

Buchwitz' Überzeugung wog in den folgenden Jahren dennoch stärker als die Bedenken, die auch er im weiteren Verlauf immer wieder entwickelte. Bei vier zentralen Wegmarken der ersten zehn Jahre nach Gründung der SED stand Buchwitz auf der Seite jener, die innerparteilich zweifelten. Es veranlasste ihn jedoch nicht, die SED infrage zu stellen:

- Zum Zeitpunkt der ersten Organisationskrise des Jahres 1947, die in Sachsen durch den Tod von Ministerpräsident Friedrichs noch eine regional verschärfende Komponente besaß, war Buchwitz unzufrieden mit dem Stand der Parteieinheit. Eine neuerliche Spaltung der Partei schien in der Luft zu liegen. Buchwitz verteidigte zwar die Parteieinheit, aber nicht um jeden Preis. Partielles Nachgeben beruhigte ihn. Doch die Debatte um Friedrichs' Nachfolge ließ die Konfliktlinie noch konturierter zwischen ehemaligen Sozialdemokraten und ehemaligen Kommunisten hervortreten. Im entscheidenden Moment war Buchwitz jedoch abwesend, auf Kur. Die Umstände erscheinen merkwürdig, werfen Fragen auf, die im Lichte der verfügbaren Quellen leider nicht restlos beantwortet werden können.
- Die Stalinisierungsprozesse der Jahre 1948 bis 1952 erlebte Buchwitz anfangs in führender Funktion. Die Aufgabe des Vorsitzes in der Zentralen Parteikontrollkommission war ihm unangenehm. Mit dem zum eigenen Schutz vorgeschobenen Gesundheitszustand entledigte er sich dessen. Obwohl er innerlich an der Vorgehensweise zweifelte, hielt er der Partei abermals die Treue. Die schauerlichen Geschichten über Sabotagen und Spionage, die ihm Ulbricht und Grotewohl auftischten, glaubte er, weswegen er die Parteidisziplinierung grundsätzlich als notwendig ansah, akzeptierte und die zuvor von ihm vertretenen Vorstellungen von innerparteilicher Demokratie ad absurdum führte.
- Den 17. Juni 1953 erlebte er zunächst nicht als Putsch, sondern registrierte, welche Wut in der Arbeiterschaft sich gegen die SED erhob. Hier verortete er im ZK der SED die Fehler auf Seiten der SED und sah zunächst keine externe Verschwörung über die DDR hereinbrechen, sondern war

sich der Umstände erkennbar bewusst. Trotzdem verließ er auch in dieser Legitimationskrise die SED nicht. Vielmehr akzeptierte er binnen kürzester Zeit die parteioffizielle Interpretation der Vorgänge, die in diesen einen vom Westen organisierten sozialdemokratischen Putsch sahen. Seine kritischen Einlassungen zur mangelhaften Kommunikation der SED wurden vor diesem Hintergrund hingenommen.

- Die Tauwetterzeit nach 1956 führte Buchwitz vor Augen, dass die von ihm in der Haft erlebten, edel, selbstlos und solidarisch auftretenden Kommunisten in der Sowjetunion schwere Verbrechen unter Stalin begangen hatten. Eigentlich waren die Grundlagen der Parteieinheit für Buchwitz dadurch erschüttert und doch blieb er der SED treu, obwohl er auch erfuhr, in welchem Umfang er weiterhin bespitzelt wurde.

Buchwitz blieb der SED treu, obwohl er mindestens zu diesen vier Zeitpunkten teilweise massiv mit der parteioffiziellen Linie über Kreuz lag und immer wieder den Unmut auch artikulierte. Dabei gibt es nicht den einen Grund oder die eine Ursache, die Buchwitz in der Partei hielt. Buchwitz sprach zwar in der Stalinisierungsphase brav die neuen Lehrsätze runter, die man von ihm verlangte. Aber anders als Grotewohl war er nicht in gleicher Weise und Geschwindigkeit innerlich konvertiert. Anders als Grotewohl, Fechner oder Ebert besaß er aber auch keine machtpolitisch relevante Funktion, die den Hader mit der Partei kompensierte oder die seine materielle Position bestimmte. Immer wieder liefen seine eigenen Überlegungen auch quer zur offiziellen Linie, immer wieder haderte er mit dem Zustand der Partei. Was dabei keine Rolle spielte, war, die SED als solche zu hinterfragen, deren wirkliche Legitimationsgrundlage als Problem freizulegen – d. h. die sowjetische Militärmacht in der SBZ und später dann in der DDR. In diesem Punkt unterschied sich Buchwitz schon 1945 von seinen SPD-Genossen. Die Dankbarkeit für die Befreiung aus den unmenschlichen Haftbedingungen dürfte hier wohl ausschlaggebend gewesen sein. Die sowjetische Seite bemühte sich zudem auch sehr um Buchwitz, gewährte ihm Kuren und Reisen in die Sowjetunion. Die Dankbarkeit dürfte entsprechend groß gewesen sein. Politisch erschien ihm die Sowjetunion in den Tagen des 17. Juni 1953 als einziger Garant für die Fortführung des sozialistischen Experiments, das in der DDR stattfand und das Buchwitz gerade in der Abgrenzung zur westdeutschen Entwicklung begrüßte.

In einem gewissen Umfang wurde Buchwitz sodann auch korrumpiert, wenn man es mit heutigen Maßstäben bewerten mag. Die Dienstvilla in Dresden, das Wochenendhaus im Elbsandsteingebirge, der Dienstwagen, die zuvorkommende medizinische Versorgung, die bessere Versorgung mit Lebensmitteln und Waren des täglichen Bedarfs dürften Eindruck hinterlassen haben. Dazu kamen das Salär als Parteifunktionär und die Pension als NS-Opfer, was es ihm ermöglichte, seine reguläre Rente zu spenden. Freilich, unter den Lebensbedingungen nach dem Zweiten Weltkrieg und unter Berücksichtigung des desolaten Gesundheitszustands von Buchwitz sollte man vom heutigen Standpunkt aus zurückhaltend urteilen und einbeziehen, dass Buchwitz einige materielle Vorteile daraus umgehend spendete. Allerdings war Buchwitz seinerseits scharf im Urteil, wenn Parteifreunde einem dandyhaften Lebensstil frönten, sich Gefälligkeiten genehmigten oder offenkundig Vorteile annahmen. Ungeachtet dessen hatte man Buchwitz darüber ein wenig in der Hand. Ihm drohte ein Statusverlust, aber in der Phase der Stalinisierung auch Erpressung. Buchwitz lief ebenso Gefahr, dass ihm ein ausschweifender Lebensstil vorgeworfen würde. Dazu kam es aber nicht. Stattdessen bekam er reihenweise Orden verliehen; man hielt ihn in repräsentativen Funktionen, selbst wenn er diese – körperlich arg geschwächt – kaum noch wahrnehmen konnte.

Die Rolle, die Buchwitz für das Regime spielte, war die des »Veterans der deutschen Arbeiterbewegung«. Die Staats- und Parteiführung verstand es, auch auf dem Weg seine Eitelkeiten anzusprechen. Diesbezüglich hatte Buchwitz etwas zu verlieren. Denn seine Biographie war ja nicht makellos. Seine Lebensweise im Kaiserreich war unstet. Er war deswegen letztlich aus dem Textilarbeiterverband entlassen worden, der Kriegsdienst 1914 bot in Ermangelung anderer Möglichkeiten auch eine Gelegenheit zur Rehabilitation. Er war keineswegs ein tief überzeugter Kriegsgegner, wie sich die Erben von Karl Liebknecht das immer wünschten. Zu den rechten Führern der SPD, von denen er sich nach 1945 distanzierte, zählte er in der Weimarer Republik eigentlich selbst, war deswegen gar in Hinblick auf eine Querfront angefragt worden und hatte solche Bestrebungen im dänischen Exil kurzzeitig selbst forciert. Weitergehende gravierende Verfehlungen aus DDR-Sicht ließen sich in Buchwitz' Lebenslauf zwar nicht finden, das eine oder andere aufzubauschen, wäre aber sicherlich möglich gewesen, wenn man denn gewollt und es gewusst hätte. Über die

Unterschlagung beim Textilarbeiterverband war aber hinreichend Gras gewachsen, entsprechende Vorhaltungen kamen nur sehr wenige aus dem Westen. Für die Umstände der Querfrontanfrage gab es keine lebenden Zeugen mehr, und hinsichtlich seines Engagements für die Volkssozialistischen Blätter in Dänemark konnte er sich der Protektion der einstigen kommunistischen Exilanten sicher sein, denn diese hegten ja für dieses Blatt latente Sympathie, wären also mit in den Strudel gezogen worden, hätten sie die schützende Hand nicht über ihn gehalten.

Buchwitz war sicherlich kein Held der Arbeiterbewegung, große rhetorische Fähigkeiten als Parlamentsredner oder auf Parteitagen legte er nicht an den Tag. Begrenzt schien es ihm möglich, als Agitator der Massen in seinem niederschlesischen Wahlkreis zu wirken. Die dortige reformistisch eingestellte Arbeiterschaft goutierte allerdings mutmaßlich eher einen sachlichen Stil. Buchwitz' Lebenslauf wies viele Hochs und Tiefs auf. Entschieden war er im Widerstand, vor 1933 schon im Reichsbanner und danach im Exil. Erdulden musste er für seine Überzeugungen die Haft im Gefängnis. Das reihte sich fraglos ein in die Standhaftigkeit der Sozialdemokratie im Nationalsozialismus. Doch er war keine Schlüsselfigur der Sozialdemokratie, weder im lokalen noch im Reichsmaßstab, weder in der Weimarer Republik noch im Widerstand. Buchwitz agierte weitgehend eingebettet in ein Milieu, folgte seiner Partei, verteidigte deren Kurs und war ein nicht weiter beachtenswerter Hinterbänkler im Reichstag. Im dänischen Exil löste er sich aus der Enge des dortigen Exilmilieus, verließ aber nie das sozialdemokratische Spektrum.

Die SED ermöglichte ihm dann eine weitergehende Idealisierung seines Lebenslaufs und ließ ihm eine Wertschätzung zukommen, die er vor 1933 in der SPD nie in einem solchen Umfang erfahren hatte und die ihm die Schumacher-SPD auch nicht gewährt hätte. Erst als Apostel der Einheit, danach als Veteran der deutschen Arbeiterbewegung wurde Buchwitz zu einem Symbol in der politischen Agitation, für die er sich letztlich bereitwillig hergab. Buchwitz wurde gehuldigt, geschmeichelt und er wurde umfassend umsorgt.

Man spielte Buchwitz auch politische Scharade vor. An die Normerfüllung der Henneckebewegung glaubte er ebenso wie er den Legenden zu den massenhaften Schumacheragenten vertraute, die angeblich den Aufbau des Sozialismus unterliefen. Die Mär von dem faschistischen Putsch mit sozialdemokratischer Unterstützung am 17. Juni 1953 akzeptierte er trotz kurzen Zögerns schließlich auch. Buchwitz war innerhalb des Milieus, in dem er sich bewegte, autoritätshörig und autoritätsgläubig, in der letzten Konsequenz daher geradezu naiv. Die Sozialdemokratie und anschließend die SED hatten seine Biographie abgestützt, sein Leben gerettet und ihm am Ende eine sinnstiftende Position verschafft. Diese Linie zog sich aus dem Kaiserreich über die Weimarer Republik, die NS-Zeit bis hin in die DDR. Das implizierte eine Treueverpflichtung gegenüber der Organisation, die im Zweifel höher wog als alle anderen Organisationsprinzipien. Die Positionen, welche die Vorstände ausgaben, übernahm er, verteidigte sie und setzte sie um. Hier war er ganz der linientreue Parteisekretär, eine Position, die er unter wechselnden Umständen nie ganz aufgab, die lediglich in der Endphase des Exils einen Riss bekam, der aber weitreichend war. Abgrenzungen zu Kommunisten sah er danach nicht ein. Vor 1933 waren diese ihm weitgehend egal, im Exil waren sie nur bedingt als Bündnispartner infrage gekommen, nach 1940 waren sie aber ehrliche Kameraden, die ebenso Anspruch auf die Entwicklung der sozialistischen Weisheiten erheben durften.

Buchwitz war kein Opfer der Verhältnisse, der durch Umschmeicheln und latentes Erpressen gefügig gemacht werden musste. Im Verlauf der 1950er ging er sicherlich vorsichtiger mit einigen biographischen Wegmarken um und fügte sich in die Erwartungen, die an ihn gestellt waren. Es mangelte ihm bei den zentralen Weggabelungen der DDR-Geschichte bestimmt auch an analytischer Klugheit, um sich der Propaganda zu entziehen. Dabei ist zentral, dass eine Flucht in den Westen nie infrage kam, aus materiellen und familiären Gründen. Das schränkte den Handlungsspielraum von vornherein ein. Buchwitz wusste freilich sehr wohl, für welche Zwecke er eingebunden wurde. Er sollte und wollte die Parteieinheit repräsentieren, als von ehemaligen Sozialdemokraten kaum noch etwas in der SED übrig war. Das billigte er im Interesse des übergeordneten Ziels der Parteieinheit. Er akzeptierte vor diesem Hintergrund die Parteisäuberungen, stellte sich diesen nicht grundlegend entgegen, ergriff jedoch punktuell Partei für ehemalige Sozialdemokraten. Parteidisziplin und innerparteiliche Demokratie waren Axiome seines Parteiverständnisses, die latent in Widerspruch zueinander standen. Im Zweifel war ihm dann die Disziplin wichtiger. Darüber konnte er sich in den Herrschaftsapparat integrieren, und das machte es der SED leicht, seinen begrenzten Widerspruch zu akzeptieren.

Dies einbeziehend, war er vom Kurs der DDR überzeugt. Buchwitz hatte dabei die Bundesrepublik als Referenz ebenso vor Augen wie die Weimarer Republik. Eine Vorstellung vom Sozialismus hatte Buchwitz darüber zwar kaum entwickelt, aber einen Begriff von Restauration hatte er sich zurechtgelegt – und damit verband er die westdeutschen Verhältnisse, die in seinen Augen nur die Verhältnisse der Weimarer Zeit reproduzierten und als solche Gefahr liefen, wieder in eine faschistische Diktatur umzuschlagen. Aus dem Grund schien ihm der Kurs besser, den die DDR eingeschlagen hatte. Eine Gesellschaft, in der er mehr als zwei Dutzend Auszeichnungen erhielt und die am Ende immerhin 250 Objekten seine Namen verliehen hatte, entsprach dann eher seinen Vorstellungen als die Adenauer-Bundesrepublik mit den antikommunistisch eingestellten Sozialdemokraten.

Anhang

Archivalien

Archiv der sozialen Demokratie (AdsD)

Historisches Archiv der SPD

Sammlung Personalia Otto Buchwitz

Sammlung Personalia Paul Taubadel

SOPADE-Archiv

Dokumente 1, 2, 13, 14, 15, 16, 25

SPD-Ostbüro

Akten 0031, 0032, 0311b, 0311c, 345, 345 I, 345 II, 345 III

Deposita

Erich Gniffke (Nr. 4/1, 17, 18, 19, 28, 31)

Paul Löbe (1/PLAB000023; 1/PLAB000024)

Karl Raloff (1/KRAA000021, 1/KRAA000022, 1/KRAA000023, 1/KRAA000024)

Max und Ruth Seydewitz (1/MSAA000277, 1/MSAA000278, 1/MSAA000279, 1/MSAA000280, 1/MSAA000281)

Rolf Reventlow (1/RRAA000147, 1/RRAA000148, 1/RRAA000149, 1/RRAA000150)

Philipp Scheidemann (1, 2)

Stanislaw Trabalski (1/STAA000030, 1/STAA000018, 1/STAA000019a, 1/STAA000019, 1/STAA000029, 1/STAA000022)

IG Metall-Archiv

Bestand Otto Brenner (5/IGMA45075034)

Bundesarchiv – Stiftung Parteien und Massenorganisationen der DDR (BArch-SAPMO)

Volkskammer der DDR

Abgeordnetenmappe Otto Buchwitz (DA 1/1514, DA 1/1515)

Nationalrat der Nationalen Front der DDR

Westarbeit (DY 6/5893, DY 6/5916)

Sozialdemokratische Partei Deutschlands

Zentralausschuss- und Parteiausschusssitzungen (DY 28/4, DY 28/5)

Landesvorstand Sachsen (DY 28/43)

Bezirksvorstand Leipzig (DY 28/44)

Bezirk Görlitz (RY 20/154, RY 20/155, SGY 30/113)

Sozialistische Einheitspartei Deutschlands

ZPKK 1948–1962 (DY 30/71315, DY 30/71316, DY 30/71317, DY 30/71318, DY 30/71319)

Kaderakte Otto Buchwitz (DY 30/8869)

Nachlässe

Otto Buchwitz (NY 4095/1, NY 4095/4, NY 4095/5 NY 4095/6, NY 4095/7, NY 4095/8, NY 4095/10, NY 4095/11, NY 4095/12, NY 4095/13, NY 4095/14, NY 4095/15, NY 4095/16, NY 4095/42, NY 4095/43, NY 4095/44, NY 4095/45, NY 4095/45, NY 4095/46, NY 4095/47, NY 4095/49, NY 4095/50, NY 4095/51, NY 4095/52, NY 4095/55, NY 4095/56, NY 4095/57, NY 4095/58, NY 4095/59, NY 4095/64, NY 4095/65, NY 4095/66, NY 4095/67, NY 4095/68, NY 4095/86, NY 4095/87)

Otto Grotewohl (NY 4090/638)

Bundesarchiv (BArch)

Reichssicherheitshauptamt

Verfolgung von politischen Gegnern (R 58/2043, R 58/2258)

Oberreichsanwalt beim Volksgerichtshof

Strafprozess gegen Otto Buchwitz (R 3017/30377)

Kommunistische Partei Deutschlands

Politbüro (RY 1/336, RY 1/415, RY 1/663, RY 1/742)

Geheimes Preußisches Staatsarchiv (GStA)

Justizministerium (I. HA Rep. 84a,Nr. 52771,Nr. 52739)

Historisches Archiv der Stadt Köln (HAStK)

Nachlass Wilhelm Sollmann

Schriftwechsel (A566/12, 13, A555/30, 31, A559/11, 12, A563/8; A559/13, 14, A560/11)

Kreisarchiv des Landratsamtes Erzgebirgskreis

Auskünfte aus dem Melderegister der Gemeinde Jahnsdorf

Sächsisches Staatsarchiv, Hauptstaatsarchiv Dresden (HStA Dresden)

Aktions- und Arbeitsgemeinschaft der KPD und SPD (11855)

III/7/1, III/004/3

KPD-Bezirksleitung Sachsen (11853)

I/A/1/012

SED-Bezirksparteiarchiv (BPA) Dresden (11857)

IV/1/14

SED-Bezirksparteiarchiv (BPA) Dresden (12456)

Teilnachlass Otto Buchwitz (V.2.01.001, V.2.01.002, V.2.01.004, V.2.01.006, V.2.01.007, V.2.01.008, V.2.01.010, V.2.01.011, V.2.01.013, V.2.01.014, V.2.01.015, V.2.01.017, V.2.01.018, V.2.01.022, V.2.01.025, V.2.01.026, V.2.01.027, V.2.01.041, V.2.01.046, V.2.01.050, V.2.01.053).

SPD-Landesvorstand Sachsen und Kreisverbände (11854)

II/B/3/009, II/A/1/002

Protokolle der Parteitage der SPD

Protokoll über die Verhandlungen des Parteitags der Sozialdemokratischen Partei Deutschlands, 10.–15. Juni 1919, Weimar.

Protokoll über die Verhandlungen des Parteitags der Sozialdemokratischen Partei Deutschlands, 10.–16. Oktober 1920, Kassel.

Protokoll der Sozialdemokratischen Parteitage in Augsburg, Gera und Nürnberg 1922.

Sozialdemokratischer Parteitag 1924, 11.–14.6.1924, Berlin.

Protokoll über die Verhandlungen des Parteitags der Sozialdemokratischen Partei Deutschlands, 13.-18. September 1925, Heidelberg.

Protokoll sozialdemokratischer Parteitag, Kiel 1927, 22.–27.5.1927.

Protokoll sozialdemokratischer Parteitag, Magdeburg 1929, 26.–31.5.1929.

Sozialdemokratischer Parteitag 1931 in Leipzig, 31.5.–5.6.1931.

Protokolle des Reichstags

Verhandlungen des Reichstags: III. Wahlperiode, Band 385, IV. Wahlperiode, Bände 390, 393, 395, 424.

Quellen- und Literaturverzeichnis

Abelshauser, Werner 2004: Deutsche Wirtschaftsgeschichte seit 1945, Bonn.

Ansorg, Leonore 2015: Politische Häftlinge im nationalsozialistischen Strafvollzug: Das Zuchthaus Brandenburg-Görden, Berlin.

Applebaum, Anne 2014: Der Eiserne Vorhang, Die Unterdrückung Osteuropas 1944–1956, Bonn.

Arndt, Helmut 1996: Zum Wirken des Sozialdemokraten Stanislaw Trabalski 1945/46, in: Landesverband Sachsen der PDS (Hrsg.), Kolloquium zum 50. Jahrestag des Zusammenschlusses von KPD und SPD in Sachsen, 30.03.1996, o. O. [Dresden], S. 83–89.

Arndt, Hermann/Puschmann, Elsbeth 1959: Wie erlebten wir Görlitzer Genossen unseren Parteisekretär Otto Buchwitz, AdsD, Depositum Max und Ruth Seydewitz, 1/MSAA000277.

Amos, Heike 2003: Politik und Organisation der SED-Zentrale 1949–1963, Struktur und Arbeitsweise von Politbüro, Sekretariat, Zentralkomitee und ZK-Apparat, Münster/Hamburg/London.

Bandowksi, Otto u. a. [1946]: An die Berliner Parteigenossen der Sozialdemokratischen Partei Deutschlands, BArch-SAPMO, Bestand SPD-Bezirksorganosationen, DY 28/43.

Becher, Johannes R. 1958: Walter Ulbricht, Ein deutscher Arbeitersohn, Berlin.

Beelte, Hans-Ludwig 1979: Exilpublizistik in Skandinavien, in: Hardt, Hanno/Hilscher, Elke/Lerg, Winfried B. (Hrsg.), Presse im Exil, Beiträge zur Kommunikationsgeschichte des deutschen Exils 1933–1945, München u. a., S. 253–315.

Beier, Gerhard 1976: Das Problem der Arbeiteraristokratie im 19. und 20. Jahrhundert, in: Beier, Gerhard (Hrsg.), Herkunft und Mandat, Beiträge zur Führungsproblematik in der Arbeiterbewegung, Frankfurt, S. 9–71.

Berghänel, Lilo 1962: Zweimal Buchwitz, in: Volksstimme Karl-Marx-Stadt, 21.04.1962.

Bezirksleitung Dresden 1958: Schreiben an Walter Ulbricht, BArch-SAPMO, DY 30/88695.

Bieber, Hans-Joachim 1981: Gewerkschaften im Krieg und Revolution, Arbeiterbewegung, Industrie, Staat und Militär in Deutschland, 1914–1920, Teil I, Hamburg.

Biene, Thomas 1979: Exilpublizistik in den Niederlanden, Belgien und Luxemburg, in: Hardt, Hanno/Hilscher, Elke/Lerg, Winfried B. (Hrsg.), Presse im Exil, Beiträge zur Kommunikationsgeschichte des deutschen Exils 1933–1945, München u. a., S. 181–222.

Böhme, Walter 1996: Otto Buchwitz: »Mir ist die Partei viel, höher mir Volk und Vaterland«, in: Landesverband Sachsen der PDS (Hrsg.), Kolloquium zum 50. Jahrestag des Zusammenschlusses von KPD und SPD in Sachsen, 30.03.1996, o. O. [Dresden], S. 27–39.

Bouvier, Beatrix 1976: Antifaschistische Zusammenarbeit, Selbständigkeitsanspruch und Vereinigungstendenz, in: Archiv für Sozialgeschichte, Band 16/1976, S. 417–468.

Bouvier, Beatrix 1996: Ausgeschaltet, Sozialdemokraten in der Sowjetischen Besatzungszone und in der DDR 1945–53, Bonn.

Bouvier, Beatrix 1998: Die Zwangsvereinigung von SPD und KPD und die Folgen für die Sozialdemokratie, in: Faulenbach, Bernd/Potthoff, Heinrich (Hrsg.), Sozialdemokraten und Kommunisten nach Nationalsozialismus und Krieg, Zur historischen Einordnung der Zwangsvereinigung, Essen, S. 85–93.

Bouvier, Beatrix W./Schulz, Horst-Peter (Hrsg.) 1991: »... die SPD aber aufgehört hat zu existieren«, Sozialdemokraten unter sowjetischer Besatzung, Bonn.

Brandt, Peter 1976: Antifaschismus und Arbeiterbewegung, Aufbau-Ausprägung-Politik in Bremen 1945/46, Hamburg.

Braun, Bernd 2005: Die »Generation Ebert«, in: Schönhoven, Klaus/Braun, Bernd (Hrsg.), Generationen in der Arbeiterbewegung, München, S. 69–86.

Brunner, Detlev u. a. 1995: Sozialdemokratische Partei und sozialdemokratisches Vereinswesen, SPD, Volkshäuser, Arbeitersport, Marburg.

Buchwitz, Elsa 1960: Lebenslauf, HStA Dresden, SED-BPA Dresden, Teilnachlass Otto Buchwitz, V.2.01.050.

Buchwitz, Otto 1929: Schreiben an Emil Bock, 17.1.1929, BArch-SAPMO, Bestand Sozialdemokratische Partei Deutschlands, RY 20/155.

Buchwitz, Otto 1930: Kreistagsarbeit fürs Landvolk, in: Das freie Wort, Heft 2/1930, S. 9–11.

Buchwitz, Otto 1931: Eine Mahnung an Freund und Feind, in: Görlitzer Volkszeitung, 12.11.1931.

Buchwitz, Otto 1933a: Im neuen Jahr zu neuen Kämpfen, in: Görlitzer Volkszeitung, 01.01.1933.

Buchwitz, Otto 1933b: Schreiben an Otto Wels, 01.07.1933, AdsD, SOPADE-Archiv, Dokumente 25.

Buchwitz, Otto 1933c: Schreiben an Otto Wels, 21.07.1933, AdsD, SOPADE-Archiv, Dokumente 25.

Buchwitz, Otto 1933d: Schreiben an Siegmund Crummenerl, 14.07.1933, AdsD, SOPADE-Archiv, Dokumente 25.

Buchwitz, Otto 1933e: Schreiben an Otto Wels, 23.10.1933, AdsD, SOPADE-Archiv, Dokumente 25.

Buchwitz, Otto 1934a: Schreiben an Otto Wels, 25.12.1934, AdsD, SOPADE-Archiv, Dokumente 25.

Buchwitz, Otto 1934b: Schreiben an Otto Wels, 14.10.1934, AdsD, SOPADE-Archiv, Dokumente 25.

Buchwitz, Otto 1934c: Schreiben an Otto Wels, 28.01.1934, AdsD, SOPADE-Archiv, Dokumente 25.

Buchwitz, Otto 1935: Schreiben an Otto Wels, 19.02.1935, AdsD, SOPADE-Archiv, Dokumente 25.

Buchwitz, Otto 1936a: Brief an die dänischen KPD-Emigranten, 12.4.1936, BArch-SAPMO, Bestand Kommunistische Partei Deutschlands, RY 1/336.

Buchwitz, Otto 1936b: Schreiben an Wilhelm Sollmann, 19.04.1936, HAStK, Nachlass Wilhelm Sollmann, A 559/12.

Buchwitz, Otto 1936c: Schreiben an Wilhelm Sollmann, 30.5.1936, HAStK, Nachlass Wilhelm Sollmann, A 563/8.

Buchwitz, Otto 1936d: Schreiben an unbekannt [wahrscheinlich Herbert Warnke], Abschrift vom 20.11.1936 [ursprünglich 25.04.1936], BArch-SAPMO, Bestand Kommunistische Partei Deutschlands, RY 1/336; weitere Abschrift unter RY 1/415.

Buchwitz, Otto 1936e: Schreiben an Wilhelm Sollmann, 18.08.1936, HAStK, Nachlass Wilhelm Sollmann, A 560/11.

Buchwitz, Otto 1945a: Bericht der Sozialdemokratischen Partei, Landesgruppe Sachsen, 27.07.1945, HStA Dresden, SPD-Landesvorstand und

Kreisverbände, II/A.1.002/1.

Buchwitz, Otto 1945b: Rededisposition, HStA Dresden, SED-BPA Dresden, Teilnachlass Otto Buchwitz, V.2.01.013.

Buchwitz, Otto 1945c: Schreiben an Otto Grotewohl, 25.09.1945, HStA Dresden, SPD-Landesvorstand Sachsen und Kreisvorstände, II/A.1.002/1.

Buchwitz, Otto 1945d: Schreiben an Otto Grotewohl, 14.12.1945, HStA Dresden, SPD-Landesvorstand Sachsen und Kreisvorstände, II/A.1.002/1.

Buchwitz, Otto 1945e: Rundschreiben an die Gliederungen der SPD in Sachsen, 19.10.1945, BArch-SAPMO, Bestand Sozialdemokratische Partei Deutschlands, DY 28/43.

Buchwitz, Otto 1945f: Das Tor steht offen, in: Volksstimme, 23.12.1945.

Buchwitz, Otto 1945g: Der Wille zur Macht, HStA Dresden, SED-BPA Dresden, Teilnachlass Otto Buchwitz, V.2.01.013.

Buchwitz, Otto 1946a: Wir schaffen die Einheit, Referat auf der zentralen Mitgliederversammlung der Sozialdemokratischen Partei Leipzig, 07.02.1946, HStA Dresden, SED-BPA Dresden, Teilnachlass Otto Buchwitz, V.2.01.018.

Buchwitz, Otto 1946b: Schreiben an Otto Grotewohl, 23.01.1946, BArch-SAPMO, Nachlass Otto Buchwitz, DY 4095/56.

Buchwitz, Otto 1946c: Schreiben an Paul Löbe, AdsD, Bestand Paul Löbe, 1/PLAB000024.

Buchwitz, Otto 1947: Zwei Jahre Sozialistische Einheitspartei, HStA Dresden, SED-BPA Dresden, Teilnachlass Otto Buchwitz, V.2.01.013.

Buchwitz, Otto 1948a: Demokratie in der Praxis, in: Tägliche Rundschau, 03.02.1948.

Buchwitz, Otto 1948b: Schreiben an Walter Hammer, 26.05.1948, BArch-SAPMO, Nachlass Otto Buchwitz, NY 4095/4.

Buchwitz, Otto 1948c: Im Sommer 1948 in Moskau, HStA Dresden, SED-BPA Dresden, Teilnachlass Otto Buchwitz, V.2.01.011.

Buchwitz, Otto 1948d: Meine Reise in das Land des Sozialismus, HStA Dresden, SED-BPA Dresden, Teilnachlass Otto Buchwitz, V.2.01.011.

Buchwitz, Otto 1949: Schreiben an Otto Grotewohl, 25.04.1949, BArch-SAPMO, Bestand Sozialistische Einheitspartei Deutschlands, DY 30/88695.

Buchwitz, Otto 1950a: 50 Jahre Funktionär der deutschen Arbeiterbewegung, Berlin, 2. Auflage.

Buchwitz, Otto 1950b: Auch Westdeutschland auf Dauer nicht zu unterdrücken, in: Neues Deutschland, 27.06.1950.

Buchwitz, Otto 1951a: Die Angst der rechten SPD-Führer vor der Einheit Deutschlands, in: Tägliche Rundschau, 12.10.1951.

Buchwitz, Otto 1951b: Ein Mitkämpfer August Bebels spricht, ein offenes Wort an alle Sozialdemokraten, o. O..

Buchwitz. Otto 1951c: Gespräch mit sozialdemokratischen Funktionären auf der gesamtdeutschen Städtetagung vom 9.-11. November 1951, HStA Dresden, SED-BPA Dresden, Teilnachlass Otto Buchwitz, V.2.01.011.

Buchwitz, Otto 1952a: Schreiben an Generalsekretariat der VVN, Abteilung Gesamtdeutsche Arbeit, 18.11.1952, BArch-SAPMO, Nachlass Otto Buchwitz, NY 4095/4.

Buchwitz, Otto 1952b: Eine Antwort auf einen Briefwechsel mit dem SPD-Genossen August Brey, 22.09.1952, BArch-SAPMO, Nachlass Otto Buchwitz, NY 4095/52.

Buchwitz, Otto 1952c: SPD-Arbeiter verlangen klare Entscheidung der rechten SPD-Führer, in: Tägliche Rundschau, 20.03.1952.

Buchwitz, Otto 1952d: Eine Perspektive, wie wir sie erträumt haben, in: Neues Deutschland, 08.07.1952.

Buchwitz, Otto 1953a: Schreiben an Paul Löbe, 13.4.1953, AdsD, Depositum Paul Löbe, 1/PLAB000061.

Buchwitz, Otto 1953b: Schreiben an Hans Riesner, 21.11.1953, BARch-SAPMO, Nachlass Otto Buchwitz, DY 4095/86.

Buchwitz, Otto 1953c: Eine Politik, die Millionen Freunde gewann, in: Tägliche Rundschau, 20.1.1953.

Buchwitz, Otto 1953d: Otto Buchwitz an die sozialdemokratischen Arbeiter Westdeutschlands, in: Freiheit, 04.09.1953.

Buchwitz, Otto 1953e: Ein Wort an unsere sozialdemokratischen Brüder, in: Neues Deutschland, 08.04.1953.

Buchwitz, Otto 1953f: Schreiben an Paul Löbe, 17.3.1953, AdsD, Depositum Paul Löbe, 1/PLAB000061.

Buchwitz, Otto 1953g: Bericht über die Versammlung der streikenden Arbeiter im Sachsenwerk Niedersedlitz, 20. Juni 1953, https://www.stasi-mediathek.de/medien/bericht-des-politikers-otto-buchwitz-ueber-die-demonstration-im-sachsenwerk/blatt/182/ (9.7.2022).

Buchwitz, Otto 1953h: Schreiben an Hans Riesner, 11.07.1953, BArch-SAPMO, Nachlass Otto Buchwitz, DY 4095/86.

Buchwitz, Otto 1953i, Erfahrung mit Delegationen aus Westdeutschland, Pressedienst, 22.09.1953, HStA Dresden, SED-BPA Dresden, Teilnachlass Otto Buchwitz, V.2.01.015.

Buchwitz, Otto 1953j: Schreiben an Walter Ulbricht, 30.01.1953, BArch-SAPMO, Nachlass Otto Buchwitz, NY 4095/67.

Buchwitz, Otto 1954a: Schreiben an Hermann Matern, 11.05.1954, BArch-SAPMO, Nachlass Otto Buchwitz, DY 4095/65.

Buchwitz, Otto 1954b: Der Sozialdemokratismus ist ein Feind der Arbeiterklasse, in: Neues Deutschland, 09.03.1954.

Buchwitz, Otto 1954c: Schreiben an Otto Schön, 29.11.1954, BArch-SAPMO, Nachlass Otto Buchwitz, DY 4095/67.

Buchwitz, Otto 1955a: Schreiben an die sozialdemokratischen Arbeiter Westdeutschlands, Januar 1955, AdsD, Historisches Archiv der SPD, Personalsammlung Otto Buchwitz.

Buchwitz, Otto 1955b: Brief an Herrn Reventlow, AdsD, Historisches Archiv der SPD, Personalsammlung Otto Buchwitz.

Buchwitz, Otto 1955c: Otto Buchwitz spricht, Düsseldorf.

Buchwitz, Otto 1955d: Vor 10 Jahren, in: Natur und Heimat, Heft 4/1955, S. 97–98.

Buchwitz, Otto 1956a: Brüder in eins nun die Hände, Berlin.

Buchwitz, Otto 1956b: Schreiben an Walter Hammer, 10.12.1956, AdsD, Historisches Archiv der SPD, Personalsammlung Otto Buchwitz.

Buchwitz, Otto 1956c: Schreiben an Walter Ulbricht, 19.06.1956, BArch-SAPMO, Nachlass Otto Buchwitz, DY 4095/67.

Buchwitz, Otto 1956d: Schreiben an Otto Grotewohl, 07.04.1956, BArch-SAPMO, Nachlass Otto Buchwitz, DY 4095/67.

Buchwitz, 1957a: Schreiben an Genossen Jürgensen, 12.10.1957, BArch-SAPMO, Bestand Sozialdemokratische Partei, SGY 30/113.

Buchwitz, Otto 1957b: Schreiben an Walter Hammer, 06.03.1957, AdsD, Historisches Archiv der SPD, Personalsammlung Otto Buchwitz.

Buchwitz, Otto 1957c: Schreiben an Fritz Reuter, 09.01.1957, BArch-SAPMO, Nachlass Otto Buchwitz, DY 4095/86.

Buchwitz, Otto 1958a: Beantwortung einer Frage, Neues Deutschland, 08.11.1958.

Buchwitz, Otto 1958b: Schreiben an Dr. Honecker, 29.08.1958, HStA Dresden, SED-BPA, Teilnachlass Otto Buchwitz, V.2.01.027.

Buchwitz, Otto 1959a: Niederschrift über die Unterhaltung der Genossin Ruth Seydewitz mit Genossen Otto Buchwitz am 12.11.1959, BArch-SAPMO, Nachlass Otto Buchwitz, DY 4095/44; gleichlautend: AdsD, Depositum Max und Ruth Seydewitz, 1/MSAA000277.

Buchwitz, Otto 1959b: Schreiben an den Genossen Knittel, Institut für Marxismus-Leninismus, 2.1.1959, BArch-SAPMO, Bestand Sozialdemokratische Partei, SGY 30/113.

Buchwitz, Otto 1959c: Niederschrift über die Unterhaltung der Genossin Ruth Seydewitz mit Genossen Otto Buchwitz, BArch-SAPMO, Nachlass Otto Buchwitz, DY 4095/44; gleichlautend AdsD, Depositum Max und Ruth Seydewitz, 1/MSAA000277.

Buchwitz, Otto 1959d: Ergänzende Angaben, 30.11.1959, BArch-SAPMO, Nachlass Otto Buchwitz, DY 4095/44; gleichlautend AdsD, Depositum Max und Ruth Seydewitz, 1/MSAA000277.

Buchwitz, Otto 1959e: Schreiben an Helga Wittbrodt, 31.07.1959, HStA Dresden, SED-BPA, Teilnachlass Otto Buchwitz, V.2.01.027.

Buchwitz, Otto 1960a: Brief an Ruth Seydewitz, 22.01.1960, AdsD, Depositum Max und Ruth Seydewitz, 1/MSAA000281.

Buchwitz, Otto 1960b: Brief an Ruth Seydewitz, 01.07.1960, AdsD, Depositum Max und Ruth Seydewitz, 1/MSAA000281.

Buchwitz, Otto 1960c: Brief an Ruth Seydewitz, 15.01.1960, AdsD, Depositum Max und Ruth Seydewitz, 1/MSAA000281.

Buchwitz, Otto 1961a: Brief an Hans Tzschorn, 20.12.1961, HStA Dresden, SED-BPA, Teilnachlass Otto Buchwitz, V.2.01.027.

Buchwitz, Otto 1961b: Brief an Klaus Leonhard, 5.4.1961, BArch-SAPMO, Nachlass Otto Buchwitz, NY 4095/51.

Buchwitz, Otto 1962: Unser Erbe in guten Händen, in: Neues Deutschland, 29.12.1962.

Buchwitz, Otto 1964: Schreiben an Otto Schön, 28.01.1964, BArch-SAPMO, Nachlass Otto Buchwitz, NY 4095/58.

Buchwitz, Otto/Matern, Hermann 1945: Brüderliche Zusammenarbeit, in: Volksstimme, 23.11.1945.

Buschfort, Wolfgang 1991: Das Ostbüro der SPD, Von der Gründung bis zur Berlin-Krise, München.

Carl, Willi/Gorholt, Martin/Hering, Sabine 2022: Lebenswege in den Brüchen der Zeit, in: Carl, Willi/Gorholt, Martin/Hering, Sabine (Hrsg.), Sozialdemokratie in Brandenburg (1933–1989/90), Lebenswege zwischen Widerstand, Vereinnahmung und Neubeginn, Bonn, S. 13–20.

Callesen, Gerd 1988: Neuere Arbeiten zum deutschsprachigen Exils in Dänemark, in: Archiv für Sozialgeschichte, Band 28/1988, S. 507–516.

Caracciolo, Lucio 1988: Der Untergang der Sozialdemokratie in der sowjetischen Besatzungszone, in: Vierteljahrsshefte zur Zeitgeschichte, Heft 2/1988, S. 281–318.

Czok, Karl o. J.: Zur Geschichte der Novemberrevolution und des Arbeiter- und Soldatenrates von Görlitz, Zittau/Görlitz.

Czok, Karl 1963: Die Auswirkungen der russischen Revolution von 1905 auf die Görlitzer Arbeiterbewegung, in: Rat der Stadt Görlitz (Hrsg.), Beiträge zur Geschichte der Görlitzer Arbeiterbewegung I, Görlitz, S. 5–80.

Depkat, Volker 2007: Lebenswenden und Zeitenwenden, Deutsche Politiker und die Erfahrungen des 20. Jahrhunderts, München.

DIE LINKE Thüringen/SPD Thüringen/Bündnis'90/Die GRÜNEN Thüringen 2019: Gemeinsam neue Wege gehen. Thüringen demokratisch, sozial und ökologisch gestalten, Koalitionsvertrag für die 7. Wahlperiode des Thüringischen Landtags, https://www.spd-thueringen.de/wp-content/uploads/Koalitionsvertrag-r2g.pdf (16.7.2022).

Dirks, Walter 1950: Der restaurative Charakter der Epoche, in: Frankfurter Hefte 9/1950, S. 942–954.

Donath, Peter/Szegfü, Annette 2019: Mitgliedernah und profiliert – die Entwicklung der Gewerkschaft für die Textil- und Bekleidungsindustrie, in: Hofmann, Jörg/Benner, Christiane (Hrsg.), Geschichte der IG Metall, Zur Entwicklung von Autonomie und Gestaltungskraft, Frankfurt am Main, S. 525546.

Donth, Stefan 1996: Die Gründung der SED in Sachsen, in: Historisch-politische Mitteilungen, 3/1996, S. 103–131.

Ebert, Simon 2014: Wilhelm Sollmann, Sozialist – Demokrat – Weltbürger (1881–1951), Bonn.

Ehnert, Gunter 1995: Die SPD Thüringens im Vorfeld der SED-Gründung (1945/46), Erfurt.

Faulenbach, Bernd 2012: Geschichte der SPD, Von den Anfängen bis zur Gegenwart, München.

Fehlisch, Bruno 1927: Schreiben an Otto Buchwitz, 19.10.1927, BArch-SAPMO, Bestand Sozialdemokratische Partei Deutschlands, RY 20/157.

Fellisch, Alfred o. J. [ca. 1959]: Notiz für Ruth Seydewitz, AdsD, Depositum Max und Ruth Seydewitz, 1/MSAA0000277.

Fesser, Gerd 2002: Philipp Scheidemann (1865–1939), in: Fröhlich, Michael (Hrsg.), Die Weimarer Republik, Portrait einer Epoche in Biographien, Darmstadt, S. 62–72.

Frank, Mario 2001: Walter Ulbricht, Eine deutsche Biographie, Berlin.

Freyberg, Jutta von/Hebel-Kunze, Bärbel 1975: Die deutsche Sozialdemokratie in der Zeit des Faschismus, in: Freyberg, Jutta von u. a., Geschichte der deutschen Sozialdemokratie 1863–1975, Köln, S. 180–241.

Gabert, Josef/Krusch, Hans-Joachim/Malycha, Andreas (Red.) 1990: Einheitsdrang oder Zwangsvereinigung, Die Sechziger-Konferenzen von KPD und SPD 1945 und 1946, Berlin.

Gast, Helmut 1996: Zum Zusammenschluss von KPD und SPD in Leipzig, in: Landesverband Sachsen der PDS (Hrsg.), Kolloquium zum 50. Jahrestag des Zusammenschlusses von KPD und SPD in Sachsen, 30.03.1996, o. O. [Dresden], S. 63–66.

Gericke, Christoph 2015: Zum 100. Geburtstag von Hans Hermsdorf, in: Chemnitzer Roland, 2/2015, S. 24–26, https://stark-fuer-chemnitz.de/WP/wp-content/uploads/2016/05/Hans-Hermsdorf.pdf (14.05.2022).

Gniffke, Erich W. 1966: Jahre mit Ulbricht, Köln.

Gohle, Peter 2009: Rudolf Rothe (1897–1969), in: Benser, Günter/Schneider, Michael (Hrsg.), Bewahren, Verbreiten, Aufklären, Archivare, Bibliothekare und Sammler der Quellen der deutschsprachigen Arbeiterbewegung, Bonn, S. 268–273.

Gohle, Peter 2014: Von der SDP-Gründung zur gesamtdeutschen SPD, Die Sozialdemokratie in der DDR und die Deutsche Einheit 1989/90, Bonn.

Goldschmidt, Horst 1954: Wer leuchten will, muß selber brennen, in: Sächsische Zeitung, 15.09.1954.

Grebing, Helga o. J.: Die Bedeutung der Sozialdemokratie im historischen deutschen Osten für die Geschichte der Arbeiterbewegung und der Demokratie, http://helgagrebing.de/doks/grebing_sozialdemokratie_deutschen_osten.pdf (23.05.2022).

Grebing, Helga 1997: Sachsen – Wiege der sozialdemokratischen Arbeiterbewegung, in: Friedrich-Ebert-Stiftung (Hrsg.), 120 Jahre Sozialdemokratie im sächsischen Landtag, Dresden, S. 18–25.

Grebing, Helga 1998: Probleme einer Neubestimmung demokratisch-sozialistischer Politik nach 1945, in: Faulenbach, Bernd/Potthoff, Heinrich (Hrsg.), Sozialdemokraten und Kommunisten nach Nationalsozialismus und Krieg, Zur historischen Einordnung der Zwangsvereinigung, Essen, S. 55–68.

Grebing, Helga 2007: Geschichte der deutschen Arbeiterbewegung, Von der Revolution 1848 bis ins 21. Jahrhundert, Berlin.

Grebing, Helga/Kleßmann, Christoph/Schönhoven, Klaus/Weber, Hermann 1992: Zur Situation der Sozialdemokratie in der SBZ/DDR im Zeitraum zwischen 1945 und dem Beginn der 1950er Jahre, Marburg.

Gysi, Gregor 2016: Die Lehre aus der Spaltung? Vereint gegen Rechts!, https://m.tagesspiegel.de/politik/gregor-gysi-zur-sed-gruendung-vor-70-jahren-die-lehre-aus-der-spaltung-vereint-gegen-rechts/13480118.html, 22.04.2016 (04.07.2022).

Häberlen, Joachim C. 2013: Vertrauen und Politik im Alltag, Die Arbeiterbewegung in Leipzig und Lyon im Moment der Krise 1929–1933/38, Göttingen/Bristol.

Hammer, Walter 1956: Brief an Otto Buchwitz, 18.11.1956, AdsD, Historisches Archiv der SPD, Personalsammlung Otto Buchwitz.

Hammer, Walter 1957: Brief an Otto Buchwitz, 8.1.1957, AdsD, Historisches Archiv der SPD, Personalsammlung Otto Buchwitz.

Heimann, Siegfried 1995: Die Sonderentwicklung der SPD in Ost-Berlin 1945–1961, in: Deutscher Bundestag (Hrsg.), Enquete-Kommission »Aufarbeitung von Geschichte und Folgen der SED-Diktatur in Deutschland«(1992–1994), Materialien der Enquete-Kommission »Aufarbeitung von Geschichte, Band II/3, Baden-Baden, S. 1648–1688.

Hermann, Andreas 2011: Klassenkampf oder Partei der Mitte, in: Vorwärts Online, 26.9.2011, https://www.vorwaerts.de/artikel/klassenkampf-partei-mitte (11.7.2022).

Hermsdorf, Hans 1994: Gegner und Opfer der Zwangsvereinigung berichten, in: Rieke, Dieter (Hrsg.), Sozialdemokraten als Opfer im Kampf gegen die rote Diktatur, Arbeitsmaterialien zur politischen Bildung, Bonn, S. 33–34.

Herold, Gottfried 1974: Der berühmte Urgroßvater, Berlin, 7. Auflage.

Hertle, Hans-Hermann/Wolle, Stefan 2004: Damals in der DDR, Der Alltag im Arbeiter- und Bauernstaat, Gütersloh.

Historische Kommission der Partei DIE LINKE 2018: Zum 100. Jahrestag der Gründung der Kommunistischen Partei Deutschlands, 12.9.2018, https://historische-kommission.die-linke.de/erklaerungen/detail/zum-100-jahrestag-der-gruendung-der-kommunistischen-partei-deutschlands/ (4.7.2022).

Historische Kommission der PDS 2002: Zum Zusammenschluss von KPD und SPD 1946, Erklärung vom Dezember 1995, in: Friedmann, Ronald/Hofmann, Jürgen (Hrsg.), Den Sozialismus am humanistischen Ansatz messen, Erklärungen der Historischen Kommission beim Vorstand der Partei Die Linke, Berlin, S. 33–48.

Höhn, Matthias 2016: Zum Jahrestag der Vereinigung von KPD und SPD, https://www.die-linke.de/start/presse/detail/zum-70-jahrestag-der-vereinigung-von-kpd-und-spd/, 21.4.2016 (4.7.2022)

Hoffmann, Dierk 2009: Otto Grotewohl (1894–1964), Eine politische Biographie, München.

Hoffsten, Anke 2017: Das Volkshaus der Arbeiterbewegung, Gemeinschaftsbauten zwischen Alltag und Utopie, Köln/Weimar/Wien.

Hurwitz, Harold 1990: Zwangsvereinigung und Widerstand der Sozialdemokraten in der Sowjetischen Besatzungszone und Berlin, Köln.

Hurwitz, Harold 1997: Die Stalinisierung der SED, Zum Verlust von Freiräumen und sozialdemokratischer Identität in den Vorständen 1946–1949, Opladen.

Jesse, Eckhard 2001: Die Parteien in der SBZ/DDR 1945 bis 1989/90, in: Gabriel, Oscar W./Niedermayer, Oskar/Stöss, Richard (Hrsg.), Parteiendemokratie in Deutschland, Bonn, S. 84–106.

Kachel, Steffen 2011: Ein rot-roter Sonderweg?, Sozialdemokraten und Kommunisten in Thüringen 1919 bis 1949, Köln/Weimar/Wien.

Kaden, Felix 1946: Rundschreiben Nr. 20, Abschrift, HStA Dresden, Aktions- und Arbeitsgemeinschaft der KPD und SPD, III/007.

Kaden, Albrecht 1980: Einheit oder Freiheit, Die Wiedergründung der SPD 1945/46, Bonn.

Kittner, Michael 2005: Arbeitskampf, Geschichte – Recht – Gegenwart, München.

Klecha, Stephan 2013: Hochamt der Sozialdemokratie – der 1. Mai, in: Walter, Franz/Butzlaff, Felix (Hrsg,), Mythen, Ikonen, Märtyrer, Sozialdemokratische Geschichten, Berlin, S. 153–163.

Klein, Thomas 1999: Die Parteikontrolle in der SED als Instrument der Stalinisierung, in: Lemke, Michael (Hrsg.), Sowjetisierung und Eigenständigkeit in der SBZ/DDR (1945–1953), Köln/Weimar/Wien, S. 119–161.

Klein, Thomas 2002: »Für die Einheit und Reinheit der Partei«, Die innerparteilichen Kontrollorgane der SED in der Ära Ulbricht, Köln u. a.

Klein, Thomas 2010: Linkssozialistische Strömungen und Alternativen in der und zur SED, in: Jünke, Christoph (Hrsg.), Linkssozialismus in Deutschland, Jenseits von Sozialdemokratie und Kommunismus, Hamburg, S. 73–89.

Kleßmann, Christoph 1989: Die doppelte Staatsgründung, Deutsche Geschichte 1945–1955, Göttingen.

Kocka, Jürgen 1979: 1945: Neubeginn oder Restauration, in: Stern, Carola/ Winkler, Heinrich August (Hrsg.), Wendepunkte deutscher Geschichte 1848–1945, Frankfurt am Main, S. 141–168.

Kocksch, Erich/Ohlig, Gustav o. J.: Görlitzer Arbeiterbewegung 1818–1918, Chronikdokumentation, Bautzen.

Kolk, Jürgen 2010: Mit dem Symbol des Fackelreiters, Walter Hammer (1888–1966), Verleger der Jugendbewegung, Pionier der Widerstandsforschung, https://refubium.fu-berlin.de/bitstream/handle/fub188/4853/Walter-Hammer_1888-1966_Biografie.pdf?sequence=1&isAllowed=y (07.06.2022).

Kopp, Julia 2013: Dortmund: Die Herzkammer der Sozialdemokratie, in: Walter, Franz/Butzlaff, Felix (Hrsg.), Mythen, Ikonen, Märtyrer, Sozialdemokratische Geschichten, Berlin, S. 136–145.

Kramer, Mark 2009: Der Aufstand in Ostdeutschland im Juni 1953, in: Greiner, Bernd/Müller, Christian Th./Walter, Dierk (Hrsg.), Krisen im Kalten Krieg, Studien zum Kalten Krieg, Band 2, Bonn, S. 80–126.

Krisch, Henry 1968: German Politics under Soviet Occupation, The Unification of the Communist and Social Democratic Parties in the Soviet Zone, April 1945 to May 1946, Columbia.

Landeshauptstadt Dresden: Vorlage V0858/21, 27.04.2021, https://ratsinfo.dresden.de/getfile.asp?id=542803&type=do (03.12.2022).

Lehmann, Christoph/Wettig, Klaus 2005: Volkshaus Volksheim Volkspark – Die Häuser der Sozialdemokratie, in: Lehmann, Christoph/Petruschat, Angelika/Wettig, Klaus (Hrsg.), Die Zinnen der Partei, Berlin, S. 8–13.

Lehmann, Paul 1946: Otto Buchwitz, in: Leipziger Volkszeitung, 11.10.1946.

Leistner, Karl-Heinz 2007: Von der Kleingartenhilfe des FDGB zum VKSK, in: Landesverband Sachsen der Kleingärtner e. V. (Hrsg.), Geschichte des Kleingartenwesens in Sachsen, Zum 100-jährigen Jubiläum des »Verbandes von Garten- und Schrebervereinen« 1907, Dresden, S. 231–338.

Lemke, Michael 1999: Otto Grotewohl, in: Oppelland, Torsten (Hrsg.), Deutsche Politiker 1949–1969, Band 1, Darmstadt, S. 83–93.

Leonhard, Wolfgang 1994: Ein Kronzeuge der damaligen Zeit, in: Rieke, Dieter (Hrsg.), Sozialdemokraten als Opfer im Kampf gegen die rote Diktatur, Arbeitsmaterialien zur politischen Bildung, Bonn, S. 17–21.

Leonhard, Wolfgang 2006: Die Vereinigung von KPD und SPD zur SED, Berlin.

Leonhard, Wolfgang 2007: Meine Geschichte der DDR, Berlin.

Liebermann, Kurt 1947a: Schreiben an Otto Buchwitz, 26.06.1947, BArch-SAPMO, Nachlass Otto Buchwitz, DY 4095/67.

Liebermann, Kurt 1947b: Schreiben an Otto Buchwitz, 14.07.1947, BArch-SAPMO, Nachlass Otto Buchwitz, DY 4095/67.

Liebscher, Fritz 1953: Schreiben an die Redaktion des Neuen Deutschlands, 13.07.1953, BArch-SAPMO, DY 30/88695.

Löbe, Paul 1946: Sozialistische Demokratie, Rede bei der politischen Morgenkundgebung, BArch-SAPMO, Bestand Sozialdemokratische Partei Deutschlands, DY 28/44.

Löbe, Paul 1953: Brief an Otto Buchwitz, 04.04.1953, AdsD, 1/PLAB000061.

Loeding, Matthias 2006: Politischer Führungsanspruch, Reichs- und Parteieinheit: zur Rede Otto Grotewohls auf dem 1. Bezirksparteitag der SPD Leipzig am 26. August 1945, in: Jahrbuch für Forschungen zur Geschichte der Arbeiterbewegung, Heft 1/2006, S. 86–97.

Lösche, Peter 1988: Ernst Heilmann (1881–1940), Parlamentarischer Führer und Reformsozialist, in: Lösche, Peter/Scholing, Michael/Walter, Franz (Hrsg.), Vor dem Vergessen bewahren, Lebenswege Weimarer Sozialdemokraten, Berlin, S. 99–120.

Lösche, Peter 2005: Arbeiteraristokratie, in: Nohlen, Dieter/Schulze, Rainer-Olaf (Hrsg.), Lexikon der Politikwissenschaft, Theorien, Methoden, Begriffe, Band 1, München, S. 28.

Lösche, Peter/Scholing, Michael/Walter, Franz (Hrsg.) 1988: Vor dem Vergessen bewahren, Lebenswege Weimarer Sozialdemokraten, Berlin.

Lösche, Peter/Walter, Franz 1992: Die SPD: Klassenpartei-Volkspartei-Quotenpartei, Darmstadt.

Mählert, Ulrich 1998: »Die Partei hat immer recht«, Parteisäuberungen als Kaderpolitik in der SED (1948–1953), in: Weber, Hermann/Mählert, Ulrich (Hrsg.), Terror, Stalinistische Parteisäuberungen 1936–1953, Paderborn u. a., S. 351–458.

Malinowski, Stephan 2022: Die Hohenzollern und die Nazis, Geschichte einer Kollaboration, Bonn.

Malycha, Andreas 1996a: Die Neugründung der SPD im Land Thüringen und der Weg zur SED, in: SPD-Parteivorstand (Hrsg.), Zwangsvereinigung von SPD und KPD in Thüringen, o. O., S. 6–27.

Malycha, Andreas 1996b: Partei von Stalins Gnaden, Die Entwicklung der SED zur Partei neuen Typs in den Jahren 1946 bis 1950, Berlin.

Malycha, Andreas 1997: Von der Gründung 1945/46 bis zum Mauerbau 1961, in: Herbst, Andreas/Stephan, Gerd-Rüdiger/Winkler, Jürgen (Hrsg.), Die SED, Geschichte-Organisation-Politik, Ein Handbuch, Berlin, S. 1–55.

Malycha, Andreas 1998a: Sozialdemokratie und sowjetische Besatzungsmacht, in: Faulenbach, Bernd/Potthoff, Heinrich (Hrsg.), Sozialdemokraten und Kommunisten nach Nationalsozialismus und Krieg, Zur historischen Einordnung der Zwangsvereinigung, Essen, S. 101–105.

Malycha, Andreas 1998b: 1948 – Jahr des Wandels der SED, in: Utopie kreativ, Heft 9/1998, S. 43–49.

Malycha, Andreas 2000: Die SED, Geschichte ihrer Stalinisierung 1946–1953, Paderborn u. a.

Malycha, Andreas/Winters, Peter Jochen 2009: Geschichte der SED, Von der Gründung bis zur Linksparteu, Bonn.

Matull, Wilhelm 1973: Ostdeutschlands Arbeiterbewegung, Abriß ihrer Geschichte, Leistung und Opfer, Würzburg.

Matzerath, Josef 2001: Aspekte sächsischer Landtagsgeschichte, Präsidenten und Abgeordnete 1833 bis 1952, o. O.

Merseburger, Peter 1996: Kurt Schumacher, Der schwierige Deutsche, Stuttgart, 3. Auflage.

Meusel, Hans 1992: Otto Buchwitz, in: Černy, Jochen (Hrsg.), Wer war wer – DDR, Berlin.

Michelmann, Jeanette 2001: Die Aktivisten der ersten Stunde, Die Antifa 1945 in der sowjetischen Besatzungszone zwischen Besatzungsmacht und Exil-KPD, https://d-nb.info/964631822/34 (24.7.2022).

Mittag, Jürgen 2005: Zwischen Professionalisierung und Bürokratisierung: Der Typus des Arbeiterfunktionärs im Wilhelminischen Deutschland, in: Schönhoven, Klaus/Braun, Bernd (Hrsg.), Generationen in der Arbeiterbewegung, München, S. 107–141.

Moraw, Frank 1990: Die Parole der »Einheit« und die Sozialdemokratie, Bonn.

Müller, A. 1952: Zwischenbericht der sozialdemokratischen westdeutschen Delegation vom 21.1. bis einschließlich 24.1.52, BArch-SAPMO, Bestand Otto Grotewohl, NY 4090/638.

Müller, Werner 1987: Sozialdemokratische Politik unter sowjetischer Militärverwaltung, Chancen und Grenzen der SPD in der Sowjetischen Besatzungszone zwischen Kriegsende und SED-Gründung, in: Internationale wissenschaftliche Korrespondenz zur Geschichte der deutschen Arbeiterbewegung, Heft 2/1987, S. 170–206.

Müller, Werner 1990a: Sozialdemokratische Partei Deutschlands (SPD), in: Broszat, Martin/Weber, Hermann (Hrsg.), SBZ-Handbuch, Staatliche Verwaltungen, Parteien, Organisationen und ihre Führungskräfte in der Sowjetischen Besatzungszone Deutschlands 1945–1949, München, S. 460–480.

Müller, Werner 1990b: Sozialistische Einheitspartei Deutschlands (SED), in: Broszat, Martin/Weber, Hermann (Hrsg.), SBZ-Handbuch, Staatliche Verwaltungen, Parteien, Organisationen und ihre Führungskräfte in der Sowjetischen Besatzungszone Deutschlands 1945–1949, München, S. 481–504.

Müller, Werner 1995: Entstehung und Transformation des Parteiensystems der SBZ/DDR 1945–1950, in: Deutscher Bundestag (Hrsg.), Enquete-Kommission »Aufarbeitung von Geschichte und Folgen der SED-Diktatur in Deutschland«(1992–1994), Materialien der Enquete-Kommission »Aufarbeitung von Geschichte, Band II/4, Baden-Baden, S. 2327–2374.

Müller, Werner 1996: Die Gründung der SED – Alte Kontroversen und neue Positionen um die Zwangsvereinigung 1946, in: Jahrbuch für internationale

Kommunismusforschung, S. 163–180.

Müller, Werner 2015: Der doppelte Untergang., Die SPD 1933 im Deutschen Reich und 1946 in der Sowjetischen Besatzungszone Deutschlands, in: Vergleich als Herausforderung, Festschrift für Günther Heydemann zum 65. Geburtstag, Göttingen, S. 59–72.

Niemann, Heinz 2003: Otto Buchwitz: Ursachen der Niederlagen der deutschen Arbeiterbewegung, in: JahrBuch zur Erforschung zur Geschichte der Arbeiterbewegung, Band 1/2003, S. 159–176.

o. V. o.J.a: Gründung der SPD im Bundesland Sachsen, BArch-SAPMO, Bestand Sozialdemokratische Partei Deutschlands, DY 28/43.

o. V. o.J.b: Bericht über den ersten Landesparteitag der SPD vom 7.-9. Oktober 1945 in Freital, HStA Dresden, SPD-Landesvorstand Sachsen und Kreisverbände, II/B/3/009.

o. V. 1914: Unehrlich geworden, in: Der Textil-Arbeiter, Nr. 4/1914.

o. V. 1923a: Tagesneuigkeiten, in: Sozialdemokrat, 21.12.1923.

o. V. 1923b: Der Geheimbefehl, in: Vorwärts, 28.12.1923.

o. V. 1924: »Unsere kommunistischen Arbeitsbrüder, in: Danziger Volksstimme, 08.01.1924.

o. V. 1925a: Einzelberatung im Zollausschuß, in: Vorwärts, 07.07.1925.

o. V. 1925b: Aus dem Zollausschuß, in: Vorwärts, 08.07.1925.

o. V. 1929a: Betriebssicherheit der Reichsbahn, in: Vorwärts, 21.02.1929.

o. V. 1929b: Hitler-Aktivität, in: Vorwärts, 10.09.1929.

o. V. 1931a: Recht oder Unrecht, die Einheit der Partei über alles!, in: Görlitzer Volkszeitung, 06.10.1931.

o. V. 1931b: Hitler läßt »legal« schießen, in: Vorwärts, 09.12.1931.

o. V. 1932: »Waffenmißbrauch«, in: Volkswacht für Schlesien, 04.08.1932.

o. V. 1933a: Wir beugen uns nicht, wir kämpfen, in: Görlitzer Volkszeitung, 07.02.1933.

o. V. 1933b [wahrscheinlich Siegmund Crummenerl]: Schreiben an Otto Buchwitz, 18.07.1933, AdsD, SOPADE-Archiv, Dokumente 25.

o. V. 1933c: Schreiben an den Prager Vorstand, 17.07.1933, AdsD, SOPADE-Archiv, Dokumente 25.

o. V. 1936a: Schreiben an das KPD-Politbüro, 01.05.1936, BArch-SAPMO, Bestand Kommunistische Partei Deutschlands, RY 1/336.

o. V. 1936b [Sepp Schwab]: Schreiben an Otto Buchwitz, 15.10.1936, BArch-SAPMO, Bestand Kommunistische Partei Deutschlands, RY 1/336.

o. V. 1939: Vermerk des Geheimen Staatspolizeiamts, 18.08.1939, BArch, Bestand Reichssicherheitshauptamt, R 58/2043.

o. V. 1945a: Referat des Genossen Buchwitz, in: Sächsische Volkszeitung, 09.10.1945.

o.V. 1945b: Bericht über eine vom Bezirksvorstand der SPD Leipzig einberufe Zusammenkunft von Jugendgenossen, 16.12.1945, HStA Dresden, Aktions- und Arbeitsgemeinschaft der KPD und SPD, III/007.

o. V. 1946a: Bericht über die SPD-Unterbezirkskonferenz der SPD [sic!] am 20.1.1946, HStA Dresden, SPD-Landesvorstand und Kreisverbände, II/A.1.002/1

o. V. 1946b: SPD und KPD in Deutschland, in: Sozialistische Mitteilungen, Nr. 82/1946.

o. V. 1946c: Otto Buchwitz, in: Tägliche Rundschau, 09.02.1946.

o. V. 1946d: Für die Einheit der Arbeiterklasse, in: Volksstimme [Dresden], 10.02.1946.

o. V. 1946e: Leipzigs Arbeiter für die Vereinigung, in: Tägliche Rundschau, 09.02.1946.

o. V. 1949a: Otto Buchwitz Dresden, AdsD, Historisches Archiv der SPD, Sammlung Personalia Otto Buchwitz.

o. V. 1949b: So tiefes Rot, in: Der Spiegel, 5/1949, 28.01.1949.

o. V. 1950: Neue Aufgaben für neue Volksvertreter, in: Tägliche Rundschau, 09.11.1950.

o. V. 1953: BGL darf nicht zu allem Ja sagen, in: Tribüne, 02.07.1953.

o. V. 1954a: Auftakt zum internationalen Gedenktag, in: Neues Deutschland, 17.09.1954.

o. V. 1954b: Kandidatenvorstellung – Ausdruck wahrer Demokratie, Sächsisches Tageblatt Dresden, 23.9.1954.

o. V. 1955: Schreiben der Bezirksausschuss der Nationalen Front Dresden an das Büro des Präsidiums der Nationalen Front, 07.02.1955.

o. V. 1956: »Unvergeßlich wird mir der Jubel der Bevölkerung sein«, Neueste Nachrichten Dresden, 3.1.1956.

o. V. 1964a: Wer gab der Gestapo wirklich den »wertvollen Fingerzeige«?, in: Wochen-Echo, 9.3.1964.

o. V. 1964b: Abschied von Otto Buchwitz, in: Sächsische Zeitung, 13.07.1964.

o. V. 1966: »Wenn ein Mörder einreisen darf…«, in: Der Spiegel, 20/1966, 08.05.1966.

o. V. 1970: Ab nach Kassel, in: Der Spiegel, 13/1970, 22.03.1970.

o. V. 2008: Empörung in der SPD: Lafontaine »verhöhnt« Opfer, merkur.de, 03.09.2008, https://www.merkur.de/politik/empoerung-spd-lafontaine-verhoehnt-opfer-13523.html (17.7.2008).

o. V. 2012: 2012 schickte die SPD Paul Taubadel in den Reichstag, in: sächsische.de, 14.1.2012, https://www.saechsische.de/plus/1912-schickte-die-spd-paul-taubadel-in-den-reichstag-35462.html (11.7.2022).

o. V. 2014: Arbeiterzeitung kämpfte vergeblich um ihr Überleben, sächsische.de, 24.1.2014, https://www.saechsische.de/plus/arbeiterzeitung-kaempfte-vergeblich-um-ihr-ueberleben-2759678.html (11.7.2022).

Oliwa, Theodor o. J. http://library.fes.de/breslau/einfuehrung.pdf

Otto, Wilfriede 2003: Die SED im Juni 1953, Interne Dokumente, Berlin.

Overesch, Manfred 1992: Hermann Brill in Thüringen 1895–1946, Ein Kämpfer gegen Hitler und Ulbricht, Bonn.

Paletschek, Sylvia 1998: »Die Freiheit ist unteilbar«, Frauenemanzipation, religiöse Reform und die Revolution von 1848/49, in: Almanach des Archivs der Deutschen Frauenbewegung, Band 33/1998, S. 16–24.

Petersen, Hans Uwe 1991: Die sozialen und politischen Verhältnisse der Hitlerflüchtlinge im dänischen Exil (1933–1941), in: Ecole française de Rome (Hrsg.), L'Emigration politique en europe aus XIXe et XXe siècle, Rom, S. 415–442.

Petzold, Joachim 1992: SPD und KPD in der Endphase der Weimarer Republik: Unüberwindbare Hindernisse oder ungenutzte Möglichkeiten?, in Winkler, Heinrich August (Hrsg.), Die deutsche Staatskrise 1930–1933, Handlungsspielräume und Alternativen, München, S. 77–98.

Pfefferkorn, Oskar 1955: Otto Buchwitz, in: SBZ-Archiv, Nr. 9/1955, S. 135–136.

Plener, Ulla 2004a: »Sozialdemokratismus«, Instrument der SED-Führung im Kalten Krieg gegen Teile der Arbeiterbewegung (1948–1953), in: Utopie Kreativ, Heft 161/2004, S. 248–256.

Plener, Ulla 2004b: Zur Geschichte des Umgangs der SED-Führung mit der SPD-West: Das Stricken an deren »linker Opposition« (1948–1953), in: Jahrbuch zur Geschichte der Arbeiterbewegung, Band 2/2004, S. 28–37.

Plener, Ulla 2009: Über Parteidisziplin der Arbeiterbewegung des 20. Jahrhunderts, in: Jahrbuch für Forschungen zur Geschichte der Arbeiterbewegung, Band 2/2009, S. 56–67.

Podewin, Norbert 1993: Vereinigung oder Vereinnahmung?, Untersuchungen zum Zusammenschluß von KPD und SPD in Friedrichshain, Berlin.

Podewin, Norbert 1999: Ebert und Ebert, Zwei deutsche Staatsmänner: Friedrich Ebert (1871–1925), Friedrich Ebert (1894–1979), Eine Doppelbiografie, Berlin.

Popp, Lorenz 1946: Der Organisationsaufbau der Sozialistischen Einheitspartei, in: Sozialistische Einheit, 07.04.1946.

Potthoff, Heinrich/Miller, Susanne 2002: Kleine Geschichte der SPD 1848–2002, Bonn, 8. Auflage.

Pritchard, Gareth 2004: The Making of the GDR, 1945–1953, Manchester.

Pusch, Thomas 2003: Politisches Exil als Migrationsgeschichte, Schleswig-Holsteiner EmigrantInnen und das skandinavische Exil 1933–1960, https://www.zhb-flensburg.de/fileadmin/content/spezial-einrichtungen/zhb/dokumente/dissertationen/pusch/politisches-exil-als-migrationsgeschichte.pdf (17.05.2022).

Rausch, Max 1976: Das Komplott in Bieberstein flog auf, in: Sächsische Zeitung, 26.03.1976.

Rehschuh, [?] 1973: Schreiben an Elsa Buchwitz, 09.08.1973, HStA Dresden, SED-BPA Dresden, Teilnachlass Otto Buchwitz, V.2.01.026.

Reichardt, Edith 1996: Erinnerungen an das Wirken meines Vaters Otto Buchwitz, in: Landesverband Sachsen der PDS (Hrsg.), Kolloquium zum 50. Jahrestag des Zusammenschlusses von KPD und SPD in Sachsen, 30.03.1996, o. O. [Dresden], S. 40–45.

Richter, Horst 1964: Otto Buchwitz – »Held der Arbeit«, in: Neues Deutschland, 28.04.1964.

Richter, Michael 1995: Entstehung und Transformation des Parteiensystems in der SBZ und Berlin 1945–1950, in: Deutscher Bundestag (Hrsg.), Enquete-Kommission »Aufarbeitung von Geschichte und Folgen der SED-Diktatur in Deutschland«(1992–1994), Materialien der Enquete-Kommission »Aufarbeitung von Geschichte und Folgen der SED-Diktatur in Deutschland« (12. Wahlperiode des Deutschen Bundestages), Band II/4, Baden-Baden, S. 2509–2586.

Richter, Michael/Schmeitzner, Mike 1999: »Einer von beiden muß so bald wie möglich entfernt werden«, Der Tod des sächsischen Ministerpräsidenten Rudolf Friedrichs vor dem Hintergrund des Konflikts mit Innenminister Kurt Fischer 1947, Dresden.

Ritter, Gerhard A./Tenfelde, Klaus 1975: Der Durchbruch der Freien Gewerkschaften Deutschlands zur Massenbewegung im letzten Viertel des 19. Jahrhunderts, in: Vetter, Heinz Oskar (Hrsg.), Vom Sozialistengesetz zur Mitbestimmung, Zum 100. Geburtstag von Hans Böckler, Köln 1975, S. 61–120.

Roth, Heidi 1999: Der 17. Juni 1953 in Sachsen, Köln/Weimar/Wien.

Rudolph, Karsten 1998: Die Ausschaltung der SPD aus der sächsischen Politik (1945/46), Faulenbach, Bernd/Potthoff, Heinrich (Hrsg.), Sozialdemokraten und Kommunisten nach Nationalsozialismus und Krieg, Zur historischen Einordnung der Zwangsvereinigung, Essen, S. 171–183.

Rudolph, Karsten 2011: »Alte« und »neue« Sozialdemokraten in Sachsen, in: Mitteilungsblatt des Instituts für soziale Bewegungen, Heft 45/2011, S. 119–127.

Sabrow, Martin 2013: Der führende Repräsentant, Erich Honecker in generationsbiographischer Perspektive, in: Zeithistorische Forschungen/Studies in Contemporary History, Heft 10/2013, S. 61–88.

Sattler, [Vorname unbekannt] 1937: Vermerk, 30.10.1937, BArch, Bestand Reichssicherheitshauptamt, R 58/2258.

Schälicke, Fritz 1957: Schreiben an Otto Buchwitz, 02.12.1957, HStA Dresden, SED-BPA Dresden, Teilnachlass Otto Buchwitz, V.2.001.026.

Schlenker, Katja/Kempf, Alexander 2017: Was Kreba-Neudorf mit Otto Buchwitz zu tun hat, in: sächsische.de, 12.2.2017, https://www.saechsische.de/was-kreba-neudorf-mit-otto-buchwitz-zu-tun-hat-3610921.html (11.7.2022).

Schmeitzner, Mike 2001: Schulen der Diktatur, Die Kaderausbildung der KPD/SED in Sachsen 1945–52, Dresden.

Schmeitzner, Mike 2003: Als Spion und Saboteur im GULag. Die Karrieremuster des Polizeichefs Ludwig Hoch, in: Hilger, Andreas/Schmeitzner, Mike/Schmidt, Ute, Sowjetische Militärtribunale, Band 2, Die Verurteilung deutscher Zivilisten 1945–1955, Köln/Weimar/Wien, S. 439–484.

Schneitzner, Mike/Dohnt, Stefan 2002: Die Partei der Diktaturdurchsetzung, KPD/SED in Sachsen 1945–1952, Köln/Weimar/Wien.

Schmidt, Karl-Heinz 1995: Die Deutschlandpolitik der SED, in: Deutscher Bundestag (Hrsg.), Enquete-Kommission »Aufarbeitung von Geschichte und Folgen der SED-Diktatur in Deutschland«(1992–1994), Materialien der Enquete-Kommission »Aufarbeitung von Geschichte und Folgen der SED-Diktatur in Deutschland« (12. Wahlperiode des Deutschen Bundestages), Band V/3, Baden-Baden, S. 2114–2293.

Schmidt, Andreas 2004: »...mitfahren oder abgeworfen werden.«, Die Zwangsvereinigung von KPD und SPD in der Provinz Sachsen/im Land Sachsen-Anhalt 1945–1950, Münster.

Schmidt, Hans Jörg 2004: Ulbricht klopft an die Himmelspforte, Der politische Witz in der DDR als politisches Kondensat, in: Kirchliche Zeitgeschichte, Heft 2/2004, S. 439–450.

Schneider, Michael 2000: Kleine Geschichte der Gewerkschaften, Ihre Entwicklung in Deutschland von den Anfängen bis zur Gegenwart, Bonn.

Schulz, Albert 2000: Erinnerungen eines Sozialdemokraten, Oldenburg.

Schunck, Karl-Heinz 2009: Hans E. Hansen – Hans Flensfelt, Widerständler, Emigrant, Unternehmensgründer, in: Grenzfriedenshefte, Heft 4/2009, S. 233–250.

Schwab, Sepp [Louis] 1936a: Schreiben an unbekannt, 23.10.1936, BArch-SAPMO, Bestand Kommunistische Partei Deutschlands, RY 1/336.

Schwab, Sepp [Louis] 1936b: Schreiben an Politbüro der KPD, 10.12.1936, BArch-SAPMO, Bestand Kommunistische Partei Deutschlands, RY 1/336.

Seydewitz, Max 1976: Es hat sich gelohnt zu leben, Lebenserinnerungen eines alten Arbeiterfunktionärs, Berlin 1976.

Seydewitz, Ruth 1961: Der Klasse treuer Kämpfer, Berlin 1961.

Simowitsch, Solveig 2007: »...Werden als Wortbrüchige in die Geschichte der SPD eingehen...«, Sozialdemokratische Konvertiten, Wilhelm Höcker, Carl Moltmann, Otto Buchwitz und Heinrich Hoffmann, Berlin.

SPD-Vorstand 1946a: Rundschreiben des [Exil-]Vorstands, 05.01.1946, AdsD, SOPADE-Archiv, Dokumente 15.

SPD-Vorstand 1946b:Rundschreiben des [Exil-]Vorstands, 12.01.1946, AdsD, SOPADE-Archiv, Dokumente 15.

Staadt, Jochen 1993: Die geheime Westpolitik der SED 1960–1970, Von der gesamtdeutschen Orientierung zur sozialistischen Nation, Berlin.

Stamm, Christoph 2013: Zur politischen Lage 1932, Unbekannte Aufzeichnungen über zwei Sitzungen des Parteiausschusses der SPD, in: Archiv für Sozialgeschichte, Heft 53, S. 425–450.

Staritz, Dietrich 1994: Was war, Historische Studien zur Geschichte und Politik der DDR, Berlin.

Stark, Meinhart 1997: Die SED-Führung und die deutschen Opfer der »Säuberung« in der UdSSR, in: Utopie Kreativ, Sonderheft 1997, S. 140–151.

Steiner, André 2005: Zwischen Wirtschaftswundern, Rezession und Stagnation, Deutsch-deutsche Wirtschaftsgeschichte 1945–1989, in: Kleßmann, Christoph/Lautzas, Peter (Hrsg.), Teilung und Integration, Die doppelte Deutsche Nachkriegsgeschichte als wissenschaftliches und didaktisches Problem, Bonn, S. 177–191.

Stuby, Gerhard 1975: Sie SPD nach der Niederlage des Faschismus bis zur Gründung der BRD (1945–1949), in: Freyberg, Jutta von u. a., Geschichte der deutschen Sozialdemokratie 1863–1975, Köln, S. 242–306.

Suckut, Siegfried 1991: Die Entscheidung zur Gründung der DDR, in: Vierteljahreshefte zur Zeitgeschichte, Heft 1/1991, S. 125–175.

Suckut, Siegfried 2000: Parteien in der SBZ/DDR 1945–1952, Bonn.

Sywottek, Arnold 1973: »Die fünfte Zone«, in: Archiv für Sozialgeschichte, Band 13/1973, S. 53–129.

Teubner, Hans 1966: Gerechtfertigt vor der Geschichte, in: Neues Deutschland, 20.02.1966.

Trabalski, Stanislaw [T. S.] 1991: Interview mit T. S. am 22. November 1973, in: Bouvier, Beatrix W./Schulz, Horst-Peter (Hrsg.), »... die SPD aber aufgehört hat zu existieren«, Sozialdemokraten unter sowjetischer Besatzung, Bonn, S. 203–226.

Thierse, Wolfgang 2016: Die Linke bekämpft die SPD bis heute, https://www.tagesspiegel.de/berlin/replik-auf-gregor-gysi-thierse-die-linke-bekaempft-die-spd-bis-heute/13487820.html, 22.4.2016 (4.7.2022).

Thüsing, Andreas (Hrsg.) 2010: Das Präsidium der Landesverwaltung Sachsen, Die Protokolle der Sitzungen vom 9. Juli 1945 bis 10. Dezember 1946, Göttingen.

Troeger, Heinrich 1977: Oberbürgermeister in Jena 1945/46, in: Vierteljahreshefte für Zeitgeschichte, Heft 4/1977, S. 889–931.

Vesper, Karlen 2009: Wenn Großvater von damals erzählte, nd-aktuell, 08.05.2009, https://www.nd-aktuell.de/artikel/148465.wenn-grossvater-von-damals-erzaehlte.html (03.05.2022).

Voigtländer, Annelies 1974: Ein unermüdlicher Kämpfer für den Sozialismus. Heute wäre Genosse Otto Buchwitz 95 Jahre alt geworden, in: Neues Deutschland, 27.04.1974.

Vollmerhaus, [Carl] 1945: Rundschreiben Nr. 1/45, SAPMO-BArch, Bestand Sozialdemokratische Partei Deutschlands, DY 28/5.

Vorstand des Vereins Arbeiterpresse 1924: Handbuch des Vereins Arbeiterpresse, Berlin.

Vorstand des Vereins Arbeiterpresse 1927: Handbuch des Vereins Arbeiterpresse, Berlin.

Walter, Franz 1986: Nationale Romantik und revolutionärer Mythos – Politik und Lebensweisen im frühen Weimarer Jungsozialismus, 1. Auflage, Berlin.

Walter, Franz 1993: Freital: Das »Rote Wien Sachsens«, in: Walter, Franz/Dürr, Tobias/Schmidtke, Klaus, Die SPD in Sachsen und Thüringen, zwischen Hochburg und Diaspora, Untersuchungen auf lokaler Ebene vom Kaiserreich bis zur Gegenwart, Bonn, S. 39–181.

Walter, Franz 2002: Die SPD, Vom Proletariat zur Neuen Mitte, Berlin.

Walter, Franz 2007: Die Tragödie der ostdeutschen SPD, Spiegel Online, 10.08.2007, https://www.spiegel.de/geschichte/sozialdemokratie-in-der-ddr-a-946479.html (29.05.2022).

Walter, Franz 2011: »Republik, das ist nicht viel«, Partei und Jugend in der Krise des Weimarer Sozialismus, Bielefeld.

Walter, Franz 2013: Das »Rote Sachsen«. der gebrochene Mythos, in: Walter, Franz/Butzlaff, Felix (Hrsg.), Mythen, Ikonen, Märtyrer, Sozialdemokratische Geschichten, Berlin, S. 105–117.

Walter, Franz 2017: Rebellen, Propheten und Tabubrecher, Politische Aufbrüche und Ernüchterungen im 20. und 21. Jahrhundert, Göttingen.

Warnke, Herbert 1951: Bürgschaftserklärung, 02.03.1951, BArch-SAPMO, Bestand Sozialistische Einheitspartei Deutschlands, DY 30/88695.

Wätzig, Alfons 1996: Arno Hennig – eine biographische Skizze, in: Landesverband Sachsen der PDS (Hrsg.), Kolloquium zum 50. Jahrestag des Zusammenschlusses von KPD und SPD in Sachsen, 30.03.1996, o. O. [Dresden], S. 58–62.

Weber, Hermann 1990: »Weiße Flecken« in der DDR-Geschichte, in: Gewerkschaftliche Monatshefte 5–6/1990, S. 302–308.

Weber, Hermann 1992: Gab es eine demokratische Vorgeschichte der DDR?, in: Gewerkschaftliche Monatshefte 4–5/1992, S. 272–280.

Weber, Hermann 1998: Zwang- und Betrugsvereinigung, in: Faulenbach, Bernd/Potthoff, Heinrich (Hrsg.), Sozialdemokraten und Kommunisten nach Nationalsozialismus und Krieg, Zur historischen Einordnung der Zwangsvereinigung, Essen, S. 115–117.

Weidauer, Walter 1973: Die Vereinigung der Arbeiterparteien war die Erfüllung seines Kämpferlebens, in: Sächsische Zeitung, 19.04.1973.

Wels, Otto 1936: Brief an Otto Buchwitz, 29.04.1936, AdsD, Sopade-Dokumente 25.

Wend, Arno 1946: Schreiben an Otto Buchwitz und Arno Haufe, 18.02.1946, HStA Dresden, Aktions- und Arbeitsgemeinschaft der KPD und SPD, III/007.

Wend, Arno [A.W.] 1991: Interview mit A. W. am 31. Oktober 1972, in: Bouvier, Beatrix W./Schulz, Horst-Peter (Hrsg.), »...die SPD aber aufgehört hat zu existieren«, Sozialdemokraten unter sowjetischer Besatzung, Bonn, S. 227–250.

Wendel, Günter 1996: Forschung zur Geschichte der Kaiser-Wilhelm-/Max-Planck-Gesellschaft in der DDR – persönliche Erfahrungen, in: Brocke, Bernward vom/Laitko, Hubert (Hrsg.), Die Kaiser-Wilhelm-/Max-Planck-Gesellschaft und ihre Institute, S. 61–126.

Wenzel, Peter 1969: Spezialinventur des Ratsarchivs Görlitz zur Geschichte der deutschen Arbeiterbewegung 1820–1945, Görlitz.

Widera, Thomas 2005: Dresden 1945–1948, Politik und Gesellschaft unter sowjetischer Besatzungsherrschaft, Göttingen.

Winkler, Heinrich August 2005: Der lange Weg nach Westen II, Deutsche Geschichte 1933–1990, Bonn.

Winkler, Heinrich August 2006: Der lange Weg nach Westen I, Deutsche Geschichte 1806–1933, Bonn.

Wolle, Stefan 1995: SPD in Ost-Berlin (1945–1961), in: Deutscher Bundestag (Hrsg.), Enquete-Kommission »Aufarbeitung von Geschichte und Folgen der SED-Diktatur in Deutschland«(1992–1994), Materialien der Enquete-Kommission »Aufarbeitung von Geschichte und Folgen der SED-Diktatur in Deutschland« (12. Wahlperiode des Deutschen Bundestages), Band II/4, Baden-Baden, S. 2941–2993.

Wollmann, Hellmut 1998: Um- und Neubau der Kommunalstrukturen in Ostdeutschland, in: Wollmann, Hellmut/Roth, Roland (Hrsg.), Kommunalpolitik, Politisches Handeln in den Gemeinden, Bonn, 2. Auflage, S. 149–167.

Woyke, Meik 2005: Die »Generation Schumacher«, in: Schönhoven, Klaus/Braun, Bernd (Hrsg.), Generationen in der Arbeiterbewegung, München, S. 87–106.

Wuschik, Tobias 2018: Honeckers Zuchthaus Brandenburg-Görden und der politische Strafvollzug der DDR 1949–1989, Göttingen.

Ziemann, Benjamin 2011: Die Zukunft der Republik, Das Reichsbanner Schwarz-Rot-Gold 1924–1933, Bonn.

Zimmer, Gabi/Pau, Petra 2001: Geschichte lässt sich nicht aufrechnen, 17.4.2001, https://dielinke.berlin/partei/geschichte/det/vereinigung-von-kpd-und-spd/ (16.4.2022).

Zimmermann, Fritz 1979a: Einer der aktivsten Kämpfer für die Einheit der Arbeiterbewegung, in: Neues Deutschland, 26.04.1979.

Zimmermann, Fritz 1979b: »Vereint sind wir auf jeden Fall stärker!«, Otto Buchwitz, in: Beiträge zur Geschichte der Arbeiterbewegung, 21/1979, 266–276.

Zimmermann, Fritz 1981: Otto Buchwitz im dänischen Exil, in: Beiträge zur Geschichte der Arbeiterbewegung, 23/1981, S. 277–283.

Zimmermann, Fritz 1984: Otto Buchwitz, Ein Lebensbild, Berlin.

Zimmermann, Fritz 1989: »In der DDR erfüllten wir unseren Schwur von 1945«, in: Neues Deutschland, 27.04.1989

Personenverzeichnis

Ackermann, Anton: *1905 (als Eugen Hanisch), †1973, Strumpfwirker, Parteisekretär, 1926 KPD, 1946 SED, Mitglied im Parteivorstand bzw. Zentralkomitee (1954 aus Funktionen bei SED ausgeschlossen), 1950–54 MdV, 1950–54 Staatssekretär DDR-Außenminister, ab 1935 Emigration (unter anderem Spanischer Bürgerkrieg, danach Moskau), 1945 Rückkehr nach Deutschland.

Alfinghaus, Erich: *1894, †1940, Chefredakteur des sozialdemokratischen Pressedienstes (1924–33), 1933 Emigration nach Dänemark.

Aufhäuser, Siegfried: *1884, †1969, Kaufmännische Lehre, Gewerkschaftsfunktionär (1921–33 Vorsitzender des freigewerkschaftlichen AfA-Bundes; 1952–59 DAG-Vorsitzender in Berlin), 1908 Demokratische Vereinigung, 1912 SPD, 1917 USPD, 1922 wieder SPD, 1924–33 MdR, 1933 Emigration, dort 1935 Revolutionäre Sozialisten, 1951 Rückkehr nach Deutschland.

Bauer, Gustav: *1870, †1944, Büroangestellter, Gewerkschaftssekretär (1912–19 Zweiter Vorsitzender der Generalkommission der Gewerkschaften Deutschlands), 1912–25 MdR bzw. MdNV, 1919/20 Reichskanzler.

Baumann, Edith: *1909, †1973, Stenotypistin, 1927 SPD, 1931 SAPD, 1945 wieder SPD, 1946 SED, Mitglied Parteivorstand bzw. Zentralkomitee, 1949–73 MdV.

Bebel, August: *1840, †1913, Drechsler, 1869 SDAP (ab 1875 SAP, ab 1890 SPD, 1892–1913 Vorsitzender), 1871–1913 (mit Unterbrechungen) MdR.

Berendsohn, Walter A.: *1884, †1984, Professor der Germanistik, Mitglied der SPD, 1933 Exil in Dänemark und in Schweden.

Bernstein, Eduard: *1850, †1932, Bankkaufmann, 1872 SDAP (1875 SAP, 1890 SPD), 1917 USPD, 1919 wieder SPD, 1902–28 (mit Unterbrechungen) MdR.

Bialek. Robert: *1915, † 1956 (mutmaßlich), kaufmännische Ausbildung, 1929 SAJ, 1933 KJVD, KPO, Haft im Nationalsozialismus, 1945 KPD, 1946 SED, FDJ, 1946–48 MdL Sachsen, Mitwirkung am Aufbau der Geheimpolizei, 1953 Flucht in den Westen, SPD, 1956 Entführung nach Ost-Berlin, ungeklärter Verbleib.

Böchel, Karl: *1884, †1946, Vorsitzender des SPD-Bezirks Chemnitz (1924–33), 1933 Emigration (dort Vorsitzender Revolutionäre Sozialisten), 1926–33 MdL Sachsen (ab 1929 Vorsitzender der SPD-Fraktion).

Böttge, Bruno: *1891, †1967, Schlosser, 1908 SPD, 1917 USPD, 1920 KPD, 1922 SPD, 1933–34 KZ-Haft, 1946 SED (Ausschluss 1949), Mitglied des Parteivorstands 1946–48, 1920–22 MdL Anhalt, 1924–33 Bürgermeister von Teuschenthal, 1946–48 MdL Sachsen-Anhalt, zugleich dessen Präsident, 1954 verhaftet, 1956 begnadigt, Wiederaufnahme in SED

Brandt, Willy: *1913 (als Herbert Frahm), †1992, Journalist, 1930 SPD, 1931 SAPD, 1947 wieder SPD (Vorsitzender von 1964–87), 1950–71 MdA Berlin (1955–57 dessen Präsident), 1949–53 und 1969–92 MdB, 1957–66 Regierender Bürgermeister von Berlin, 1966–69 Bundesaußenminister, 1969–74 Bundeskanzler, 1933–1945 Emigration.

Brill, Hermann: *1895, †1959, Ministerpräsident in Thüringen (1945), Abgeordneter in Thüringen, im Reichs- und im Bundestag, Beamter, Professor, 1918 USPD, 1922 SPD, MdL Freistaat Gotha 1919, 1920–33 MdL Thüringen, 1932 MdR, 1921–23 Staatsrat in Thüringen, 1933 Zuchthaus und KZ-Haft, 1945 Regierungspräsident in Thüringen, Flucht in den Westen, 1946 Chef der Staatskanzlei in Hessen, 1949–53 MdB

Brüning, Heinrich: *1885, †1970, Nationalökonom, Gewerkschaftsekretär, Mitglied der Zentrumspartei, 1924–33 MdR, Vorsitzender der Zentrumsfraktion,1928/29 MdL Preußen, 1930–32 Reichskanzler, 1934 Emigration, 1951–55 zeitweilige Rückkehr nach Deutschland

Buck, Wilhelm: *1869, †1945, Stuckateurgehilfe, 1887 SPD, 1905 Gewerkschaftssekretär, 1912–24 MdR bzw. MdNV, 1920–23 Ministerpräsident

Sachsens, 1923–33 Kreishauptmann Dresden, 1926 ASPD (und deren Vorsitzender)

Busch, Ernst: *1900, †1980, Werkzeugmacher, Schauspieler, Komponist, 1918 SPD, 1919 USPD, 1945 KPD, 1946 SED (bis 1951 und wieder ab 1977), 1933 Exil u. a. in der Sowjetunion, 1942 Verhaftung in Frankreich und Haft in Deutschland.

Chruschtschow, Nikita: *1894, †1971, Maschinenschlosser, Parteisekretär, 1918 KPdSU (1934 -66 Mitglied des Zentralkomitees, ab 1939 Mitglied des Politbüros, 1953–64 Erster Sekretär).

Dahlem, Franz: *1892, †1981, Exportkaufmann, 1913 SPD, 1917 USPD, 1920 KPD, ab 1929 dort im Politbüro, 1946 SED, Mitglied im Zentralkomitee und im Politbüro, Leiter der Kaderabteilung (bis 1953), 1930–32 Reichsleiter RGO, 1921–24 MdL Preußen, 1928–33 MdR, 1933 Exil in Frankreich und Tschechoslowakei, 1939 in Frankreich interniert, 1942 verhaftet und in KZ-Haft, 1949–53 MdV, 1953 verhaftet, 1956 rehabilitiert.

Dahrendorf, Gustav: *1901, †1954, kaufmännische Ausbildung, Journalist, 1918 SPD, Mitglied in der Reichsleitung der Jungsozialisten, 1927–33 und 1946/47 MdBü Hamburg, 1932/33 MdR, nach 1933 wiederholt verhaftet und zu Zuchthaus verurteilt, 1945/46 Mitglied im Zentralausschuss der SPD, 1946 Flucht in den Westen, Vorstand Konsumgenossenschaftsverband.

Dölitzsch, Clemens: *1888, †1953, Lehrer, 1919 SPD, 1929–33 Zweiter Vorsitzender Bezirk Dresden-Ostsachsen, 1946 SED, 1926–33 und 1946–50 Vorsteher des Dresdner Stadtverordnetenversammlung, 1945–50 Stadtschulrat in Dresden.

Ebert, Friedrich: *1871, †1925, Sattler, Redakteur, Gastwirt, Gewerkschaftssekretär, 1889 SAP (1890 SPD), ab 1905 Mitglied im Parteivorstand, ab 1911 Vorsitzender, MdBü Bremen 1899–1905, 1912–19 MdR, 1918/19 Reichskanzler, 1919–25 Reichspräsident.

Ebert, Friedrich (junior): *1894, †1979, Buchdrucker, Redakteur, 1913 SPD, 1945/46 Landesvorsitzender in Brandenburg, 1946 SED, Landesvorsitzender in Brandenburg, Mitglied im Parteivorstand, Zentralkomitee, Politbüro, 1928–33 MdR, 1945–48 MdL Brandenburg, 1949–79 MdV, 1948–67 Oberbürgermeister von Ost-Berlin, 1960–79 Mitglied des Staatsrats der DDR (ab 1971 dessen stellvertretender Vorsitzender).

Edel, Oskar: *1892, †1958, Buchdrucker, Redakteur, Parteisekretär, 1908 SPD, 1917 USPD, 1922 wieder SPD, dort 1928–33 Bezirksvorsitzender Dresden, Vorsitzender des sächsischen Landesausschusses, 1922–33 und 1950–52 MdL Sachsen, 1933 Exil in Tschechoslowakei und Schweden, 1947 nach Rückkehr nach Deutschland SED.

Engels, Friedrich: *1820, †1895, Unternehmer, Journalist, Philosoph, Mitbegründer des wissenschaftlichen Sozialismus.

Fechner, Max: *1892, †1973, Werkzeugmacher, 1910 SPD, 1917 USPD, 1922 wieder SPD, Mitarbeiter des Parteivorstands, 1945/46 Vorsitzender des Zentralausschusses, 1946 SED (Ausschluss 1953, Wiederaufnahme 1958), 1928–33 MdL Preußen, 1949/50 MdV, 1949–53 Justizminister der DDR, 1953 Verhaftung, 1956 begnadigt.

Fehlisch, Bruno: *1889, †1952, Tischler, Gewerkschaftssekretär, 1909 SPD, dort hauptamtlicher Sekretär, 1946 SED, 1932/33 MdL Preußen

Fellisch, Alfred: *1884, †1973, Handschuhmacher, Redakteur, 1902 SPD (Austritt 1931), 1945 wieder SPD, 1946 SED, 1918–26 MdL Sachsen, 1921–23 sächsischer Wirtschaftsminister, 1923/24 Ministerpräsident Sachsen, 1924–32 Amtshauptmann Großenhain, 1945 Landrat in Annaberg, 1946–48 Staatssekretär, 1948/49 sächsischer Wirtschaftsminister

Fischer, Kurt: *1900, †1950, Lehramtsstudium, Redakteur, 1919 KPD, 1946 SED, 1921 Flucht in Sowjetunion, kurzzeitige Rückkehr nach Deutschland 1923, ab 1924 wieder in Sowjetunion, dort für Geheimdienst in China und Japan tätig, 1946–50 MdL Sachsen, 1949–1950 MdV, 1945–48 sächsischer Innenminister, 1949 Chef der Volkspolizei.

Friedel, August: *1875, †1956, Schlosser, Gewerkschaftssekretär, 1899 SPD, 1945 Bezirksvorsitzender in Chemnitz, 1946 SED, 1946/47 Bezirksvorsitzender Chemnitz-Erzgebirge, 1946–50 Mitglied des Parteivorstands, 1919–32 und 1946–50 Stadtverordneter in Chemnitz, 1946 MdL Sachsen, 1946–50 Stadtverordnetenvorsteher in Chemnitz.

Friedrichs, Rudolf: *1892, †1947, Jurist, Beamter, Lebensmittelhändler, 1922 SPD, 1946 SED (1946/47 Mitglied des Landesvorstands), 1946/47 MdL Sachsen, 1945 Oberbürgermeister von Dresden, 1946/47 Ministerpräsident Sachsens.

Frölich, August: *1877, †1966, Schlosser, Gewerkschaftssekretär, 1900 SPD, 1946 SED, 1919/1920 MdL Sachsen-Altenburg, 1920–24 und 1946–52 MdL Thüringen (1946–52 dessen Präsident), 1924–33 MdR, 1949/50 MdV, wiederholte Verhaftungen im Nationalsozialismus, 1919/20 Ministerpräsident Sachsen-Altenburg, 1921–24 Ministerpräsident Thüringen.

Girbig, Emil: *1866, †1933, Glasarbeiter, Gastwirt, Vorsitzender des Zentralverbands der Glasarbeiter (1897–1926), 1885 SPD, 1919–24 und 1928–30 MdR bzw. MdNV

Gniffke, Erich: *1895, †1964, kaufmännische Ausbildung, Prokurist, Gewerkschaftssekretär, 1913 SPD, 1945/46 Vorsitzender des Zentralausschusses, 1946 SED, 1948 Austritt aus SED, Flucht in den Westen, Wiedereintritt in SPD, dort ab 1959 Kreisvorsitzender in Daun.

Gradnauer, Georg: *1866, †1946, Historiker, Redakteur, 1890 SPD, 1946 SED, 1898–1907 und 1912–24 MdR bzw. MdNV, 1919/1920 Ministerpräsident Sachsens, 1921 Reichsinnenminister.

Graf, Georg Engelbert: *1881, †1952, Dozent, 1908 SPD, 1917 USPD, 1922 wieder SPD, dort im sozialdemokratischen Bildungswesen tätig, 1946 SED, 1947 wieder SPD, 1928–33 MdR.

Grotewohl, Otto: *1894, †1964, Buchdrucker, 1912 SPD, 1918 USPD, 1922 wieder SPD, 1945 Vorsitzender des Zentralausschusses 1946 SED, 1920–26 MdL Braunschweig, 1925–33 MdR, 1949–1964 MdV, 1922–24 braunschweigischer Justizminister, 1928–33 Präsident der Braunschweigischen Landesversicherungsanstalt, wiederholte Verhaftungen im Nationalsozialismus, 1949–64 Ministerpräsident der DDR.

Gysi, Gregor: *1948, Rechtsanwalt, 1967 SED (1989 SED-PDS, 1990 PDS, 2005 Linkspartei.PDS, 2007 Die LINKE), deren Vorsitzender 1989–93, 1990 MdV, 1990–2002 sowie seit 2005 MdB, 1990–2000 sowie 2005–15 Vorsitzender der Gruppen bzw. Fraktionen, 2002 Wirtschaftssenator in Berlin.

Hager, Kurt: *1912, †1998, Journalist, 1930 KPD, KZ-Haft und Exil in Frankreich und Großbritannien, 1946 SED (Ausschluss 1990), Leiter der Abteilung Parteischulung, Mitglied im Zentralkomitee und im Politbüro, 1995 DKP, 1958–90 MdV, 1976–89 Mitglied im Staatsrat der DDR.

Hammer, Walter (eigentlich Walter Hörsterey): *1888, †1966, Verleger, Publizist, 1924 Republikanische Partei Deutschlands, 1946 SED (bis 1950), 1933 Exil in der Schweiz und Dänemark, 1940 KZ- und Zuchthaushaft, 1950 Flucht in den Westen.

Hansen, Richard: *1887, †1976, Werftarbeiter, 1907 SPD, hauptamtlicher Sekretär der Partei in Schleswig-Holstein, Gauführer des Reichsbanners, 1933 Exil in Dänemark, Schweden und USA, 1947 Rückkehr nach Deutschland, Geschäftsführer SPD-Landtagsfraktion Schleswig-Holstein.

Harnisch, Hermann: *1883, †1951, Tischler, 1905 SPD, 1945 Mitglied des Zentralausschusses, 1945/46 Bezirksvorsitzender Berlin, 1946 SED, 1948 wieder SPD, 1924–1932 MdL Preußen, 1946 Bezirksbürgermeister Neukölln, nach 1933 in KZ-Haft.

Hasenclever, Wilhelm: *1837, †1889, Journalist, Schriftsteller, 1863 ADAV (1875 SAP), dessen Vorsitzender 1871–75, 1874–88 MdR.

Haubach, Theodor: *1896, †1945 (hingerichtet), Philosophiestudium, Journalist, 1920 SPD, 1927–1929 MbBü Hamburg, führend im Reichsbanner, nach 1933 wiederholt verhaftet.

Haufe, Arno: *1884, †1962, Gärtner, Redakteur, 1908 SPD, 1945 Vorsitzender Bezirk Dresden-Ostsachsen, 1945/46 2. Vorsitzender Landesverband Sachsen, 1946 SED, 1946/47 Mitglied Landessekretariat, 1948 Verhaftung, Verurteilung zu Arbeitslager (teilweise in Sowjetunion), 1955 nach Haftentlassung Übersiedlung in die Bundesrepublik.

Havemann, Robert: *1910, †1982, Chemiker, 1933 Neu Beginnen, 1943 verhaftet und zum Tode verurteilt, Urteil wurde nicht vollstreckt, 1950 Wechsel in die DDR, 1951 SED (Ausschluss 1964), 1950–63 MdV, 1966 Berufsverbot, 1976 Hausarrest.

Heilmann, Ernst: *1881, †1940 (ermordet), Jurist, Redakteur, 1898 SPD, 1919–33 MdL Preußen, 1921–33 Fraktionsvorsitzender der SPD, 1928–33 MdR, ab 1933 in Konzentrationslagern.

Heinig, Kurt: *1886, †1956, Lithographengehilfe, Schriftsteller, Journalist, 1906 SPD, 1927–33 MdR, ab 1933 Exil in Dänemark und Schweden

Heinicke, Fritz: *1905, †1969, Kaufmann, 1921 SPD, 1946 SED, 1948 Verhaftung und Arbeitslager, teilw. in der Sowjetunion, 1954 Flucht in die Bundesrepublik.

Heldt, Max: *1872, †1933, Gürtler- und Metalldreher, Gewerkschaftssekretär, 1926 ASPD, 1932 wieder SPD, 1909–30 MdL Sachsen, 1919–24 sächsischer Minister, 1924–29 Ministerpräsident von Sachsen.

Hennecke, Adolf: *1905, †1975, Bergmann, 1946 SPD, 1946 SED, 1950–1975 MdV.

Hennig, Arno: *1897, †1963, Lehrer, Parteisekretär, 1920 SPD, 1945/46 Mitglied Landesvorstand, 1946 kurzzeitig SED dann wieder SPD, 1945/46 Oberbürgermeister von Freital, 1946 Flucht in den Westen, 1949–53 MdB, 1954–61 MdL Hessen, 1953–59 hessischer Kultusminister.

Hentsch, Richard: 1945/46 Vorsitzender SPD-Bezirk Zwickau.

Hermsdorf, Hans: *1914, †2001, kaufmännische Lehre, 1932 SPD, 1946 Flucht in den Westen, dort bis 1949 Zentralsekretär der Jungsozialisten, 1953–74 MdB, 1945 Bürgermeister von Oberlichtenau, 1946 Oberbürgermeister von Chemnitz, 1971–74 Parlamentarischer Staatssekretär im Bundesfinanzministerium, 1974–82 Präsident der hamburgischen Landeszentralbank.

Herrnstadt, Rudolf: *1903, †1966, Journalist, 1931 KPD, ab 1933 Exil in der Sowjetunion, 1946 SED (1954 ausgeschlossen), nach 1945 Chefredakteur der Berliner Zeitung und des Neuen Deutschland.

Hitler, Adolf: *1889, †1945, 1919 DAP (1920 NSDAP), ab 1921 deren Vorsitzender, 1933–45 Reichskanzler (ab 1934 auch Reichspräsident).

Hoch, Ludwig: Polizeivizepräsident in Sachsen.

Honecker, Erich: *1912, †1994, Dachdecker, 1929 KPD, ab 1931 hauptamtlich in der Jugendarbeit der KPD aktiv, nach 1935 in Haft bis 1945, 1946 SED (Ausschluss 1989), 1958 Mitglied des Politbüros, 1971–89 Generalsekretär des Zentralkomitees, 1949–89 MdV, 1976–89 Vorsitzender des Staatsrats der DDR.

Hue, Otto: *1868, †1922, Schlosser, Gewerkschaftssekretär, Redakteur, 1888 SAP (1890 SPD), 1903–22 MdR, 1913–22 MdL Preußen, Vorsitzender des Verbands der Bergarbeiter Deutschlands.

Husemann, Fritz: *1873, †1935, Steinhauer, Gewerkschaftssekretär, 1919–1924 MdL Preußen, 1924–33 MdR, Vorsitzender des freigewerkschaftlichen Bergarbeiterverbands, nach 1933 wiederholt verhaftet und in Konzentrationslager verschleppt.

Kern, Käthe: *1900, †1985, kaufmännische Lehre, 1920 SPD, ab 1925 zunächst im AfA-Bund, danach im SPD-Bezirk Berlin hauptamtlich tätig, 1945 Mitglied im Zentralausschuss, 1946 SED, Leitung des Frauensekretariats, 1946–50 MdL Sachsen-Anhalt, 1949–85 MdV, 1957–84 Vorsitzende der DFD-Fraktion.

Koenen, Wilhelm: *1886, †1963, kaufmännische Lehre, Buchhändler, Redakteur, Parteisekretär, 1903 SPD, 1917 USPD, 1917–29 Vorsitzender Bezirk Halle, 1920 KPD, 1946 SED, 1946–48 Landesvorsitzender in Sachsen, ab 1946 Mitglied im Parteivorstand bzw. im Zentralkomitee, 1919–32 MdNV bzw. MdR, 1929–32 MdL Preußen, 1946–1950 MdL Sachsen, dort Vorsitzender der SED-Fraktion, 1949–63 MdV, 1933 Emigration nach Westeuropa und Kanada.

Kräcker, Julius: *1839, †1888, Sattler, Redakteur, 1867 SDAV, 1870 SDAP, 1875 SAP, 1881–88 MdR.

Krippner, Kurt: Polizeipräsident.

Lassalle, Ferdinand: *1825, †1864, Historiker, Schriftsteller, 1863 Gründer des ADAV.

Lehmann, Helmut: *1882, †1959, Krankenkassenangestellter, Redakteur, 1903 SPD, 1945 Mitglied im Zentralausschuss, 1946 SED, 1946–50 Mitglied des Parteivorstands bzw. Des Zentralkomitees, 1949/50 Mitglied des Politbüros, 1914–33 geschäftsführender Vorsitzender des Hauptverbands deutscher Krankenkassen, 1950–59 Vorstand der DDR-Sozialversicherung, 1933–45 wiederholt verhaftet, 1946–49 MdL Thüringen, 1949/50 MdV.

Leuschner, Wilhelm: *1890, †1944 (hingerichtet), Holzbildhauer, Gewerkschaftssekretär, 1913 SPD, 1924–33 MdL Hessen, 1928–33 hessischer Innenminister, nach 1933 wiederholt Verhaftungen.

Liebermann, Kurt: *1903, †1993, Kupferschmied, Leiter des Nachrichtenamts der Stadt Dresden, 1931 Übertritt zur SAP, 1945 wieder SPD, 1946 SED, 1933 Emigration, später Auslieferung an Deutschland, dort Zuchthaus.

Limbertz, Heinrich: *1874, †1932, Bergarbeiter, Gewerkschaftssekretär, Redakteur, 1919–24 MdL Preußen, 1924–32 MdR.

Litke, Karl: *1893, †1962, Steindruckergehilfe, Krankenkassenmitarbeiter, 1912 SPD, 1922–33 Zweiter Vorsitzender in Berlin, 1931–1933 Mitglied des

Parteivorstands, 1945 Mitglied im Zentralausschuss, 1946 SED, 1946–48 Vorsitzender in Berlin, 1928–1933 MdR.

Lipinski, Richard: *1867, †1936, Handlungsgehilfe, Redakteur, 1890 SPD, 1907–17 Bezirksvorsitzender in Leipzig, 1917 USPD, 1917–22 Bezirksvorsitzender in Leipzig, 1922 wieder SPD, bis 1933 abermals Bezirksvorsitzender, 1903–07 und 1920–33 MdR, 1918/19 Vorsitzender des Rats der Volksbeauftragten in Sachsen, 1919/20 MdL Sachsen, in der Zeit Fraktionsvorsitzender der USPD und Vizepräsident des Landtags, nach 1933 wiederholt verhaftet.

Löbe, Paul: *1875, †1967, Schriftsetzer, Redakteur, 1895 SPD, 1945/46 Sekretär im Zentralausschuss, 1919–1933 MdNV bzw. MdR, die meiste Zeit Präsident, 1948/49 Mitglied im Parlamentarischen Rat, 1949–1953 MdB, nach 1933 zeitweilig verhaftet.

Lübbe, Erich: *1891, †1977, Maschinenschlosser, 1917 USPD, 1922 SPD, 1945/46 Sekretär im Zentralausschuss der SPD, 1946 SED (Austritt 1948), 1951 wieder SPD, 1932–33 MdR, 1939–45 inhaftiert im Konzentrationslager.

Lufft, Werner: *1898, †1984, Staatswissenschaftler, Redakteur, Beamter, 1918 USPD, 1921 SPD, 1946 SED, 1928–30 und 1932/33 MdR, 1930–32 Landrat im Kreis Gerdauen, 1945–47 Oberlandrat in Cottbus, 1949 Flucht in den Westen.

Marx, Karl: *1818, †1883, Philosoph, Journalist, Begründer des wissenschaftlichen Sozialismus.

Matern, Hermann: *1893, †1971, Gerber, Gewerkschaftssekretär, 1911 SPD (Austritt 1914), 1918 USPD, 1919 KPD, Politleiter in den Bezirken Magdeburg-Anhalt (bis 1931) und Ostpreußen (bis 1933), Bezirksleiter in Sachsen (1945/46), 1946 SED, 1946–48 Landesvorsitzender Berlin, 1946–71 im Zentralsekretariat bzw. Mitglied des Politbüros, 1948–71 Vorsitzender Zentralen Parteikontrollkommission, 1932–33 MdL Preußen, 1949–71 MdV, zwischenzeitlich Vizepräsident, 1933 zwischenzeitlich verhaftet, danach Exil am Ende bis 1945 in der Sowjetunion.

Meier, Otto: *1889, †1962, Handelsangestellter, Redakteur, 1911 SPD, 1917 USPD, 1922 wieder SPD, 1945/46 Zentralausschuss, Chefredakteur der Parteizeitung, 1946 SED, Mitglied des Vorstands, 1921–33 MdL Preußen, 1949–52 MdL Brandenburg, 1949/50 MdV.

Moltmann, Carl: *1884, †1960, Tischler, Redakteur, Arbeitsamtsdirektor, Händler, 1902 SPD, 1945 Landesvorsitzender Mecklenburg-Vorpommern, 1946 SED, Mitglied des Parteivorstands bzw. des Zentralkomitees, 1946–48 Landesvorsitzender Mecklenburg-Vorpommern, 1919–33 MdL Mecklenburg-Schwerin, 1946–52 MdL Mecklenburg-Vorpommern.

Mierendorff, Carlo: *1897, †1943, Gewerkschaftssekretär, 1920 SPD, 1930–33 MdR

Mückenberger, Erich: 1910, †1998, Schlosse, 1927 SPD, 1946 SED (1990 Ausschluss), 1948/49 Landesvorsitzender Sachsen, 1949–53 Erster Sekretär in Thüringen bzw. Bezirksleitung Erfurt, 1961–1971 Erster Sekretär der Bezirksleitung Frankfurt/Oder, 1950–89 Mitglied im Zentralkomitee (ab 1958 auch im Politbüro), 1971–89 Vorsitzender der Zentralen Parteikontrollkommission, 1950–89 MdV, 1980–89 Vorsitzender der SED-Fraktion, nach 1933 wiederholt verhaftet, Dienst im Strafbataillon,

Müller, Hermann: *1876, †1931, 1919–31 Parteivorsitzender, Handlungsgehilfe, Redakteur, 1893 SPD, ab 1906 Mitglied des Parteivorstands, ab 1919 Vorsitzender, 1916–31 MdR bzw. MdNV, 1920–28 Vorsitzender der SPD-Fraktion, 1919/20 Reichsaußenminister, 1920 und 1928–30 Reichskanzler.

Niekisch, Ernst: *1889, †1967, Lehrer, Gewerkschaftssekretär, 1917 SPD, 1919 USPD, 1922 wieder SPD, 1926 ASPD, 1937 Verhaftung, 1939 Verurteilung wegen Hochverrat, 1945 KPD, 1946 SED (Austritt 1955), 1919–23 MdL Bayern, 1922/23 Vorsitzender der SPD-Fraktion, 1949–53 MdV, 1963 Übersiedlung nach West-Berlin

Oelßner, Fred: *1903, †1977, Kaufmann, Redakteur, 1917 USPD, 1920 KPD, 1933 Emigration, am Ende in Sowjetunion, 1946 SED, 1950–58 Mitglied des Politbüros, 1949–58 MdV, 1955–58 stellvertretender Vorsitzender des DDR-Ministerrats.

Papen, Franz von: *1879, †1969, Offizier, 1921 Zentrum (1932 Austritt), 1938 NSDAP, 1921–28 und 1930–32 MdL Preußen, 1933 MdR, 1932 Reichskanzler, 1933/34 Vizekanzler.

Pieck, Wilhelm: *1876, †1960, Tischler, Gewerkschaftssekretär, Parteisekretär, 1895 SPD, 1917 USPD, 1918 KPD, 1926–29 Bezirksleiter Berlin-Brandenburg-Lausitz, 1935 Vorsitzender, 1946 SED, Vorsitzender, 1905–10 MdBü Bremen, 1921–28 und 1932/33 MdL Preußen, 1932/33 Vorsitzender der KPD-Fraktion, 1928–33 MdR, 1933 Emigration nach Frankreich, 1935 in die Sowjetunion, 1949–60 Präsident der DDR.

Piehl, Otto: *1906, †1999, 1933 Emigration, 1953 Rückkehr nach Deutschland.

Raloff, Karl: *1899, †1976, Kaufmännische Ausbildung, Redakteur, 1917 SPD, 1932/33 MdR, 1933 Emigration nach Dänemark, 1940 nach Schweden, 1945 wieder in Dänemark.

Rausch, Max: *1898, †1991, Maschinenschlosser, Parteisekretär, 1919 SPD, 1931 SAPD, 1945 wieder SPD, 1945/46 Vorsitzender Bezirk Görlitz, 1946 SED, 1946 Bezirksvorsitzender Görlitz 1946–48 Mitglied Landessekretariat Sachsen, 1928–33 Stadtverordneter in Breslau, 1946–50 MdL Sachsen, 1949/50 Vizepräsident des Landtags.

Reinders, Klaas Peter: *1847, †1879, Tischler, 1867 ADAV, 1875 SAP, 1878/79 MdR.

Reinowski, Hans: *1900, †1977, Parteisekretär, Journalist, 1923–33 SPD-Bezirkssekretär in Braunschweig, 1933 Emigration nach Dänemark, 1940 nach Schweden, 1947 Rückkehr nach Deutschland.

Reventlow, Rolf: *1897, †1981, Schriftsteller, Gewerkschaftssekretär, Parteisekretär, 1918 USPD, 1919 SPD, 1933 Emigration (u. a. im Spanischen Bürgerkrieg), 1953 Rückkehr nach Deutschland

Richter, Max: *1881, †1945, Weißgerber, Gewerkschaftssekretär, 1900 SPD, 1919–24 MdL Preußen, 1924–33 MdR, 1944 verhaftet.

Rothe, Rudolf: *1897, †1969, Maschinenschlosser, Parteisekretär, 1915 SPD, 1917 USPD, 1922 wieder SPD, 1927–33 und 1945/46 Mitglied Bezirksvorstand Leipzig, 1946 SED, 1947 SPD, 1933 verhaftet und KZ-Haft, 1947 Flucht in den Westen.

Schapke, Richard: *1897, †1940, NSDAP (Ausschluss 1930), 1934 Emigration nach Dänemark

Scheidemann, Philipp: *1865, †1939, Schriftsetzer, Redakteur, 1883 SPD, 1903–33 MdR, 1913–18 Vorsitzender der SPD-Fraktion, 1919 Reichsministerpräsident, 1919–25 Oberbürgermeister von Kassel, 1933 Emigration (ab 1935 in Dänemark).

Schleicher, Kurt von: *1882, †1934 (ermordet), General, 1932 Reichswehrminister, 1932/33 Reichskanzler.

Schmitt, Carl: *1888, †1985, Jurist, 1933 NSDAP.

Schrenk, Otto: Geschäftsführer der Sächsischen Volksstimme.

Schroeder, Louise: *1887, †1957, Versicherungsangestellte, Dozentin, 1910 SPD, 1919–33 MdNV bzw. MdR, 1945–52 MdA Berlin, 1949–57 MdB, 1946/47 3. Bürgermeisterin von Berlin, 1947/48 kommissarisch Oberbürgermeisterin von Berlin, 1948–51 1. Bürgermeisterin von Berlin.

Schumacher, Kurt: 1895, †1952, Jurist, Redakteur, 1918 SPD, 1946–52 Vorsitzender, 1924–31 MdL Württemberg, 1930–33 MdR, 1949–52 MdB, 1933 Verhaftung und mehrjährige Inhaftierung in Konzentrationslagern.

Semmler, Hans: Landrat Vogtland.

Seydewitz, Max: *1892, †1987, Buchdrucker, Redakteur, 1910 SPD, 1920–31 Vorsitzender Bezirk Zwickau, 1931 SAPD, Vorsitzender, 1934 KPD, 1946 SED, 1947–49 Mitglied des Parteivorstands, 1924–32 MdR, 1950–87 MdV, 1933 Emigration (am Ende in Schweden), 1947–52 Ministerpräsident Sachsens.

Seydewitz, Ruth: *1905 (als Ruth Lewy), †1989, Schneiderin, Journalistin, 1923 SPD, 1931 SAPD, 1942 KPD, 1946 SED, 1933 Emigration (am Ende in Schweden), 1945 Rückkehr nach Deutschland.

Shukow, Georgi: *1896, †1974, General, 1945/46 Oberbefehlshaber SMAD, 1955–57 sowjetischer Verteidigungsminister.

Siemsen, Anna: *1882, †1951, Lehrerin, 1919 USPD, 1923 SPD, 1931 SAPD, 1933 SPS, 1946 wieder SPD, 1928–30 MdR, 1933 Emigration, 1946 Rückkehr nach Deutschland.

Sievers, Max: *1887, †1944 (hingerichtet), Redakteur, 1919 USPD, 1920 KPD, 1921 KAG, 1927 SPD, 1933 Emigration, 1940 Verhaftung, 1943 Verurteilung wegen Hochverrats.

Sollmann, Wilhelm: *1881, †1951, Handlungsgehilfe, Redakteur, 1902 SPD, 1919–1933 MdNV bzw. MdR, 1923 Reichsinnenminister, 1933 Emigration (am Ende in den USA).

Stalin, Josef: *1878 (als Iosseb Bessarionis des Dschughaschwili), †1953, 1922–53 Generalsekretär des Zentralkomitees der KPdSU, 1941–46 Vorsitzender des Rats der Volkskommissare, 1946–53 Vorsitzender des Ministerrats der Sowjetunion.

Strasser, Gregor: *1892, †1934 (ermordet), Drogist, 1922 NSDAP, 1926–28 Reichspropagandaleiter, 1928–32 Reichsorganisationsleiter.

Strasser, Otto: *1897, †1974, Staatswissenschaftler, 1920 SPD (Austritt im gleichen Jahr), 1925 NSDAP (1930 Austritt), 1956 DSU, 1933 Emigration, 1955 Rückkehr nach Deutschland.

Szillat, Paul: *1888, †1958, Feinmechaniker, 1910 SPD, 1946 SED (1950 Ausschluss), 1946–48 Mitglied des Parteivorstands, 1924–33 MdL Preußen, 1933 Vorsitzender der SPD-Fraktion, 1946–50 MdL Brandenburg, 1932/33 Oberbürgermeister von Brandenburg an der Havel, 1945–50 Oberbürgermeister von Rathenow, 1933 Verhaftung, 1950 Verhaftung, 1951 Verurteilung zu Zuchthaus, 1956 amnestiert, 1992 rehabilitiert, 1957 Flucht nach West-Berlin.

Tarnow, Fritz: *1880, †1951, Tischler, Gewerkschaftssekretär, Vorsitzender des Holzarbeiterverbandes (1920–33), 1903 SPD, 1928–33 MdR, 1933 Emigration, 1946 Rückkehr nach Deutschland.

Taubadel, Paul: *1875, †1937, Maurer, Redakteur, 1894 SPD, Vorsitzender des Bezirks Görlitz, 1912–32 MdR bzw. MdNV.

Thorez, Maurice: *1900, †1964, Bergarbeiter, Bauarbeiter, 1919 SFIO, 1920 KPF, 1930 Generalsekretär, 1939–44 Exil in Moskau.

Trabalski, Stanislaw: *1896, †1985, Feinmechaniker, Angestellter, Sekretär der Konsumgenossenschaft, 1912 SPD, 1917 USPD, 1922 wieder SPD, 1945/46. Bezirksvorsitzender Leipzig, 1946 SED (1948 Ausschluss), 1946/47 Vorsitzender Bezirk Leipzig, 1946/47 Mitglied Parteivorstand, 1966 wieder SED, 1933–45 wiederholt verhaftet, 1948 Hausarrest und Haft, 1956 amnestiert, 1996 rehabilitiert.

Ulbricht, Walter: *1893, †1973, Tischler, 1912 SPD, 1917 USPD, 1920 KPD, 1929–33 Bezirksleiter Berlin-Brandenburg-Lausitz-Grenzmark, 1946 SED, 1950–71 Generalsekretär des Zentralkomitees, 1926–29 MdL Sachsen, 1928–33 MdR, 1946–51 MdL Sachsen-Anhalt, 1960–73 Vorsitzender des Staatsrates der DDR, 1933 Emigration (ab 1938 in der Sowjetunion), 1945 Rückkehr nach Deutschland.

Wagner, Otto: *1891, †1960, 2. Bürgermeister der Stadt Dresden.

Warnke, Herbert: *1902, †1975, Metallarbeiter, Gewerkschaftsvorsitzender (1948–75 Vorsitzender des FDGB), 1923 KPD, 1946 SED, 1946–48 Landesvorsitzender Mecklenburg-Vorpommern, 1946–75 Mitglied des Parteivorstands bzw. des Zentralkomitees (ab 1958 des Politbüros), 1949–75 MdV, 1971–75 Mitglied des Staatsrats der DDR, 1933 Emigration ins Saarland, nach Dänemark und Schweden.

Wels, Otto: *1873, †1939, Tapezierer, Parteisekretär, 1891 SPD, 1907 Bezirkssekretär in Brandenburg, 1919–39 Vorsitzender, 1912–1933 MdR bzw. MdNV, 1933 Emigration in die Tschechoslowakei und nach Frankreich.

Wend, Arno: * 1906, †1980, Anwalts- und Notariatsangestellter, Sachbearbeiter im Arbeitsamt, Parteisekretär, 1925 SPD, 1930–33 Mitglied Bezirksvorstand Dresden-Ostsachsen, 1945/46 Vorsitzender des Unterbezirks Dresden, Mitglied Landesvorstand Sachsen, 1946 SED (1947 Ausschluss), 1947 wieder SPD (in Groß-Berlin), nach 1933 wiederholt inhaftiert, 1948–55 inhaftiert, unter anderem in sowjetischem Arbeitslagern (1995 rehabilitiert), 1956 Flucht in die Bundesrepublik, 1932/33 und 1946–48 Stadtverordneter Dresden (ab 1947 als Hospitant in der CDU-Fraktion), 1957–72 Mitglied Stadtverordnetenversammlung Wiesbaden.

Wiersich, Oswald: *1882, †1945 (hingerichtet), Maschinenbauer, Geschäftsführer des DMV in Breslau (1912–23), Bezirkssekretär des ADGB in Schlesien (1923–33).

Woldt, Richard: *1878, †1952, Schriftsteller, Hochschullehrer, Redakteur, 1901 SPD, 1919–21 MdL Preußen, 1944 zeitweise inhaftiert, 1945 sächsischer Wirtschafts- und Arbeitsminister.

Zeigner, Erich: *1886, †1949, Jurist, 1919 SPD, 1946 SED, 1946–49 MdL Sachsen, 1921–23 sächsischer Justizminister, 1923 Ministerpräsident Sachsens, nach 1933 wiederholt festgenommen, im KZ inhaftiert, 1945–49 Oberbürgermeister der Stadt Leipzig,

Ziegler, Hans: *1877, †1957, Dreher, Gewerkschaftssekretär,1916 USPD, 1922 wieder SPD, 1931 SAPD, 1945 wieder SPD (1949 Ausschluss), 1920–24 MdL Württemberg, 1930–32 MdR, 1945–48 Oberbürgermeister der Stadt Nürnberg, nach 1933 zeitweise im KZ inhaftiert.

Danksagung

Es ist ja keineswegs so, dass eine Biographie über Otto Buchwitz jetzt zwingend Teil meines Forschungsopus werden musste. Aber man wird zuweilen auf einen Stoff aufmerksam. So ist es mir im Familienurlaub 2021 ergangen. Eine Reise durch Mitteldeutschland, durch Orte voller sozialdemokratischer Geschichte und sozialdemokratischer Geschichten, veranlasste mich, mir das Ende der SPD in der sowjetischen Besatzungszone 1946 noch mal anzuschauen. Dabei tauchte die Person Buchwitz mit einem Mal auf und fesselte mich. Ein Lebenslauf in vier verschiedenen Systemen, Widerstand, Exil, Haft, Widerspruchsgeist und schließlich die dann paradox wirkende feste Treue zur SED bis zum Tod versprach viel Spannung, eine besondere Komplexität und auch manche Forschungslücke. Als ich mich aufmachte, das zu untersuchen, war noch nicht klar, was daraus werden sollte.

Dass daraus ein Buch werden konnte, verdanke ich besonders Klaus Wettig, der mich sehr freundschaftlich und solidarisch unterstützt hat mit Korrekturen, Anmerkungen, Kommentaren und nicht zuletzt seinen Kontakten. Auch meinem akademischen Lehrer Franz Walter sei gedankt, weil er mir auf der Strecke einige hilfreiche Tipps und Hinweise zur sächsischen SPD geben konnte.

Ein ganz großer Dank gebührt der Friedrich-Ebert-Stiftung und dem Archiv der sozialen Demokratie. Einerseits hat die Stiftung in besonderer Weise bei der Archivrecherche geholfen, insbesondere Kim Knott war hier eine ständige Hilfe. Andererseits hat die Stiftung auch materiell erheblich zum Erscheinen des Buches beigetragen hat. Diesbezüglich gilt mein besonderer Dank Anja Kruke, ohne die eine Veröffentlichung in der Form eines Buches kaum möglich gewesen wäre.

Mein Dank gilt ferner den Archiven, die mich mit Unterlagen versorgt haben. Namentlich seien Sieglinde Hartmann und Oskar Böhm vom Bundesarchiv sowie Volker Schubert vom sächsischen Staatsarchiv erwähnt, die Freigaben ermöglicht und durch ihre Vorrecherchen die Sichtung der Bestände vereinfacht haben. In diesem Sinne möchte ich auch für die Auskünfte danken, die mir das Historische Stadtarchiv der Stadt Köln, das

Archiv des Erzgebirgkreises sowie das Geheime Preußische Staatsarchiv bereitgestellt haben.

Hannover, im September 2023

Über den Autor

Stephan Klecha
geb. 1978 in Göttingen, PD Dr. disc. pol., ist Politikwissenschaftler. Er ist als Privatdozent für das Regierungssystem der Bundesrepublik Deutschland am Göttinger Institut für Demokratieforschung und am Institut für Politikwissenschaft der Georg-August-Universität Göttingen tätig.